# 宪法与条约关系研究

沈子华 著

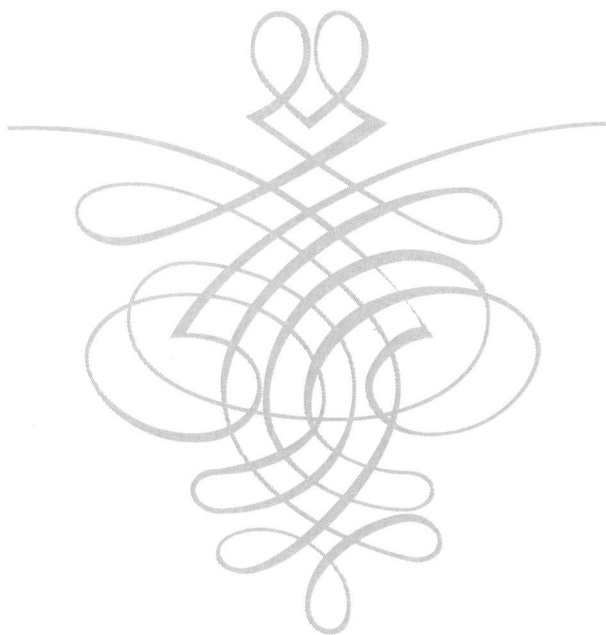

知识产权出版社
全国百佳图书出版单位

图书在版编目(CIP)数据

宪法与条约关系研究 / 沈子华著 . —北京:知识产权出版社,2018.5

ISBN 978-7-5130-5567-3

Ⅰ.①宪… Ⅱ.①沈… Ⅲ.①宪法学—研究—中国 ②条约法—研究—中国

Ⅳ.①D921.01 ②D993.8

中国版本图书馆 CIP 数据核字(2018)第 137994 号

责任编辑:雷春丽　　　　　　　　　　　责任校对:王　岩

封面设计:SUN 工作室　韩建文　　　　　责任印制:孙婷婷

## 宪法与条约关系研究

沈子华　著

| | | | |
|---|---|---|---|
| 出版发行: | 知识产权出版社 有限责任公司 | 网　　址: | http://www.ipph.cn |
| 社　　址: | 北京市海淀区气象路50号院 | 邮　　编: | 100081 |
| 责编电话: | 010-82000860 转 8004 | 责编邮箱: | leichunli@cnipr.com |
| 发行电话: | 010-82000860 转 8101/8102 | 发行传真: | 010-82000893/82005070/82000270 |
| 印　　刷: | 北京虎彩文化传播有限公司 | 经　　销: | 各大网上书店、新华书店及相关专业书店 |
| 开　　本: | 720mm×1000mm　1/16 | 印　　张: | 15 |
| 版　　次: | 2018 年 5 月第 1 版 | 印　　次: | 2018 年 5 月第 1 次印刷 |
| 字　　数: | 230 千字 | 定　　价: | 60.00 元 |

ISBN 978-7-5130-5567-3

# 前　言

条约从本质上说是国与国之间订立的契约。条约的契约性质来源于国内事务与国际事务的严格划分，也即传统的条约只调整国家之间关于战争、同盟关系、外交关系及经贸往来的事项，随着国际法与国内法的互动加强，条约也同样调整许多原本属于国内立法事项，如犯罪、人权、环境。条约必须信守的原则使得国家必须面对如何接纳条约及在国内如何适用条约的问题。国家接纳和适用条约，也就是宪法如何对待它与条约的关系。宪法对条约的规范，主要从缔约程序和条约地位、适用及解释两个方面进行控制：缔约权配置、条约批准到确定条约的宪法地位，再通过条约的国内解释补充和回应条约纳入国内法律体系的诸多难题。

本书包括六章。

第一章主要阐明宪法为什么要规范条约，宪法规范条约的主客观条件是什么。宪法中有关于"条约""协定"的措辞，明确它们在宪法中的含义、意义是非常必要的。条约的名称很多，协定不是条约的一个单独类型，它与条约具有相同的法律地位，协定特殊性在于它有不同于条约的缔约程序，行政协定的缔约主体及批准生效无须立法机关的参与，由行政机关独立完成。宪法规范条约的意义突出地体现在人权条约方面，宪法之所以重视规范条约，是因为许多条约将宪法的人权原则条约化，根据人权条约自身的特点以及其与宪法的亲密关系，可以将条约作人权条约与非人权条约的划分。随着传统国际法与国内法关系的变化，国内宪法与国际条约的互动频繁，在条约必须信守的原则之下，这种互动体现为条约具有衡量和评价国内法的标准功能以及补充国内法的功能。

第二章阐述宪法在程序上如何规范和控制条约的问题，是宪法控制条约的第一个面向。传统的条约坚持契约理论，将国内事务与国际事务作严格区分，随着两者区分基础的模糊，越来越多的条约调整了原本由国内法规范的国内事务，行政机关、立法机关以及司法机关都在缔约过程中发挥着不同的作用。缔约权与立法权、行政权有关联，但宪法在规范缔约权时，通常是由几个机关共同参与，遵循了权力分立的原则，据此看出缔约权与两者不能等同。从各国宪法的规定来看，缔约过程主要由行政机关主导，如负责条约的谈判、签署，包括签署无须立法机关批准的行政协定；立法机关参与缔约，主要是将缔约权视同为立法权，使缔约程序符合民主的要求；司法机关通常以涉及条约的个案判决来进一步阐述缔约权，行政机关或者立法机关参与的缔约程序有无违反宪法的规定，从而巩固缔约权宪法控制的权威。

第三章阐述条约批准的宪法意义和功能。条约批准类似于立法机关对即将生效的条约在其纳入国内法律体系之前的事前审查程序，经作出保留后具有排除条约个别条款国内适用的效力及产生修改或者重新立法的功能。关于条约批准的性质，一种认为它是立法行为，另一种认为它是条约生效所要完成的程序，按照第一种观点形成了关于条约地位的"位阶比照论"。条约批准带有立法制定的某些特征，比如，一经批准的条约会产生条约国内适用、解释的法律效果。条约批准具有政治性，因而美国司法机关在遇有涉及条约适用的案件时，将其作为政治问题而回避审查，也是基于某些条约的政治性和重要性，宪法特别规定了条约批准程序，将其纳入宪法的控制范围。

第四章阐述条约在宪法上的地位，是宪法规范、控制条约的第二个面向。根据条约地位的三种学说，对应于三种情况，分别列举了荷兰、日本宪法中条约具有高于宪法的位阶；美国、英国条约具有等于宪法的位阶；德国、法国、中国等国条约具有低于宪法高于法律的位阶。但宪法更重视调整对人权的保护，因而人权条约应具有类似宪法的地位，人权条约应成为解释、审查法律的依据。我国条约宪法地位所面临的实际问题是：宪法中对条约国内地位的空缺没有司法实践的回应与补充，学界仅仅是从一般意义上讨论条约具有低于宪法高于法律，或者比照批准条约的机关地位决定条约的国内地位。确定条约的宪法地位，既需要有宪法的明文规定，也必须有条约司法适用实践的回应。从人权条约和非人权条约宪法地位区分的角度，因而我国接纳的人权条约应具有类似宪法的地位。

第五章阐述条约适用中宪法所面临的问题。从条约适用的两种理论——"一元论"和"二元论"出发，列举一些国家条约适用的具体做法，即直接适用、间接适用及折中模式，指出我国适用条约时面临的问题：条约直接适用的司法实践十分匮乏；人权公约转化为宪法和法律存在的困难，究其原因在于条约国内适用会对一国的宪法体制产生影响，宪法的保守性表现为宪法体制的非开放性，美国、英国都有面对人权条约适用，而调整宪法的实例。我国也同样遇到了国际人权公约国内适用的宪法障碍：自然法意义上人权观的优先继受、人权救济的司法保障等。

第六章阐述以对条约的国内解释方法为路径，弥补和扩充条约的国内适用困难，也可以以此回应条约的宪法地位、人权条约的司法适用问题等。美国、英国、法国等许多国家都有条约适用中的解释实践，解释的主体通常是司法机关，但会考虑和尊重行政机关的意见；解释的方法通常是文本方法，还包括目的解释和历史解释的方法。我国条约个案适用、解释的实践很少，不同于西方国家的司法机关解释条约的模式，我国可能存在的条约解释机关，与普通的法律解释体制一样，也应有立法解释、行政机关和司法解释。我国国内解释条约的径路应包括以下几个方面：一是参照条约进行的宪法解释，解释机关具有单一性；二是司法机关解释条约有两种可能的情况，第一种是法院可以直接以非人权条约为适用依据裁判案件，第二种是法院在个案审理援引人权条约或者参照条约进行论证、说明理由。不管是宪法解释，还是立法解释或者司法解释的目的都是希望通过解释的方法，破解条约宪法地位不确定、条约国内适用不通畅的难题，也使条约真正纳入以宪法为核心的国内法律体系。

# 目　录

# 导　论

### 一、条约国内适用的困难：宪法与条约关系研究之必要

宪法调整国家与公民之间的关系，其固有的含义是规范政治权力和行使权力的机关、组织、作用以及相互关系，是最高法规范，在国内法律秩序中具有最强的形式性的效力。① 《国际法院规约》第 38 条规定国际法院裁判各项争端首先适用条约，条约是国际法最主要的渊源之一。② 1969 年《维也纳条约法公约》（以下简称《条约法公约》）第 2 条规定："条约是国家间所缔结而以国际法为准绳的国际书面协定，不论其载于一项单独文书或两项以上有关文书内，且不论其名称如何。"③ 调整国家及其机关行为的规范除有国内法以外，众多形式和内容各异的国际条约越来越具有影响力，国家必须考量如何接纳条约、接纳条约以后如何在国内适用，也就是说，条约如何融入以宪法为基础的国内法律体系的问题。宪法作为最高法，必然地要作出回应。条约是国家之间订立的契约，而宪法是国家间的法，两者有何关系呢？面向条约宪法主要是在两个方面对条约施加影响和控制：一是缔约程序中的缔约权的配置和条约的批准，这类似于宪法对条约的事先审查，通过批准前的审查，避免可能与条约发生的冲突；二是在条约适用中，发生的条约与国内法之间的冲突，必须借助解释的方法，即依照条约解释法律或者是依照条约解释宪法，这类似于对条约的事后审查，目的是使国内法与条约保持一致，或

---

① ［日］芦部信喜：《宪法（第三版）》，林来梵译，北京大学出版社 2006 年版，第 4、10 页。
② 朱文奇：《国际条约法》，中国人民大学出版社 2008 年版，第 4 页。
③ 白桂梅、李红云编：《国际法参考资料》，北京大学出版社 2002 年版，第 217 页。

者条约与宪法保持一致。条约的缔结和条约的适用给宪法提出的命题是：缔约权的配置、条约批准的事前审查功能、条约的宪法地位、人权条约适用的宪法体制困境、条约国内适用中的解释，这些是研究宪法与条约关系必须要解决的几个问题。

根据《国际法院规约》第 38 条国际法院裁判各项争端首先适用条约，因而条约是国际法最主要的渊源之一。① 当下，条约的作用和影响与日俱增，而我国宪法与条约关系的研究整体滞后，条约的国内适用、解释实践匮乏。究其原因主要表现在以下几个方面。

第一，国际法作为一种法律秩序在规范的适用方面非常脆弱。首先，从国际法的性质来看，国际法究竟是不是法律？或者说国际法的约束力何在？凯尔森从法律规则应具备的两个条件——不法行为和制裁出发，认为国际法存在不法行为，就制裁性而言，它仅存在对国际法保护利益的有限干预，战争的性质及其制裁功能鲜有说服力，但如果不承认战争的制裁性，一般国际法也就不是一种法律秩序。国际法的技术缺陷在于无论不法行为的确认还是制裁的执行，它完全缺乏一个适用法律规范的特殊机关。② 在国际法中不存在类似于国内法中的强制组织，即拥有强制实施法律的自上而下的机构。③其次，从国际法的调整对象和主体看，尽管第二次世界大战之后，公民、政党、媒体、民间团体、企业日益成为某些国际关系的主体，而且国际法制定过程的纵深化、派生的国际法主体功能的强化及以合作为特征的调整对象的拓展等因素，都尚不能动摇国家的主权，国际法依旧是国家间的关系法，国家一如既往地在其领土范围内对其国民建立自己的秩序。④ 二元论（dualism）也有类似的表达，它的基本观点认为国际法与国内法各有自己的调整对象，属于两个法律体系，而且任何法律秩序都无权创设或改变其他法律秩序中的

① 朱文奇：《国际条约法》，中国人民大学出版社 2008 年版，第 4 页。

② ［奥］凯尔森：《法与国家的一般理论》，沈宗灵译，中国大百科全书出版社 1996 年版，第 361－375 页。

③ ［德］沃尔夫刚·格拉夫·魏智通：《国际法（第二版）》，吴越、毛晓飞译，法律出版社 2002 年版，第 35 页。

④ ［德］沃尔夫刚·格拉夫·魏智通：《国际法（第二版）》，吴越、毛晓飞译，法律出版社 2002 年版，第 15 页。

规则。当国内法规定国际法作为整体或部分可在一国管辖权（jurisdiction）范围内适用时，这只是国内法权力的体现，是对国际法规则的采纳或转化，在国内法与国际法发生冲突的情况下，国内法院应适用的是国内法。① 国际法这种独特的法律秩序使得各主权国家适用条约的方式、程度、效果差异很大，这是条约在我国获得直接适用面临的难题。

第二，宪法的不确定性。路易斯·亨金在谈到美国对外关系中"伊朗门"、《反导弹条约》、"波斯湾战争"和"两伊战争"等一系列事件时，指出宪法中的不确定性从一开始就困扰着美国对外关系的运作，比如，总统和国会之间权力分配的不明确，即"半阴影区"（twilight zone）问题、法院受理案件的"政治问题回避审查"，这些宪法中不确定的问题搅乱了美国的政治领域。② 在我国，1982 年《中华人民共和国宪法》（以下简称 1982 年《宪法》）不存在权力分配上的阴影区，宪法规定了全国人民代表大会常务委员会（以下简称全国人大常委会）对条约和重要协定的决定批准和废除权（第67 条）及国务院的缔约权（第 89 条），③ 但在条约适用、条约解释的问题上，我国宪法的确没有关于条约地位及效力的原则性规定，既没有规定条约的转变方式，也没有规定条约的纳入方式，只是在一些法律、法规和法律解释、司法解释中强调与条约发生冲突的场合，条约能够优先适用。《公民权利和政治权利国际公约》（International Covenant on Civil and Political Rights，以下简称 ICCPR 公约）未获批准，法院个案援引国际人权公约的实践十分匮乏，宪法不能作为法院裁判案件的依据，法院无权解释宪法，条约的司法适用中的解释不畅无法补充或扩充宪法的内容。在欧盟，《欧洲共同体条约》没有规定共同体法律的直接效力和优先原则，其第 10 条仅规定了各成员国忠于条约的义务以及信守条约义务的原则，但欧洲法院在它的判例实践中一再努力地对共同体法律规范进行着卓有成效的解释，④ 很大程度上使共同体法

① ［英］伊恩·布朗利：《国际公法原理》，曾令良、余敏友等译，法律出版社 2007 年版，第31 页。

② ［美］路易斯·亨金：《宪政·民主·对外事务》，邓正来译，三联书店 1996 年版，第 3 页。

③ 朱晓青："《公民权利和政治权利国际公约》的实施机制"，载《法学研究》2000 年第 2 期。

④ ［德］马蒂亚斯·赫蒂根：《欧洲法》，张恩民译，法律出版社 2003 年版，第 76－77 页。

获得了相对于成员国法律秩序的自主性，即排除了在将它纳入各成员国的国内法时，应受到二元制所采取的任何形式的接受或转化的条件限制，共同体法律规范完整地植入各成员国的国内法，而无须任何"中介活动"。① 由此，一些学者将我国条约适用实践中存在诸多问题的理由归结于宪法未规定条约的适用方式及未规定条约与国内法的效力等级关系，提出了增加宪法条款的建议，这一问题是值得深思的。

第三，学术界研究条约适用的问题未形成共识。根据笔者对宪法与条约关系 30 年来研究问题的考察，学界的研究主要围绕条约适用的理论与实践问题展开，研究的学者多是国际法学界的学者，研究的内容具有连续性、继承性和反复性的特点，这固然符合研究的连续性和继承性要求，但学者们对同一命题的多个不同观点反复争论、莫衷一是的研究做法，并没有促进和推动我国条约适用理论与实践的发展。例如，从 20 世纪 90 年代以后，在条约的地位及效力方面，学者们有的认为条约与国内法地位等同，有的认为条约优于国内法；在条约适用的方式选择上，有的认为是"纳入"，有的认为是"转化"，还有的认为是两者混合的方式，并对这些问题和观点一直重复辩驳。在我国，条约的地位及适用的原则是可以确定的，即从多个法律、法规、司法解释、政府讲话中可以判断一般将条约纳入我国国内法的体系，并且许多部门法、单行法律、法规中有"条约优先适用"的条款，条约在我国具有优于法律、低于宪法的地位应是一个普遍原则。即使这是一个真相，但似乎更多的学者依旧把事实看作争辩，在这一问题上没有达成共识显然与条约适用的宪法研究的重要性和紧迫性极不相称。这里不是对那些条约运行方面的研究困惑及不尽如人意之处作出界定，也无意否定学者们的观点，需要做的是就下列问题进行深入研究：我国宪法文本中的"条约""协定"的含义如何、立宪者的意图如何，1982 年《宪法》规范的条约内容面对 30 年来的外交事务、条约关系需要作出哪些弥合，因此，我国 30 年的法制发展所需要的仍是宪法建设，这会更加关注宪政原则，促进宪法与条约关系的和谐发展。

第四，条约国内法解释的缺失。根据我国宪法、立法法的规定，全国人

---

① ［法］德尼·西蒙：《欧盟法律体系》，王玉芳、李滨译，北京大学出版社 2007 年版，第 340 页。

大常委会有监督和解释宪法的权力，据此，有学者认为行政法规、地方性法规、自治条例和单行条例同宪法或法律相抵触的，可以向全国人大常委会书面提出进行审查的建议。在这种立法统摄的框架之下，具体在个案的权利救济中若对法律提出质疑，应由哪个机关来审查，未有说明。由立法权支配的人权保障模式在具体实施中与已经批准的《经济、社会和文化权利国际公约》（International Covenant on Economic, Social and Caltural Rightsicescr, 以下简称 ICESC 公约）产生了不一致。如经济、社会和文化权利委员会在审查中国于 2003 年 6 月通过联合国秘书长递交的关于 ICESC 公约实施情况的首份报告时，对 ICESC 公约在中国法院的适用问题给予了特别关注。它要求中国政府"说明中国法院在何种程度上可以援引 ICESC 公约"；在对中国报告所作的结论性意见中，"委员会敦促缔约国确保在法律、司法培训方面充分考虑公约规定的可诉性，促进公约作为一个法律渊源在国内法院的适用，委员会提请缔约国注意关于在国内适用公约的第 9 号一般性意见，并邀请缔约国在其下一次定期报告中包括有关适用公约的判例法信息"。[①] 我国宪法明确规定监督宪法实施及解释宪法的机关是全国人大或者全国人大常委会，就排斥了法院及法官解释宪法的权能。与人权公约要求的司法适用不同，我国宪法中权利对抗权力的保障模式偏重于立法保障，如何将人权公约的保障机制与我国宪法保障制度对接，是当下我国实施人权公约义务必须回应的问题。

## 二、国际法的法律性追问：条约的强制性

国际法学自创立开始，人们就讨论国际法是否是通常意义的法律的问题。[②] 奥斯丁认为国际法根本不是法，因为它不是主权者的命令和意愿，进而他坚持国际法仅是一种国际道德，它没有任何法律效力，所以主权国家可以随意轻视它。[③] 对于国际法是不是法的理解，那些否定其效力的学者参照的标准是国家的国内法，并认为法律是主权者的意志。与国内的法律秩序不

---

① 黄金荣："实现经济和社会权利可诉性——一种中国的视角"，见孙世彦、毕小青：《中国人权年刊（第四卷）》，中国社会科学出版社 2006 年版，第 36 页。

② ［英］詹宁斯、瓦茨：《奥本海国际法（第一卷）》，中国大百科全书出版社 1995 年版，第 6 页。

③ ［美］陈序经：《现代主权论》，张世保译，清华大学出版社 2010 年版，第 88 页。

同，世界各国在一起构成了一个为了共同利益而结合的团体，这些共同利益使它们之间发生广泛交往，而文化、经济结构或政治制度本身不同并不影响国际社会作为国际法的基本因素之一的存在，该社会成员的规则是存在的，且已经存在了几百年，同样存在的是各国组成的社会的共同同意。① 国际法是法律，但它不是主权意志的表达，它包含着自然法向各国指示的戒律，而且它像拘束个人一样拘束国家。因此，国际法与自然法是一致的，其存在意味着对国家主权的限制，就是说主权受到国际法的限制。著名的国际法学者庞德认为，"国家共同体的利益的一致性是现代国际法建立的基础"。国际法是外在于主权的，国际法的效力意味着对国家主权的限制与损害，国际法的实施就是对国家主权的限制。②

周鲠生从实在法学的角度肯定了国际法的法律性，认为国际法一直是作为对国家有法律约束力的国际交往的行为规则而继续发展，各国通过议会和政府的表示自愿承担国际法的义务；各国舆论也无不认定国家有遵守国际法的义务。各国不但在许许多多的条约中承认国际法具有法律的约束力，特别是在《联合国宪章》中，有些国家特别在其宪法中确认国际法的约束力，如德国宪法、奥地利宪法、西班牙宪法、新西兰宪法和日本宪法。③ 国际法是国家之间来往关系中的一种行为规则，具有强制性，它是法律，只不过国际法不具有像国内法那样的强制执行的外力。④

奥本海给法律下了如下定义："一个社会内人类行为规则的总体，这些行为规则，依据这个社会的共同同意，应由外力来强制执行。"他认为按照上述定义，国际法具备法律的条件，只是国际法采取了与国内法不同的"外力强制执行"方式，因国际法没有一个凌驾于国家之上的强制机关来实施，它仅通过国家间的相互约束和自我约束实现，具体约束的方式有外交强制（驱逐外交官、断绝外交关系）、经济强制（经济封锁、贸易禁运、停售武器、取消贷款）、武力强制（依据《联合国宪章》第 42 条采取的军事行动或

---

① ［英］詹宁斯、瓦茨：《奥本海国际法（第一卷）》，中国大百科全书出版社 1995 年版，第 6 页。
② ［美］陈序经：《现代主权论》，张世保译，清华大学出版社 2010 年版，第 93 – 94 页。
③ 周鲠生：《国际法（上册）》，武汉大学出版社 2007 年版，第 5 页。
④ 王铁崖：《国际法引论》，北京大学出版社 1998 年版，第 10 – 12 页。

第51条采取的单独或集体的自卫）。①

国际法的法律性突出地表现为条约的强制性，例如，1907年《关于陆战法规和习惯的公约》第3条规定"违反章程规定的交战一方在需要时应负责赔偿。该方应对自己军队组成人员做出的一切行为负责"。②《国际联盟盟约》序言中提到"缔约各国严格遵守国际公法之规定，以为今后各国政府间行为之规范在有组织之民族间彼此关系中维持正义并恪守条约上之一切义务"。此外，1945年《联合国宪章》第41条规定"安全理事会得决定所采武力以外之办法，以实施其决议，并得促请联合国会员国执行此办法"。同年，《国际法院规约》第38条第1款规定"法院对于陈诉各项争端，应依国际法裁判之"。联合国成立后，它的有关机构为建立一套具有具体规定人权义务并保证实施的国际法律文件进行了长期不懈的努力，1966年人权的两个公约就是代表。③ ICCPR公约第2条规定"本公约每一帝国承担尊重和保证在其领域内和受其管辖的一切个人享有本公约所承认的权利"，第5条进一步规定"本公约任何部分不得解释为隐示任何国家、团体或个人有权利从事任何旨在破坏本公约所承认的任何权利和自由或对它们加以较本公约所规定的范围更广的限制活动或行为"。④

在条约法领域，已有了具有强行法性质的原则或规范，即任何违反这类规则的行为不能用同意、默认或承认的方法加以合法化。强行法规范的主要依据是1969年《条约法公约》第53条，该条规定"国家之国际社会全体接受并公认为不允许损抑且仅有以后具有同等性质之一般国际法规律始得更改"之规范。国家可以通过它们之间的协定并在协定范围内变更或完全取消国际法的大部分规则，但有少数是不允许损抑的，这些规则就是强制法或一般国际法的强制规范。关于哪些规范属于强制法，国际法委员会提到了对国际法上犯罪行为的禁止，对奴隶买卖、海盗行为或灭绝种族行为的禁止，人

---

① 张潇剑：《国际强行法》，北京大学出版社1995年版，第83页。
② 中华人民共和国外交部：《中华人民共和国多边条约集》，法律出版社2006年版。
③ 何志鹏：《人权全球化基本理论研究》，科学出版社2008年版，第82页。
④ 白桂梅、李红云：《国际法参考资料》，北京大学出版社2002年版，第102页。

权的尊重、国家平等和自决原则。①

从国内宪法上来看，目前世界上有的国家明确了条约在国内法上的地位，如美国宪法规定条约具有最高法律的地位；法国宪法规定了条约具有与国内法相同的法律地位。有的国家承认条约的强制力，如《意大利宪法》第10条规定"意大利的法律制度，应符合一般公认的国际法规范。外国人的法律地位，根据国际条约各项规范由法律规定之"。有的国家表示遵守条约的义务，如《日本宪法》第98条规定，"日本国缔结的条约，及已确定国际法规，必须诚实遵守之"。

### 三、条约适用的宪法进路：推进条约的国内解释

条约直接适用与间接适用的衡量标准主要不在于国内立法的吸纳或转化，在司法适用中依据或者援引条约裁判案件是两种适用方式的根本区别。据此比照我国对待条约的适用，条约在我国既有直接适用，主要是非人权条约②；也有间接适用，本书主要指国际人权公约。（1）直接适用条约。依据国内法律、司法解释、行政解释集中于涉外案件的适用程序规则，法院具有在审判案件中适用、解释条约的权利。由于法院直接适用条约只能是在国内法律没有规定或者与条约规定不一致的场合，实质是一种解决国际私法冲突的方法，因而适用、解释条约的空间狭小，而且如果涉及民商事领域的条约是通过立法转化的，如WTO协定、司法协助协定，法院裁判案件的适用依据依旧是国内法律，参照条约解释法律只能出现在论证理由部分。（2）间接适用条约。国际人权公约与宪法具有紧密的联系，各国宪法实施及适用都会不同程度地考虑或者参照国际人权公约，或者参考人权事务委员会及其他公约实施机构对公约条款内涵所作的一般性意见、欧洲人权法院的判决，既是促进国内履行公约义务，也是强化和推动宪法对权利的保障。在宪法与国际人权公约互

---

① ［英］詹宁斯、瓦茨：《奥本海国际法（第一卷）》，中国大百科全书出版社1995年版，第5页。

② 本书将不同类型的条约适用，不作条约、协定采用狭义的"条约"概念，而是将条约划分为非人权条约和人权条约，非人权条约主要涉及民商事内容的条约、协定，也包括WTO协定、司法协助协定；人权条约主要限于联合国大会通过的若干国际人权公约，也包括欧洲人权公约、美洲人权公约等。

动的背景之下，我国宪法适用、宪法解释的不畅通阻碍了国际人权公约的适用。国际人权公约中的权利保障条款是约束缔约国政府的规则，是一般性的、概括的原则性规定，以及经法律转化的公约条款不一定含义确切或者法律未有完全转化公约条款，发生了个人权利遭受到公权力侵害的请求缺乏"法律"依据，或者侵害权利的行为依据与宪法抵触，都需要通过适用宪法、解释宪法时参照公约的规定予以补充和完善，而我国只有全国人大有权撤销全国人大常委会制定的"法律"，全国人大常委会有权撤销与上位法抵触的行政法规、地方性法规、自治条例和单行条例，全国人大自己制定的法律无从审查。① 现有的宪法制度之下司法审判中适用宪法、解释宪法的作用非常有限。② 吸收国际人权公约条款及参照公约解释基本上是通过制定、修改、解释法律的路径，就难免存在参照公约条款的深度的可选择性、参照公约解释的间接性问题。这些问题的解决，一方面对于直接适用的条约，可以强化个案审判援引条约、参照条约的力度；另一方面通过制定国际人权公约施行法可以推进对国际人权公约的适用和解释。

---

① 对于1983年全国人大常委会作出的《关于国家安全机关行使公安机关的侦查、拘留、预审和执行逮捕的职权的决定》属于宪法解释存在争议，有的学者不认为该决定是全国人大常委会对宪法的解释。参见苗连营："宪法解释的功能、原则及其中国图景"，载《法律科学》2004年第6期。

② 有的学者主张通过宪法司法化路径，即借鉴德国宪法的"第三人效力理论"间接影响私权利适用的法律的原则，以及借鉴美国宪法中的"国家行为理论"，通过此种方法适用、解释宪法以解决个人私权利的保护。参见蔡定剑："中国宪法实施的私法化之路"，见《中国社会科学》2004年第2期。有的学者主张，法院法官负有对法律进行解释的义务，并在存在数个可能的法律解释中优先适用与宪法相符的解释，即用"合宪性解释"的方法贯彻宪法的精神。参见张翔："两种宪法案件：从合宪性解释看宪法对司法的可能影响"，载《中国法学》2008年第3期。

# 第一章　条约、协定及
## 人权条约的宪法意义

## 第一节　条约与协定

### 一、条约与协定的含义

所谓"条约"是指广泛的国家间文书协议，就是通过国家之间的文书的形式文件（或文件）达成的合意。这里的"条约"，不仅指冠以"条约"名称的双方协议，国家以文书形式签订的协议，还包括条约、协约、协定、议定书、宪章等各种名称，原则上都是"条约"。① 行政协定不是条约的类型，它包含在条约的范围内。德国学界否认条约与协定是条约类型的看法，《德国基本法》第 59 条第 2 款也提到了"行政协定"，但德国学者没有将协定作为条约的一个类型，认为这种区分显然是不合理的，因为它将给立法转化造成不利，正确的理解是"行政协定"属于不需要联邦议会批准的条约。② 行政协定的主要功能是为执行条约所必需的技术性的、细节性的协议，以及基于条约的具体委托而制定的政府间的协议，这种协议原则上无须国会批准。③

条约有广义和狭义两种意义。1969 年《条约法公约》和《中华人民共和

① ［日］三浦隆：《实践宪法学》，李力、白云海译，中国人民公安大学出版社 2002 年版，第 195 页。

② ［德］沃尔夫刚·格拉夫·魏智通：《国际法（第 2 版）》，吴越、毛晓飞译，法律出版社 2002 年版，第 155 页。

③ ［日］芦部信喜：《宪法（第三版）》，林来梵译，北京大学出版社 2006 年版，第 274 页。

国条约集》中的"条约"都是广义上的概念。1969 年《条约法公约》第 2 条第 1 款（甲）规定："称'条约'者，谓国家间所缔结而以国际法之国际书面协定，不论其载于一项单独文书或两项以上相互有关之文书内，亦不论其特定名称如何。"在德国，其基本法中的"条约"概念与国际法渊源中的条约含义是相同的，比 1969 年《条约法公约》所规定国家之间书面协议的范围要宽泛，基本法中的"条约"排除不具有条约属性的条约或协定。①《德国基本法》第 59 条第 1 款中"与外国签订的条约"，已经包含了同除国家以外的其他国际法主体缔结的条约，这里"外国"的含义随着国际法主体的扩张必须作扩大解释。《日本宪法》第 98 条第 2 款规定的"条约"，也是将不同内容的条约包含在内，采用条约的广义概念。此外，该款中"既已确立的国际法规"是指不论成文或不成文，在现实中得到国际法承认并具有实效性的国际法规。②

我国外交部主编的《中华人民共和国条约集》把条约、协定、议定书、换文等都包括在"条约"之内。1982 年《宪法修改草案的名词解释》一文专门对宪法中的"条约""协定"进行了说明，指出条约是两个或两个以上国家，在政治、经济、文化、军事等关系方面规定相互间的权利和义务的文件。常见的公约、协定、议定书等都是属于条约的范围。狭义的条约是指某些具有重要政治性的、以条约命名的各种国际协议，如同盟条约、友好互助合作条约、通商航海条约。两个国家所缔结的条约，叫作双边条约；三个或三个以上的国家缔结的条约，叫作多边条约。除"条约"本身外，它还包括使用其他各种名称的契约，如宪章、公约、协定、议定书、盟约、规约、决议书、宣言、换文。③协定是条约的名称之一，通常用在政府之间有关行政和技术性的协定上，如贸易、文化、科技、邮电等协定。④ 1990 年钱其琛在《关于〈中华人民共和国缔结条约程序法〉（草案）的说明》中谈到"《缔结

---

① ［德］沃尔夫刚·格拉夫·魏智通：《国际法（第 2 版）》，吴越、毛晓飞译，法律出版社 2002 年版，第 140 页。

② ［日］芦部信喜：《宪法（第三版）》，林来梵译，北京大学出版社 2006 年版，第 274 页。

③ 黄金祺："条约与协议的含义与形式"，见《世界知识》1989 年第 20 期，第 28 页。

④ 李浩培认为，属于广义条约的各种条约可以使用其他各种名称，如协定、专约、公约、议定书，参见李浩培：《条约法概论》，法律出版社 1987 年版，第 24 页。

条约程序法（草案）》所述条约是指广义上的条约，即国际法主体之间按照国际法就相互权利义务关系缔结的书面协议，而不依其名称和形式如何"。对于我国宪法中的"条约"是广义上的还是狭义上的概念，王铁崖认为 1982 年《宪法》中条约是广义的条约，包括条约、重要协定和协定三类。[①] 1990 年 12 月 20 日，在第七届全国人大常委会会议上法律委员会副主任委员顾明所作的《全国人大法律委员会对〈中华人民共和国缔结条约程序法（草案）〉审议结果的报告》中提到："草案第 2 条规定'本法适用于中华人民共和国同外国缔结的双边和多边条约，包括公约、专约、协定、议定书，以及其他具有条约性质的文件。'有些法律专家提出，宪法规定的是'条约和协定'，应把条约和协定分开，建议将这一条修改为'本法适用于中华人民共和国同外国缔结的双边和多边条约、协定和其他具有条约、协定性质的文件'，并应对其他有关条款作相应的修改。"[②] 由此可知，我国法律中的条约概念与国际法上的条约概念一致。

2000 年之后的一些学者对"条约"的含义有不同理解，认为《中华人民共和国缔结条约程序法》（以下简称《缔结条约程序法》）中的"条约"是广义上的，认为《宪法》中的"条约"应是狭义上的。例如，有学者认为我国《缔结条约程序法》中的"条约"是广义上的条约，而《宪法》中将条约和重要协定并列，不能确定条约就是广义上的或者狭义上的概念。[③] 另有学者认为，条约存在广义和狭义的理解。1990 年《缔结条约程序法》中的"条约"或"国际条约"是指广义的条约；《宪法》第 67 条第（14）项中规定的全国人大常委会"决定同外国缔结的条约和重要协定的批准和废除"，这里的条约应该是狭义的条约；协定也有广义的和狭义的，《宪法》中的协定一词应该理解为广义的。至于其他一些部门法律或法规中所使用的"条约"或"国际条约"一词，是指广义的还是狭义的条约并不明确。[④]

---

① 王铁崖："条约在中国法律制度中的地位"，见《中国国际法年刊》，法律出版社 1994 年版，第 17 页。

② 赵建文："国际条约在中国法律体系中的地位"，见《法学研究》2010 年第 6 期，第 205 页。

③ 余民才、马呈元：《国际法专论》，中信出版社 2003 年版，第 17 页。

④ 江国青："国际法与国际条约的几个问题"，载《外交学院学报》2000 年第 3 期，第 11 页。

20 世纪 90 年代末，国内的学者谈到了"协定"与"重要协定"的区分、条约与协定的关系、条约类型。在"重要协定"与"非重要协定"如何区分的问题上，对《宪法》第 67 条第（14）项和第 81 条中的"条约和重要协定"及第 89 条第（9）项的"条约和协定"的区分，是否凡是未经全国人大常委会决定批准的协定均为非重要的协定。尽管《缔结条约程序法》第 7 条已经对重要协定与非重要协定的区分作了明确说明，但仍旧存在实践与法律规定不符的问题。例如，张乃根教授谈到，1995 年中美知识产权协定并没有经全国人大常委会的"决定批准"程序，中美就这一问题共进行了九轮磋商，历经 20 个月才达成该项协定，他认为该协定应该属于"重要协定"。① 在条约与协定的关系方面，王铁崖认为 1982 年《宪法》规定条约和重要协定须经批准，就是将条约和重要协定放于同等的地位。② 韩大元、林来梵、郑贤君合著的《宪法学专题研究》中认为，宪法条文并未明确条约和协定之间的区别，它在规定全国人大常委会、国家主席和国务院三个机构这方面的权力时，只是将条约和协定并列，两者的宪法地位在条文上无法识别，③ 但如果是在确定了能够对条约、协定进行合宪性或合法性审查的国家里，条约与协定在法律地位上是有区别的。④

在条约类型方面，有学者依据宪法认为，我国条约包括条约、重要协定和协定三类，《缔结条约程序法》又增加了一类"其他具有条约、协定性质的文件"。⑤ 近年来另有学者根据宪法、法律规定来确定条约的类型，并以此推断出条约在我国的地位、效力等级。例如，2005 年车丕照教授在其文章中立足《宪法》和《缔结条约程序法》，对"条约""协定"进行分类解释：（1）"条约""协定"和"其他具有条约、协定性质的文件"；（2）"条约和重要协定"与其他条约；（3）以中华人民共和国名义缔结的条约和协定、以

---

① 张乃根："重视国际法与国内法关系的研究"，载《政治与法律》1999 年第 3 期，第 11－12 页。
② 王铁崖："条约在中国法律制度中的地位"，见《中国国际法年刊》，法律出版社 1994 年版，第 17 页。
③ 韩大元、林来梵、郑贤君：《宪法学专题研究》，中国人民大学出版社 2004 年版，第 227 页。
④ 韩大元、林来梵、郑贤君：《宪法学专题研究》，中国人民大学出版社 2004 年版，第 225 页。
⑤ 王铁崖："条约在中国法律制度中的地位"，见《中国国际法年刊》，法律出版社 1994 年版，第 17 页。

中华人民共和国政府名义缔结的条约和协定和以中华人民共和国政府部门名义缔结的条约和协定。第一种分类没有实质意义，它仅指明《缔结条约程序法》适用于广义的"条约"，包括中央政府对外缔结的各种国际协定；而后两种分类则表明了条约的效力等级。他认为在国内法体系中，立法者的不同身份决定了法律文件的效力等级，条约的效力等级是由决定其生效的机关的地位所决定。①

## 二、行政协定的含义和地位

（一）行政协定

日本国内根据协定依据的条约是具有委任性质，还是具有具体执行性来判断此种协定是否属于行政协定。如果认为为执行条约的规定而签订的国家间的协定，且协定内容是为了实施条约并根据条约委任，应解释为不包括在"条约"之内。而为实际执行条约的规定以规定必要的细则为内容的条约，可说是具有执行命令性质的条约，根据条约委任的条约，具有受任命令或委任命令性质的条约，把这些与本来的条约区分开，可以称作行政协定，不需要国会批准。② 例如，1952 年《日美安全条约》第 3 条规定"美利坚合众国军队在日本国内及其附近的配置条件，由两国政府之间的行政协定决定缔结"，两国因此而缔结的行政协定，就是此种意义上的行政协定，没有采取国会批准的程序。对于该行政协定是否需要履行批准程序，日本国内有强烈的反对意见。从该行政协定的目的看，是为实施先前的安全条约的规定并以细则规定为内容，也就是说不是执行命令性质的。另外，它如果是根据安全条约的委任，因为其委任几乎是空白委任，以此为理由，认为它不具有委任命令的性质，这就是反对的理由。但是，国会最终同意了政府对上述行政协定不要求国会批准的态度。它是以该行政协定是根据日美安全条约的委任，即解释为具有受命令性质的行政协定性质。③

---

① 车丕照："论条约在我国的适用"，载《法学杂志》2005 年第 3 期，第 96 页。
② ［日］宫泽俊义：《日本国宪法精解》，董璠舆译，中国民主法制出版社 1990 年版，第 490 页。
③ ［日］宫泽俊义：《日本国宪法精解》，董璠舆译，中国民主法制出版社 1990 年版，第 491 页。

美国根据 20 世纪中叶以后国际关系发生的重大变化，大量使用无须参议院同意的行政协定。国会开始通过立法方式授权总统同外国缔结行政协定，典型表现就是《1934 年互惠贸易协定法》和《1974 年贸易法》，① 因为总统发现其所缔结的条约要寻求参议院的批准是非常困难的，而且时常感到这是一个难以完成的"艰巨任务"，② 这使得参议院与总统之间反复出现的问题是，总统认为他自己拥有不经参议院同意便可达成国际协议的宪法权力。③ 20 世纪 90 年代以来，总统通过订立行政协定的方式单独行使缔约权的做法，并没有受到参议院的指责。美国行政协定的数量逐渐上升：1939 年时行政协定的数量已经超过了其缔结国际条约的 90%；截至 1989 年，美国作为缔约国的条约数量共有 6006 个，但仅有 890 个是条约，其余的均为行政协定。④

尽管联邦宪法中并没有提及行政协定，但根据《美国宪法》第 1 条第 10 项的规定，完全禁止各州缔结任何条约、盟约或者加入联盟，同时各州如经国会同意，可以同外国缔结协定或契约，表明在《美国宪法》通过的时候，制宪者已经认识到了协定的存在。随着时间的推移，政府意识到似乎有必要在与国家交往的过程中缔结一些及时或秘密性的契约。⑤ 罗斯福新政时期，行政协定的使用大幅增加，值得一提的是 1933 年由罗斯福总统和苏联外交委员马克西姆·里特维诺夫缔结的《里特维诺夫协定》，通过这个协定美国同苏联政府建立了正式的外交关系。1942 年，联邦最高法院在 United States v. Pink 案中成功地解决了行政协定的效力问题，从而确立了行政协定具有与条约相同的宪法地位。该案中，纽约州法律规定有权处置并没收属于苏联第一保险公司在美国的资产，而《里特维诺夫协定》规定，苏联在美国的财产应受保护，最后联邦最高法院认为行政协定的效力优于纽约州的法律，即使没

---

① 徐泉："美国行政协定的合宪性分析"，载《现代法学》2010 第 3 期。

② Charles K. Burdick. The Treaty – making Power. Foreign Affairs, Vol. 10, No. 2（Jan, 1932），p. 269.

③ [美] 路易斯·亨金:《宪政·民主·对外事务》，邓正来译，三联书店 1996 年版，第 82 页。

④ Louis Klarevas："The Law：The Constitutionality of Congressional – Executive Agreements"，Presidential Studies Quarterly, Vol. 33, No. 2, Jun, 2003, p. 402.

⑤ Arthur E. Sutherland, Jr: Restricting the Treaty Power. Harvard Law Review, Vol. 65. No. 8, Jun, 1952, pp. 1321 – 1323.

有参议院的同意也不能破坏行政协定高于州法的原则。① 行政协定的大量使用在事实上替代了条约的功能，因而美国学界及实务界引发了行政协定合宪性的讨论，但联邦最高法院一直支持行政协定的效力，并认为行政协定是合宪的。

（二）协定的地位

在条约类型方面，我国宪法条文中的"条约"包括条约、重要协定和协定，《缔结条约程序法》又增加了一类"其他具有条约、协定性质的文件"。《宪法》第 67 条第（14）项和第 81 条中的"条约和重要协定"及第 89 条第（9）项的"条约和协定"的表述，意在指明"重要协定"与"非重要协定"如何区分的标准，即凡未经全国人大常委会决定批准的协定均为非重要的协定。这一区分标准已由《缔结条约程序法》第 7 条作了明确说明，但实践中仍存在与法律规定不符的问题。例如，1995 年中美知识产权协定并没有经全国人大常委会的"决定批准"程序，中美就这一问题共进行了九轮磋商，历经 20 个月才达成该项协议，虽然有学者认为该协定应属于"重要协定"，但仍值得商榷。②

## 三、人权条约与非人权条约

（一）人权条约的价值和与非人权条约的区别

人权保护条约框架具体指第二次世界大战之后，以联合国大会通过的《世界人权宣言》为基础，包括后来的 ICESC 公约和 ICCPR 公约，统称为"国际人权宪章"。具体说，"国际人权宪章"主要由紧密联系的宣言、公约和任择议定书构成。除了宣言、公约和任择议定书③组成的"国际人权宪章"之外，联合国还通过了其他一些公约，主要有《防止及惩治灭绝种族罪公

---

① United States v. Pink, 315 U. S. 203 (1942).

② 张乃根："重视国际法与国内法关系的研究"，载《政治与法律》1999 年第 3 期。

③ 宣言通常是带有原则性和指导性的国际文书；公约则是将宣言所确立的原则具体化，并设立相应的保障机制以实现人权；任择议定书是为了保证公约具体条款得到更好地落实而制定的要求缔约国承担更多的人权保障责任的辅助性国际文书，通常批准和加入公约是批准任择议定书的前提条件。例如，ICCPR 公约有两个任择议定书，其中，第一任择议定书规定了个人来文申诉机制；第二任择议定书规定了废除死刑的要求。莫纪宏：《国际人权公约与中国》，世界知识出版社 2005 年版，第 85 页。

约》（1948 年）、《消除一切形式种族歧视国际公约》（1965 年）、《消除对妇女一切形式歧视公约》　（1979 年，The Convention on the Elimination of Au Forms of Discrimination Against Women，以下简称 CEADW 公约）、《禁止酷刑和其他残忍、不人道或有辱人格的待遇或处罚公约》（1984，以下简称 CAT 公约）、《儿童权利公约》（1989 年）、《残疾人权利公约》（2006 年）等。此外，国际劳工组织也通过了各种保护劳动者权利的条约、有关战争中的人道主义的《日内瓦公约》等。与国际性的人权条约相适应，"二战"后，一些区域性国际组织也制定了适用于本区域的保护人权的国际文书，如《欧洲人权公约》《非洲人权和民族权宪章》《美洲人权利和义务宣言》。①

　　人权条约特别是像 ICCPR 公约，具有双重性。一方面，这些条约是一个单一文本，为世界上所有国家创设了国际义务；另一方面，条约普遍性的条款在面对文化、政治体制等多样性的情况下，正改变着国家和个人关系中保护人权的态度。人权条约的双重性，正如国际社会国家的"两极"，要在文本上实现所有国家的全体一致的共识是不可能的，这也是各国考虑批准人权条约时附条件的理由，附条件的目的是通过各国实际的行动调和人权条约的文本规定和国家现实的冲突。② 条约是国际人权法的重要组成部分，不同于其他类型的条约，如贸易或者关税协定，它们都给予缔约国之间以直接的互惠利益。人权条约不具有这样的特性，它并没有给予国家任何直接的、显著的互惠利益。③ 人权条约以公民基本权利为基本内容，属于宪法性的权利范围，并不为一般法律所调整。④ 因此，通常人权条约必须经由获得国家的批准才能生效。⑤ 在我国，这类条约的批准权是由全国人民代表大会常务委员会和国家主席行使的。

---

　　① 莫纪宏：《国际人权公约与中国》，世界知识出版社 2005 年版，第 85 - 86 页。

　　② Curtis A. Brights, Jack L. Goldsmith, Treaties, Human Rights, and Conditional Consent, University of Pennsylvania Law Review, Vol. 149, No. 2, Dec. , 2000, p. 457.

　　③ Oona A. Hathaway, Why Do Countries Commit to Human Rights Treaties? The Journal of Conflict Resoluton, Vol. 51, No. 4, Aug. , 2007, pp. 588 - 621.

　　④ 林彦、俞子清：《我国宪法对两个人权公约的应对》，见中国宪法学研究编：《宪法研究（第一卷）》，法律出版社 2002 年版，第 671 页。

　　⑤ Oona A. Hathaway, Why Do Countries Commit to Human Rights Treaties? The Journal of Conflict Resoluton, Vol. 51, No. 4, Aug. , 2007, pp. 588 - 621.

人权条约与非人权条约的不同之处在于：（1）个人国际法主体地位的转变。联合国的宗旨之一是"激励对全人类的人权及基本自由的尊重"。为实现这一宗旨，联合国大会于1948年12月10日通过了《世界人权宣言》，同时决定把该宣言的内容制定成对各缔约国具有法律拘束力和有效执行力的国际公约。① 1966年"国际人权两公约"出炉，1968年在第21届联合国大会上被正式批准，1976年获得公约所需的35份批准书后生效。保障人权不再是各国国内政治和法律范畴的问题，人权的国际法律保障体制成为"二战"后国际社会的必然选择。② 这场战争的结果是"不仅很快给关于个人的法律带来了前所未有的发展，而且改变了法律体制的结构和性质。过去平行的体制现在变成垂直的体制，个人在很长时间内是国际法的客体，现在变成国际法的主体"。③（2）国际人权公约的人权保护条款与一般条约条款不同，具有明显的强行法特征。ICCPR公约执行机制中的缔约国报告程序，规定了具有任意强制管辖性质的国家间的指控制度和个人来文申诉制度。此外，《欧洲人权公约》第1条规定"各缔约方应确保在其管辖的每个人享有本公约第一节所规定的权利与自由"。每一缔约方履行义务的强制性可以归为共同责任原则和从属原则。共同责任就是要求缔约各方要在其国内法律体系中确保公约权利的落实；从属原则指的是人权法院可以受理穷尽了国内所有法律救济之后权利仍未获得保障的个人申诉请求。（3）为实施《世界人权宣言》中所规定的某些权利和基本自由，人权条约设有独立于国内的条约执行机构。如依ICCPR公约设立的人权委员会，依CAT公约设立的禁止酷刑委员会、依CEADW公约设立的妇女地位委员会、依《欧洲人权公约》设立的欧洲人权委员会和欧洲人权法院等。ICCPR公约具有强制执行性，该公约第2条规定，缔约国必须依照宪法程序或者遵照公约规定，制定立法或其他措施实现公约确认的权利；同时，公约的其他条文的表述多用"人人""每一个人"等个人为权利主体，而没有将权利主体归于国家，这也可以理解为该公约可以被

---

① 万鄂湘：《欧洲人权法院判例评述》，湖北人民出版社1999年版，前言第8页。
② 刘杰："从《世界人权宣言》到'国际人权两公约'：历史的逻辑及其比较"，见王家福等主编：《人权与21世纪》，中国法制出版社2000年版，第72页。
③ ［加］约翰·汉弗莱：《国际人权法》，庞森等译，世界知识出版社1992年版，第19页。

缔约国吸纳或者制定公约施行法而直接适用。（4）人权条约具有在国内司法中更多直接适用的可能机会。根据当代国际法的一般原理，国际法的主体通常只是国家或国际组织，个人或法人不是国际法的主体，条约本身并不能为缔约国的公民直接创设权利和义务。但在现行的人权公约体制下，个人可以通过援引条约向国内法院寻求权利保护，在穷尽国内救济后还有权根据公约向国际人权执行机构申诉，申诉的对象当然包括国家。人权公约的个体性特征，改变了国际法律秩序中关于国际义务只针对国家这一传统假定。更重要的是，那些违背了人权条约义务的缔约国除了将争议的场所转移到国家间层面或共同体层面上以外，还可以在国内法院或者国际人权保护机构接受来自本国公民的诉讼或申诉。国际人权法的三个核心条约、构成国际人权体制支柱的条约分别是：CAT 公约第 21 条①、第 22 条②，1976 年生效的 ICCPR 公约第一任择议定书以及 CEDAW 公约对"妇女的歧视"一词的界定，③ 事实上建立了强有力的条约义务的执行机制，创设了比其他类型的条约更具强制力的国际义务。④ 因此，尽管人权条约在本质属于主权国家之间缔结的国际条约，通过其建立独立的人权保护机构，它们具有了一些新的特征，甚至是一种具有某些宪法法律性质的特征。人权条约的这些特征显然突破了国际法与国内法的固有界限，国际司法机构与民族国家司法体系的关系不再是一种对立的关系，而是一种彼此互动的补充关系。

（二）人权条约与非人权条约区分的基础

1. 人权条约义务的个体性

个人权利先于宪法，先于社会和政府而存在。路易斯·亨金教授在《宪

---

① CAT 公约第 21 条："本公约缔约国可在任何时候根据本条，声明承认禁止酷刑委员会有权接受和审议一缔约国声称另一缔约国未履行本公约所规定义务的来文。……"

② CAT 公约第 22 条："本公约缔约国在如何时候根据本条，声明承认禁止酷刑委员会有权接受和审议在该国管辖下自称因该缔约国违反本公约条款而受害的个人或其代表所送交的来文。……"

③ CEADW 公约第 1 条："基于性别而作的任何区别、排斥或限制，其影响或其目的均是以妨碍或否认妇女不论已婚未婚在男女平等的基础上认识、享有或行使在政治、经济、社会、文化、公民或任何其他方面的人权和基本自由。"

④ Oona A. Hathaway, Why Do Countries Commit to Human Rights Treaties? The Journal of Conflict Resoluton, Vol. 51, No. 4, Aug., 2007, pp. 588 – 621.

政与人权》中指出，美国宪法权利保护的主体始于自治的个人。宪法序言中的"我们人民"，指的是社会中个人自治合并并转变为人民主权。具体说，就是人民通过社会契约创设政府，在政府中，人民通过自己创设的机构和自己选举的代表来自行统治。但即使在人民设立的机构、人民代表的关系中，作为一项人权，个人仍然保留广泛的自治权、自由权和豁免权。人民借以创设政府机构的社会契约——宪法——也明确规定了对政府的限制，其中最突出的就是用来保障和尊重个人权利。① 人权理论的形成，源于人之本性，世界各国相互效仿、彼此借鉴人权制度的实际运作经验，进而世界各国对天赋人权、法律面前人人平等、言论出版自由、集会结社自由、生存权及平等参政权等，产生世界人权共识，人权思想因此突破国内法的窠臼，由宪法的层次提到国际法层次。② "国际人权宪章"大量地吸收了个人权利的宪法思想、原则乃至规范。

根据传统国际法，只有主权国家以及一些政府间国际组织才可以直接为侵犯人权负责。非国家行为者，如叛乱者、游击队组织、跨国公司和犯罪组织以及个人不对这种侵犯负责。全球化的进程倾向于以减少政府权力为代价进一步提升和发展非国家行为者的权力，③ 国际法上的主体资格限制观念开始更新。联合国大会于 1946 年一致肯定了由《纽伦堡法庭宪章》和法庭判决所确认的个人负责的国际法原则。此后，扩大国际法所直接确立的个人责任的趋向不断增强。种族灭绝、严重违反 1949 年日内瓦四公约、1977 年第二附加议定书以及种族隔离等，都确立了个人应负国际刑事责任。关于个人的国际责任一直受到建立拥有对个人管辖权的国际刑事法院的影响。④ 1984年 CAT 公约引入了普遍管辖原则，规定如果承担首要责任的政府没有履行追

---

① ［美］路易斯·亨金、阿尔伯特·J. 罗森塔尔：《宪政与权利》，郑戈等译，三联书店 1996年版，第 511－512 页。

② 李鸿禧："论国际法上之人权保障问题——其人权论之诠释"，载《宪法与人权》，元照出版社 1999 年版，第 242 页。

③ ［奥］曼弗雷德·诺瓦克：《国际人权制度导论》，柳华文译，北京大学出版社 2010 年版，第51 页。

④ ［英］詹宁斯、瓦茨：《奥本海国际法（第一卷）》，中国大百科全书出版社 1995 年版，第405－406 页。

惩义务，所有缔约国就有权也有义务扣留嫌疑人并将其交由本国的刑事机关审判。① 1998 年《罗马规约》建立了永久的国际刑事法院，该规约第 7 条规定的"反人类罪"，就是依据普遍管辖原则使个人承担刑事责任，包括犯罪者实施谋杀、酷刑、强奸、奴役、种族隔离、强迫人员失踪和其他严重侵犯个人自由的行为。

人权条约义务条款规定的权利主体是不分国籍的自然人。《世界人权宣言》第 2 条规定，"人人都有资格享受本宣言所载的一切权利和自由，不分种族、肤色、性别、语言、宗教、政治或其他见解、国籍或社会出身、财产、出生或其他身份等任何区别"。在权利主体的用语方面，ICCPR 公约的条款表述用了"人人""所有人""每个人""任何人"，意味着主体既适用于本国公民，也适用于在缔约国内的外国人或无国籍人。② CAT 公约中用了"任何人""国民""受害人"的表述。在内容上，ICCPR 公约主要规定了个人的权利和自由。例如，ICCPR 公约第 6 条有关生命权的规定中表述了"固有的生命权受法律保护""被判处死刑的人"的权利；第 7 条规定了反对酷刑的权利；第 8 条规定了反对奴役中苦役监禁；第 9 条规定了人身安全和自由、被逮捕和拘禁人的权利；第 10 条规定了被拘禁者有人道待遇的权利；第 11 条规定了无罪推定、罪行法定；③ 第 12 条规定了迁徙自由；第 13 条规定了驱逐外国人的条件及其审查；第 14 条规定了公正审判或刑事审判最低待遇标准；第 16 条规定了法律上的人格权；第 17 条规定了生活、家庭、住宅或通信等隐私权；第 18 条规定了思想、良心和宗教自由；第 19 条规定了持有主张和言论自由；第 21～22 条规定了和平集会和结社自由；第 23 条规定了婚姻及建立家庭的自由；第 25 条规定了参与政治的权利；第 26 条法律面前人人平等。④

---

① ［奥］曼弗雷德·诺瓦克：《国际人权制度导论》，柳华文译，北京大学出版社 2010 年版，第 53 页。

② 吴家清、杜承铭：《比较与调适：我国加入〈公民权利和政治权利国际公约〉的宪法调整问题研究》，法律出版社 2006 年版，第 28 页。

③ 刘连泰：《〈国际人权宪章〉与我国宪法的比较研究》，法律出版社 2006 年版，第 70 页。

④ 杨成铭：《人权保护区域化的尝试——欧洲人权机构的视角》，中国法制出版社 2000 年版，第 4 页。

2. 人权条约义务的强行性

国际法的法律性有很大争议，奥本海认为这跟学者对法律的不同解释有关。他给出的法律定义是："一个社会内人类行为规则的总体，这些行为规则，依据这个社会的共同同意，应由外力来强制执行。"奥本海认为按照上述定义，国际法具备法律的条件，只是国际法采取了与国内法不同的"外力强制执行"方式，它是通过国家间的相互约束和自我约束实现的，具体约束的方式有外交强制（驱逐外交官、断绝外交关系）、经济强制（经济封锁、贸易禁运、停售武器、取消贷款）、武力强制（依据《联合国宪章》第42条采取的军事行动或第51条采取的单独或集体的自卫）。①

国际法的法律性突出地表现为人权义务条款的强制性，例如，1907年《关于陆战法规和习惯的公约》第3条规定"违反章程规定的交战一方在需要时应负责赔偿。该方应对自己军队组成人员作出的一切行为负责"。《国际联盟盟约》序言中提到"缔约各国严格遵守国际公法之规定，以为今后各国政府间行为之规范在有组织之民族间彼此关系中维持正义并恪守条约上之一切义务"。此外，《联合国宪章》第41条规定"安全理事会得决定所采武力以外之办法，以实施其决议，并得促请联合国会员国执行此办法"。同年，《国际法院规约》第38条第1款规定"法院对于陈诉各项争端，应依国际法裁判之"。联合国成立后，它的有关机构为建立一套具有具体规定人权义务并保证实施的国际法律文件进行了长期不懈的努力，1966年国际人权领域的两个公约就是代表。②ICCPR公约第2条规定"本公约每一帝国承担尊重和保证在其领域内和受其管辖的一切个人享有本公约所承认的权利"，第5条进一步规定"本公约任何部分不得解释为隐示任何国家、团体或个人有权利从事于任何旨在破坏本公约所承认的任何权利和自由或对它们加以较本公约所规定的范围更广的限制活动或行为"。③

在国际人权保护领域，已有了具有强行法性质的原则或规范，即任何违反这类规则的行为不能用同意、默认或承认的方法加以合法化。强行法规范

① 张潇剑：《国际强行法》，北京大学出版社1995年版，第83页。
② 何志鹏：《人权全球化基本理论研究》，科学出版社2008年版，第82页。
③ 白桂梅、李红云：《国际法参考资料》，北京大学出版社2002年版，第102页。

的主要依据是《条约法公约》第 53 条，该条规定"国家之国际社会全体接受并公认为不允许损抑且仅有以后具有同等性质之一般国际法规律始得更改"之规范。国家可以通过它们之间的协定并在协定范围内变更或完全取消国际法的大部分规则，但有少数是不允许损抑的，这些规则就是强制法或一般国际法的强制规范。关于哪些规范属于强制法，国际法委员会提到了对国际法上犯罪行为的禁止，对奴隶买卖、海盗行为或灭绝种族行为的禁止，人权的尊重、国家平等和自决原则。①

《世界人权宣言》之后的几项人权公约，都有一个有约束力的、监督缔约国及其政府履行义务的强制机制。第一，缔约国国内有采取行政、立法其他措施的义务。ICCPR 公约第 2 条第 2 款规定"本公约每一缔约国承担按照其宪法程序和本公约的规定采取必要的步骤，以采纳为实施本公约所承认的权利所需要的立法或其他措施"；第 3 款（乙）规定"每一缔约国承担保证任何要求此种补救的人能由合格的司法、行政或立法当局或由国家法律制度规定的任何其他合格当局断定在这方面的权利，并发展司法补救的可能性"。CAT 公约第 2 条规定"每一缔约国应采取有效的立法、行政、司法或其他措施，防止在其管辖的任何领土内出现施行酷刑的行为"。第二，缔约国的报告义务。ICCPR 公约第 40 条规定，公约缔约国必须在公约对其生效后一年内，提出关于已经采取使公约保护权利得以实现的各种措施，以及在这方面作出进展的报告，自第一次报告之后，缔约国必须每隔 5 年再次提交人权义务条款国内实施的报告。公约设立人权事务委员会，由其研究审议各缔约国提出的报告，并把自己的报告以及认为适当的一般建议送交各缔约国，这样ICCPR 公约建立了具有强制性的国家报告程序。② 此外，ICCPR 公约还规定了国家间指控程序（ICCPR 公约第 41 条）和个人来文申诉程序（ICCPR 公约第一任择议定书）这样的任择性的实施保障。相较《欧洲人权公约》设立的欧洲人权法院，ICCPR 公约虽没有建立一个国际人权法院，但监督缔约国

---

① ［英］詹宁斯、瓦茨：《奥本海国际法（第一卷）》，王铁崖等译，中国大百科全书出版社1995 年版，第5页。

② ［奥］曼弗雷德·诺瓦克：《国际人权制度导论》，柳华文译，北京大学出版社2010 年版，第76 页。

遵守人权条约下的义务的责任被赋予由专家组成的国际机构，实则具有类似的效果。

（三）人权条约与非人权条约区分的理由：人权义务条款对制宪、修宪的效力

国际人权公约中的人权义务条款具有强行法特征，这些条款已经获得了大多数缔约国的批准，集中体现了国际社会的各主权国家对普遍个人权利的关切。条约的人权义务条款此种特性决定了它是缔约国制宪权、修宪权的界限，因此这些条款理应具有至少高于法律的地位。

1. 构成制宪权的界限

《条约法公约》有这样的措辞，"条约在缔结时与一般国际强制规律抵触者无效"，"就适用本公约而言，一般国际法强制规律指……不许损抑……之规律"。① 强行法具有直接效力和间接效力两个方面：第一，直接效力即指强行法通过与之抵触的条约无效这一效力功能，防止违反具有强行法性质的国际法原则或规范。如果国际法主体无视"禁止损抑"的强行法规范，而仍然在其相互作用中订立与强行法规范相冲突的条约，这类条约就是无效的。同时，强行法的另一个效力表现，是它对国际法主体的行为也具有拘束力，任何与强行法相冲突的行为都是非法的、无效的。② 奥本海认为，强行法这类规则的全部内容需要在国家实践和国际法庭判例中产生出来，《条约法公约》第66条关于适用和解释的规定，以及第53条和第64条有关争端的司法解决是强行法规范直接效力的依据。③ 第二，在间接效力方面，强行法的适用使得国家意志受到某些限制，以及使得国际法在某种程度上转换成为一种垂直的法律关系。④ 一方面，国家意志下的契约自由原则受到了限制，而且国家不得缔结那些无视国际社会整体利益和一般价值的条约；另一方面，从纵向的法律体系来说，法律规范有位阶上的高低之分，作为高级规范的强行法为

① 白桂梅、李红云：《国际法参考资料》，北京大学出版社2002年版，第226页。

② 张潇剑：《国际强行法》，北京大学出版社1995年版，第86－87页。

③ ［英］詹宁斯、瓦茨：《奥本海国际法（第一卷）》，王铁崖等译，中国大百科全书出版社1995年版，第5页。

④ 张潇剑：《国际强行法》，北京大学出版社1995年版，第87页。

低级规范的适用限定了范围，低级规范的适用必须符合高级规范的规定，并从高级规范那里获得法律效力。

有学者认为制宪权是创造宪法、维护宪法及废止宪法的一种权能，它优越于国家权力。根据主权在民的原则，国家最高权力与权威都源于主权。享有主权者实际上就拥有制宪权。① 国际强行法是经过各国主权意志共同同意的规则，目的在于维护整个主权国家的利益，制宪权不同于一般国家权力，它是依据主权意志制定宪法的权力。芦部信喜不认同"将制宪权理解为可以不受任何的规范上的拘束而自由地形成决断的绝对性的事实力量"，② 如果这样就可能导致宪法屈从于政治权力的意志，有必要将其定位为接受某种"规范上的拘束"的存在。③ 这种"规范上的拘束"暗含着国际强行法可能的约束，即强行法不仅约束主权者的缔约行为，而且约束主权者内部构建国内法律体系的行为，意味着国家的制宪权不能随意行使，要考虑国际强行法的内容。国际条约人权义务的强行性不允许各国通过违反强行法内容的立法。从世界各国宪法的规定上可以看出，诸如不平等条约、侵略战争、种族歧视、贩卖奴隶、买卖人口等都没有出现在宪法条文中。

2. 限制修宪权

按照自然法和人民主权原理，制宪权超越于主权之上，而主权是"不受法律约束的、对公民和臣民进行统治的最高权力"，此种最高权力要受到宪法的限制。④ "人权保障原理"乃是宪法之最根本原理，属于宪法之"宪章"范围，即修宪之雷池界限，不容借多数决之运作僭越；否则已非修宪而是"宪法革命"或"宪法的军事政变"了。⑤ 修宪权是制宪者设立的一个程序规范，修宪的内容受到宪法的约束。《日本宪法》序言第一段的后半部分言明"国家政治源自国民严肃的信托，权威来自国民，权力由国民的代表者行使，

---

① 韩大元：《宪法学基础理论》，中国政法大学出版社 2008 年版，第 71 - 72 页。
② ［日］芦部信喜：《宪法制定权力》，东京大学出版社 1983 年版，第 39 页。转引自芦部信喜：《宪法（第三版）》，林来梵译，北京大学出版社 2006 年版，译者序第 8 页。
③ ［日］芦部信喜：《宪法（第三版）》，林来梵译，北京大学出版社 2006 年版，译者序第8 页。
④ 杜强强：《论宪法修改程序》，中国人民大学出版社 2008 年版，第 138 - 139 页。
⑤ 贺日开："修宪权受制性的法理沉思"，载《法学评论》2006 年第 5 期，第 9 页。

福利由国民享受之"。芦部信喜认为，以上各个原理乃是"人类的普遍性原理"，"我们排除一切违反这些原理的宪法、法令及诏敕"，明示了这些原理即使通过宪法修正的方式也不能否定的意思。① 修宪权行使的正当性就是它要受到权力分立、人权保障等现代立宪主义基本原则的限制。如果不对修宪权加以限制，国家权力就有可能通过修宪程序改变原来的国家权力状态，人权救济可能会陷入更加不利的境地。人权会受到国家权力的侵犯，但侵犯人权最大的危害是通过修宪程序将人权从宪法中删除即废弃人权。② 因此，很多国家宪法中明确规定了公民基本权利不得修改，《德国基本法》第79条第3款明确规定，基本法第1条直至第19条列举的公民基本权利不得进行修改；《日本宪法》第97条规定，"本宪法对日本国民所保障的基本人权，是人类为争取自由经过多年努力获得的成果，这些权利已于过去几经考验，作为不可侵犯的永久权利现在及将来均赋予国民"。

修宪权的行使是有界限的，它首先受到宪法的制约，修宪不能对宪法已确认的基本权利和自由的条款进行削减，而只能作扩展和保障。国际条约的人权义务条款也构成了修宪权的界限，条约的人权义务条款是对缔约国修宪的限制。这一观点可以从涉及人权的条约条款的内容及效力得到证明，条约的人权条款内容多数都是与宪法所保护的权利一致，缔约国都承担必须履行的义务。《联合国宪章》明确规定了人权原则，规定了促进人权保障是联合国的一个宗旨和目的，安全理事会有一定范围内的采取强制措施的权力。ICCPR公约对缔约国课以直接义务，要求其"尊重和保证"公约所宣布的权利，并要求缔约国采取为达到这个目的所必需的行政、立法及其他措施。ICESC公约规定，虽然不必立即将公约列举的权利付诸实施，但是各国必须对自己承担的义务"尽最大努力"采取措施，以便"逐渐"达到这些权利的"充分实现"。③ 履行这些人权条款义务也意味着基本权利的内容，缔约国宪法不得更改。

---

① ［日］芦部信喜：《宪法（第三版）》，林来梵译，北京大学出版社2006年版，第32页。

② 贺日开："修宪权受制性的法理沉思"，载《法学评论》2006年第5期，第3页。

③ ［美］托马斯·伯根索尔：《国际人权法概论》，潘维煌、顾世荣译，中国社会科学出版社1995年版，第23-28页。

（四）人权条约法律地位的特殊性

人权条约义务条款构成缔约国制宪、修宪的界限，因此这些条款的地位与其他条约不尽相同，或者等同于宪法，或者低于宪法高于法律。

从国内宪法上来看，目前世界上有的国家明确了条约在国内法上的地位，但都是笼统地规定条约在国内的地位。例如，美国实践中将条约作自动执行和非自动执行的划分，其划分标准并不明确，也没有突出条约人权义务条款的特殊意义。《美国宪法》第6条规定，条约具有最高法律地位，对该条款的理解，美国学界、国会、法院向来有争议，条约的地位到底是高于法律还是等同于法律未有一致的看法。在1829年的"福斯特诉尼尔森案"之后，条约分为自动执行和非自动执行两类，美国参议院和法院越来越倾向于将条约解释为需要经国会颁布实施法规的非自动执行条约，这使得众议院有参与缔约程序的机会，这样经国会颁布实施法规之后的非自动执行条约与法律具有相同地位。对待ICCPR公约，将其归入非自动执行条约，公约的地位等同于国内法律。对于国会和法院的这一做法，美国国内的一些学者表示反对，他们坚持认为依据《美国宪法》第6条的规定，立宪者的原意是条约对合众国各州和各州法院都有约束力，并高于法律。①

日本学界对待条约与宪法的关系上有不同的看法：一是条约优于宪法；二是宪法优于条约；三是条约和宪法具有相同地位。但是，条约在日本国内法上高于法律的地位是可以确定的。《日本宪法》第98条第2款规定"日本国缔结的条约，及已确定国际法规，必须诚实遵守之"。日本国正式签订的条约和已确立的国际法规，在法律上是约束该国的，国家和国家机关必须遵守，每个国民也负有遵守条约和国际法规的义务。从日本学界和判例承认的《日本宪法》第98条的含义表明：第一，作为国内法可以直接适用条约，条约具有"自动执行"性，不需要通过国内法的立法程序的转换就当然地具有国内法的效力；第二，国际法与国内法冲突时，判例承认国际法优先。②

---

① ［美］路易斯·亨金：《宪政·民主·对外事务》，邓正来译，三联书店1996年版，第93页。
② ［日］畑中和夫："条约与国内法——国际人权条约的国内法效力"，见王家福等主编：《人权与21世纪》，中国法制出版社2000年版，第104－105页。

《法国宪法》第 55 条规定"依法批准或者认可的条约或者协定,自公布后即具有高于各种法的权威,但就每一个协定或者条约而言以对方(缔约国)予以适用为限"。《德国基本法》第 25 条规定"国际法的一般原则是联邦法律的组成部分。它们的地位优于法律,并直接创制联邦境内居民的权利和义务"。我国一些学者认为国际条约优于国内法。这一结论可以从我国一些基本法律中规定国际条约的优先地位,以及一些专门性法律中"参照条约办理"的规定得到证明。① 我国许多法律、法规规定了条约优先原则,并且许多的司法解释也坚持条约优先原则,从未有过相反的立法和司法解释,所以可以归纳出我国实行条约优先的一般原则。条约具有低于宪法高于法律的效力地位,是从我国法律中的几十个条约适用条款规定条约优于相关法律的事实及我国一贯的条约实践得出的结论。②

# 第二节 宪法规范条约关系的客观条件: 条约与宪法的互动

## 一、"人权"原则的条约化

在国际法中,各个国家的主权是平等的,主权构成了国内法与国际法律秩序的一道屏障,条约要融入国内法体系,必须由国家来决定要不要接受、在多大程度上以及以何种方式向国际条约开放,③ 这道屏障的开启与否完全取决于国家的意愿。国际合作中各国关注的法律问题增多,结果是条约法开始扩张并深入到主权国家更广泛的领域,④ 包括国家间的引渡、贸易关税,

---

① 龚瑜:"国际法与国内法关系的中国实践",载《贵州警官职业学院学报》1997 年第 3 期。
② 赵建文:"国际条约在中国法律体系中的地位",载《法学研究》2010 年 6 期。
③ [德] 沃尔夫刚·格拉夫·魏智通:《国际法(第 2 版)》,吴越、毛晓飞译,法律出版社2002 年版,第 112 页。
④ Mich90 ael P. Van Alstine, The Judicial Power and Treaty Delegation, California Law Review, Vol. , No. 4, Jul. , 2002, pp. 1263 – 1303.

以及传统条约中涉及和平友好、军备控制等，人权领域也成为国际社会共同关注的领域。最近几十年，条约的内容触及了更宽泛的领域，而且它们被设计成一个单一文本用以调整和规范国际商业贸易。在主权之下，国内规则的国际化最早不是从贸人权保护领域，而是从个别地区国家关于特殊利益和情势的特殊规则开始发展，其中美洲地区国家之间的国际合作、互动推动了条约规则的形成。这些国家因其地理上的接近、相似的政治体制，而且其形成独立国家的历史环境使它们更重视诸如自决、独立权、不受本国以外的他国干涉的自由、出籍和移民自由等原则，有些规则如移民自由已为现代国家所放弃，但美洲国家组织确立的其他规则先是由欧洲接纳，后被世界各国所确认，因而这些规则上升为普遍的国际法规则。除此以外，美洲国家，特别是拉丁美洲国家还对其他领域的特殊国际法规则的形成产生了重要影响。从20世纪开始，美洲国家通过泛美联盟和美洲国家组织等团体制定了一些一般性公约，在彼此之间将国际公法和国际私法的许多主题编为法典，这些公约推动了国际法的普遍发展，例如，关于国家和政府的承认、国家责任、领域和其他海洋区域、领土所有权和外交庇护权等规则，普遍国际法的规则在过去一个半世纪中深受美洲国家的态度和实践的影响。[①]"二战"之后随着《联合国宪章》重申民主、人权，世界范围内广泛的人权共识、规则纷至沓来。

国际社会尊重人权是比较新的现象，即使在西方，对人权的尊重也是经过了几个世纪的努力才取得，[②]"二战"是人权走向条约化的里程碑。德意日法西斯发动的侵略战争以及它们在战争中的野蛮行为，严重践踏了人类尊严和生命安全，战后爱好和平和民主的国家抛弃了社会制度与意识形态的偏见，[③] 联合起来开始进行了"一场前所未有的为人权而战的斗争"。[④] 在这场

---

① ［英］詹宁斯、瓦茨：《奥本海国际法（第一卷）》，中国大百科全书出版社1995年版，第51页。

② ［日］堤功一："对人权的尊重：普遍性和相对性"，见王家福、刘海年、李林编：《人权与21世纪》，中国法制出版社2000年版，第13页。

③ 刘杰："从《世界人权宣言》到'国际人权两公约'：历史的逻辑及其比较"，见王家福、刘海年、李林编：《人权与21世纪》，中国法制出版社2000年版，第71页。

④ ［加］约翰·汉弗莱：《国际人权法》，中译本，世界知识出版社1992年版，第19页。

斗争中，国际社会形成了以各种可能的形式保障人权的洪流，从此，人权的保障不再仅是各国国内政治、法律范围内的问题，人权破除了主权的羁绊，逐渐进入了国际政治、国际法的领域，人权的条约化、法制化以不可阻却之势成为"二战"后国际社会的必然趋势。① 联合国大会于 1948 年就通过了《世界人权宣言》，但宣言在人权保护领域的适用范围一直很有限。1975 年是一个转折点，之后在 20 世纪 80 年代后期逐渐引起了人们的关注并在 90 年代初"冷战"结束后变得更加引人注目。当下各国在世界范围内达成的共识是：对人权的尊重有利于和平、民主的发展。②

## 二、人权条约的具体条款受宪法的影响

国际法与宪法关系的理论之所以会产生"二元论"与"一元论"，究其原因是各国认为在其法律秩序的效力范围内，成文宪法具有最高规范的价值，例如，"二元论"认为国际法与国内法抵触，国内法院将会适用国内法；在主张"一元论"的国家里，发生国际法与宪法的抵触，现实中很少有承认国际法优越于宪法的，大多数国家认为"宪法优先"更符合主权国家的特点。国际条约尊重和考虑了主权，其中一个表现是国际法不禁止缔约国在签署、批准或者加入条约时提出保留。保留就意味着与条约抵触的某些国内法律条文继续有效，他国无权援引条约的这些条款对此问题进行干预。保留本质上是由缔约国的主权特征决定的。国际法院在 1948 年 12 月 9 日关于《防止及惩治灭绝种族罪公约》的保留问题的咨询意见中，当时以苏联为代表的"主权派"认为"每一个国家根据主权原则有无可争议的对任何条约提出保留的权利。保留的法律后果就是，条约除经保留的部分以外，在保留国和条约的其他缔约国之间有效"。③ 国际法院在考虑条约中主权国家的利益时，考虑到了"主权派"的要求和主张。国际法院咨询意见的陈述中提到了需要遵守的

---

① 刘杰："从《世界人权宣言》到'国际人权两公约'：历史的逻辑及其比较"，见王家福、刘海年、李林编：《人权与 21 世纪》，中国法制出版社 2000 年版，第 72 页。

② ［日］堤功一："对人权的尊重：普遍性和相对性"，见王家福、刘海年、李林编：《人权与 21 世纪》，中国法制出版社 2000 年版，第 13 页。

③ 李浩培：《条约法概论》，法律出版社 1987 年版，第 162 页。

两个原则："第一，国家在其条约关系中不可能不经其同意而受拘束；因此，任何保留，如果未得到另一国家的同意，不能对其发生效力；第二，多边条约是各缔约国对其全部条款共同同意的结果，因此，任何缔约国都无权单方决定或者特别协定破坏以及伤害条约的目的和宗旨。"①

　　人权条约尊重主权国家宪法的另一个表现是条约批准的效力。人权条约被缔约国批准后，就会发生人权条约与国内法上的关系，而条约中的人权条款仅能获得相当于批准机构根据宪法制定的法律、法规中所规定的权利地位，如果缔约国在此后的立法中将人权条约的权利保护内容上升为宪法的层次加以保护，此时人权条约中的具体权利才具有实效性的宪法权利特征，否则，人权条约中的具体权利条款的位阶事实上是在宪法权利之下。因此，人权条约并不当然地具有优于宪法或者等于宪法的地位，批准条约也并不当然地导致缔约国必须要对于条约内容不一致的地方进行修改。因为宪法在理论上是由缔约国人民制定的，缔约国的宪法就具有高于批准的国际条约的地位。②

　　国际人权两公约所揭示的理念和目的得到了各缔约国及各国人民的一致确认。但由于各国及各国人民所处的社会、经济、政治等诸多条件和环境不同，所以不可避免的是各国在实施国际人权两公约的方式、进度、程度等都有所不同。ICESC 公约考虑到这些问题，认为"采取立法措施和其他一切适当的方法……逐渐地达到权利的彻底实现"是被允许的。该公约就与普通的公约一样，采取约束缔约国的形式，原则上只有缔约国政府才负有履行具体义务的职责。因此，ICESC 公约是允许因各种条件和环境差异而产生的实现该公约的相对性。但相反，ICCPR 公约在条文的措辞上，主语都不是缔约国，而是个人，个人自身享有公约中规定的具体权利和自由。因此，ICCPR 公约不用通过国内立法的转换，就可以直接生效和适用，具有自动执行性。不过，确认某个条约具有自动执行性还需要有可以接受作为自动生效条约的机制。由于这种机制的完善的状况各有差异，国际社会仍然存在承认各国宪法规定的特殊性和相对性的余地。③

---

　　① 李浩培：《条约法概论》，法律出版社 1987 年版，第 172 页。
　　② 莫纪宏：《国际人权公约与中国》，世界知识出版社 2005 年版，第 218 页。
　　③ ［日］畑中和夫："条约与国内法——国际人权条约的国内法效力"，见王家福、刘海年、李林编：《人权与 21 世纪》，中国法制出版社 2000 年版，第 106 页。

### 三、传统国际法与国内法关系的转变

国内法，简言之，就是由国家单独制定、实施的法，它无须其他主权国家或者国际法主体的参与介入，但国内法可能会对其领土以外的对象和事实进行规范和调整，如一国宪法中的基本权利有时会涉及对国际事实的法律评价，最突出的例子是死刑，一个未废除死刑的国家欲将刑事犯罪人引渡，鉴于各国及国际社会对死刑的有无、应否判处死刑、定罪基础有不同规定，引渡、死刑的作用机制不可避免地既需要国内法规范，又需要国际法的介入。关于国际法与国内法的区分问题，德国学者沃尔夫刚·格拉夫·魏智通教授的一个重要标准就是法律规范的制定主体是单个国家还是多个国家或国际法主体。国内法是由国家自身单独制定的，而国际法是由国际法主体在国家相互关系中产生或者合作制定，某个国家可能会对国际法规范的形成与变更产生影响，但原则上国家无权制定国际法。①

传统国际法与国内法关系的转变主要体现在两个方面。

（一）调整对象、调整内容的统一与对立

国际法与国内法的关系因经济关系的频繁而十分密切，两者交叉的领域已经不限于外交关系、战争关系。表现在：（1）国际法与国内法有共同的调整领域，就是说它们的调整对象具有一致性。在诸多方面，国际法与国内法的调整对象是重叠的，比如，人权保护，两个法律体系都会进行规范；还有外交关系中关于外交使节的活动与保护规则；再有就是经济活动领域，世界贸易组织、欧洲共同体等使成员国的经济法律秩序国际化。两者的这种调整对象的一致关系对某个国家来说，不仅需要该国在人权立法及国内组织法方面更具民主性、开放性，而且要求宪法对国际法的发展作出回应。（2）国际法与国内法的矛盾性，它们之间可能会发生冲突。国家是国际法的主体，它自身要受到国际法的约束，包括立法权也必然受到国际法的限制；但是国家同时又具有独立性，它的立法机关有时可能不会顾及国际法的界限而进行立

---

① ［德］沃尔夫刚·格拉夫·魏智通：《国际法（第 2 版）》，吴越、毛晓飞译，法律出版社2002 年版，第 110 - 111 页。

法，在此种情况下两者的冲突是必然的。不管国际法与国内法之间是协调一致还是发生抵触，表明它们必然地是一种紧密的互动关系。一般来说，国际条约不会对国内法律规范与国际法律规范的关系作出一般性、原则性的规定，这就决定了解决该问题的方法只能从法的国内实践中去寻找。① 正因为如此，国内法通常会对涉及国际法的制定、执行问题加以规范，宪法因而肩负着处理国内法规范与国际法规范关系的使命，例如，宪法通过对缔约权配置、缔约程序的规范，以及对条约地位、效力的规定，既要保证国家能够在参与制定及执行国际法中获得更多保护国家利益的机会，又要信守承诺将国际条约融入国内法体系。

（二）国际法主体范围的扩大

直至 20 世纪初，国际法基本上仍旧是调整国家之间关系的法律。随着联合国及其专门机构的成立，国际组织获得了国际法的主体地位。而且，人权的发展越来越构成对国家主权的限制，有一些国际法学者从功能的角度认为国际法的主体除包括国家和国际组织外，理应包括个人。国际法主体范围的扩张改变了传统的国际法架构，因为个人通过国际人权条约被赋予了越来越多的权利和自由。1950 年 11 月 4 日的《欧洲人权公约》第 34 条首次规定个人可以在欧洲人权法院运用国际法程序针对本国提出个人权利保护的诉讼，由此确认了个人的国际法主体资格。1969 年 11 月 22 日的《美洲人权公约》参考了《欧洲人权公约》，也有个人申诉权利的条款规定。1966 年 12 月 19 日的 ICCPR 公约和第一附加议定书规定了个人可以针对本国的人权侵犯在"穷尽国内救济"的条件下，可以个人来文形式向人权事务委员会申诉。对于国际法的发展而言，南斯拉夫国际刑事法院和卢旺达国际刑事法院关于战争犯罪追究个人责任的国际判决具有特别意义，它们的设置尽管是短期的，但对于推动国际社会建立一个普遍的、常设性的国际刑事法院发挥了重要作用，直到 1998 年 7 月 17 日根据《罗马规约》国际刑事法院正式成立，宣告了通过法律追惩违反国际法的国家机关高级官员的个人责任。

---

① ［德］沃尔夫刚·格拉夫·魏智通：《国际法（第 2 版）》，吴越、毛晓飞译，法律出版社 2002 年版，第 112 页。

# 第三节　宪法规范条约关系的主观条件

## 一、"条约必须信守"：宪法规范条约的必然性

条约是国际法的形式，因而其成立要件专由国际法规定。依照国际法，条约由两个以上国家达成一致意见后成立。各当事国的国家意志由何种机关以及以什么程序作出，都分别委托给各国宪法规定，而国际法对此问题不作规范。关于缔结条约是否需要议会参与，参议院和众议院各在缔约程序中扮演何种角色等问题，均由各国宪法规定。近年来，随着民主宪政主义逐渐健全完善，各国将外交事务置于民主的监督之下，几乎所有国家的宪法或者惯例至少对于缔结重要的条约，要求必须有议会的参与。但是，这些规定和要求都不是国际法上的原则，即使某国宪法规定条约的缔约权由国家元首或君主行使，完全无须议会的参与，也与国际法毫无关系。只要宪法有此规定，无须议会参与的缔约程序在国际法上仍是有效的条约。[①]

条约为国家设定权利和施加义务。就权利而言，各缔约国有选择是否完全行使条约规定的权利的自由，如果缔约国不行使，只要与这些权利有关的条约义务得以履行，此种不行使权利的行为就与国际条约无关。但是，就义务而言，条约要求国家必须履行它的承诺，如果不履行，缔约国就要承担后果。从国际法的观点看，各个缔约国对于他们自己如何在其国内履行条约义务的方式是自由的、自主的：是直接吸纳条约还是将条约转化为国内法律，对于条约的国际法效力是没有任何影响的，这些都是每个缔约国国内按照自己的宪法实践自己作出选择并加以规定的事项。[②] 如果国家被指控违反了国际条约义务，它在国际法上不能主张下述辩护理由：该国以它的国内法律有

---

① ［日］宫泽俊义：《日本国宪法精解》，董璠舆译，中国民主法制出版社 1990 年版，第 705 - 706 页。

② ［英］詹宁斯、瓦茨：《奥本海国际法（第一卷）》，王铁崖等译，中国大百科全书出版社 1995 年版，第 46 页。

瑕疵或者包含有与条约相抵触的条款而不能履行这些义务为由，或者以当时情况下不能够满足某种宪法或法律的要求为由不履行条约义务。国际常设法院在关于"希腊和保加利亚社团案"（1930 年）的咨询意见中提到："在作为一项条约的缔约双方的国家之间的关系中，国内法的规定不能优于条约的规定，这是一项公认的国际法原则。"同样，国际法院在关于"依据 1947 年6 月 26 日《联合国总部协定》第二十一节交付仲裁的义务的适用性案"（1988 年）的咨询意见中回顾了国际法优先于国内法是国际法的基本原则。国际常设法院在关于"但泽境内波兰国民的待遇案"（1932 年）的咨询意见中指出，"一国不能对另一国援引自己的宪法以规避依据国际条约所承担的义务"。① 例如，ICCPR 公约第 40 条规定了缔约国必须履行的报告义务，各缔约国有义务在该公约生效或加入该公约的一年内向人权事务委员会提交初次报告。对于报告的内容应包括缔约国宪法和法律履行公约的情况，还包括具体履行公约规定义务的全面情况。根据人权事务高级专员办公室的《提交人权报告手册》规定的"缔约国初次报告要点"，其中的一项要求"丙、保护人权的法律框架：（1）哪些司法、行政或其他当局有涉及人权的职能；（2）个人提出本人任何权利受到侵害时，有哪些补救措施，受害人能获得哪些补偿和恢复名誉的制度；（3）人权条约规定的各项具体权利和自由是否在宪法中或单独权利法案中得到保护，有无法律减损的规定；（4）人权条约如何成为国内法律的一部分；（5）人权条约的规定能够被法院或行政机关直接援引，还是必须事先转化为国内法律或行政法规；（6）有无监督人权条约实施的全国性监督机构或监督团体"。②

## 二、条约的标准性：衡量和评价国内法体系的参照

当下，在世界范围内出现了国际法与国内法之间的互动，尤其是在人权

---

① ［英］詹宁斯、瓦茨：《奥本海国际法（第一卷）》，王铁崖等译，中国大百科全书出版社1995 年版，第83 页。
② 范国祥："国际人权公约的法律监督"，见王家福、刘海年、李林编：《人权与21 世纪》，中国法制出版社2000 年版，第139 页。

领域，此种互动称为"宪法的全球化"或"宪法的国际法"。① 人权法就是宪法或公法的全球化、国际化的重要范畴之一。② 人权的概念最初产生于一个国家的政府与其公民之间的关系方面，它首先是一个国家的内部事务。正如《维也纳宣言》所说，人们不应当忘记不同的国家及不同的文化背景之间的差异，不同国家有着不同的历史、文化与宗教背景，并且各国处于不同的发展阶段和条件之中。当今世界就是一个不同文明与不同文化共存共荣的世界。因此，人类更应该通过在不同文明之间，尊重对方的社会条件的前提下通过对话来达成一个共同的人权标准，而且那些已经由国际社会公认的属于强行法的基本权利更应该得到立即和普遍的遵守与实施。③ 保障人权是所有国家与所有人民的共同责任，联合国制定的人权标准已经得到了其会员国的确认，因此这些人权保护的共同标准必须严格遵守和维护，任何国家都不应有任何例外。④《联合国宪章》的所有会员都作出了保护、尊重人权及自由的承诺，《世界人权宣言》被看作对《联合国宪章》中规定的权利及自由的权威性阐释。⑤ 国际人权保护的意义尤其体现在对弱势群体和少数人权利的保护上，因为如果没有来自外来的关注，一个社会中由多数人组成的政府、团体很可能不能够清楚地认识到弱小群体所遭受的苦难。建立一个普遍的国际标准有利于保证这些少数人群体、弱势群体的权利，特别是当少数民族的权利和自由遭到侵犯时很容易导致政治动荡和动乱，这些动乱又会对周边国家带来消极影响，使整个地区的和平秩序受到威胁，科索沃的危机就是一个例子，这就是强调人权保护的共同标准、普遍实施的理由之一。⑥

---

① 所谓宪法的全球化，或者说是全球化的宪法发展，可以理解为一些宪政价值及基本权利渐为普世所认受，促成世界各地公法的趋同化；至于宪法的国际化，是指国际公法与国内宪法或公法的互动增加，尤其各主权国家更积极地将国际法规范纳入其国内公法。引自陈弘毅："公法与国际人权法的互动：香港特别行政区的个案"，载《中外法学》2011 年第 1 期。

② 陈弘毅："公法与国际人权法的互动：香港特别行政区的个案"，见《中外法学》2011 年第 1 期。

③ ［日］堤功一："对人权的尊重：普遍性和相对性"，见王家福、刘海年、李林编：《人权与21 世纪》，中国法制出版社 2000 年版，第 20 页。

④ 刘杰："从《世界人权宣言》到'国际人权两公约'：历史的逻辑及其比较"，见王家福、刘海年、李林编：《人权与 21 世纪》，中国法制出版社 2000 年版，第 75 页。

⑤ ［加］道格拉斯·桑德拉："国际人权公约在加拿大的实施"，见王家福、刘海年、李林编：《人权与 21 世纪》，中国法制出版社 2000 年版，第 177 页。

⑥ ［日］堤功一："对人权的尊重：普遍性和相对性"，见王家福、刘海年、李林编：《人权与21 世纪》，中国法制出版社 2000 年版，第 20 页。

在第二次世界大战即将结束之际，美国总统罗斯福提出将言论自由、信仰自由及免于恐惧的和匮乏的自由作为"二战"后世界各国要努力实现的目标。先是《联合国宪章》反映了这一主张，它规定联合国的宗旨和目的之一就是进行国际合作来促进对人权和个人自由的普遍尊重和遵行。后来联合国大会于 1948 年通过了《世界人权宣言》将其作为所有民族及所有国家应当努力达到的共同标准。为了将宣言确立的人权保护的共同标准落实，以更加具体化的方式实施宣言，在宣言通过后不久，联合国人权委员会就开始致力于起草一份以宣言为基础、具有普遍法律效力的公约。联合国人权委员会于 1954 年向联合国大会提交了两个公约的草案，但是大会的讨论拖延了很长时间，最终在 1966 年通过了这两个人权公约的草案。此后，两个人权公约的生效又拖延了 10 年，因为各国批准国际人权两公约的进程非常的缓慢，1976 年公约在获得了足够数目的国家的批准和加入后生效了，当时距离《世界人权宣言》的发表近 30 年了。目前只有《儿童权利公约》最接近这种"普遍标准"的要求，该公约在 1998 年 12 月时已有 191 个缔约国。[①] 因为《联合国宪章》第 2 条第 7 款规定的"人权在本质上属于各国国内管辖权范围内的事项"，这反映在《世界人权宣言》的非常谨慎的用语措辞上，"它已经成为一个共同的标准，每一个个人都应努力促进对此种标准的尊重，并通过渐进的措施来保证人们对宣言的遵守"。[②]

国际人权公约的各个监督机构在推动人权共同标准的形成方面起到了推波助澜的作用。人权事务委员会在审议各国提交报告之后的回馈意见中既肯定了缔约国履行条约义务的积极努力，又对其国内宪法是否加入公约权利内容、司法体制、选举权、死刑范围、言论自由和结社自由、权利救济等方面是否符合国际人权的共同标准给出评价和建议。例如，人权事务委员会于 1992 年对坦桑尼亚第 2 次定期报告的评价和建议包括"欢迎民主化的进展，宪法中加入了权利法案，开始实行多党制，司法体制加强；但过渡到

---

① ［加］道格拉斯·桑德拉："国际人权公约在加拿大的实施"，见王家福、刘海年、李林编：《人权与 21 世纪》，中国法制出版社 2000 年版，第 181 – 182 页。

② ［日］堤功一："对人权的尊重：普遍性和相对性"，见王家福、刘海年、李林编：《人权与 21 世纪》，中国法制出版社 2000 年版，第 16 页。

真正的民主还不完全；对不符合公约的国内法律如何处理态度不清"。①

## 三、条约的补充性："穷尽国内救济"与条约机构的保障

在日本，学者认为国际人权两公约是补充日本宪法基本原则——尊重基本人权和保障人权内容的公约，并且无论从哪个角度出发，两公约都不与宪法冲突。同时，国际人权两公约都是优于国内法的。② 为了保证对人权的尊重，各国应当采取恰当的国内措施，国内法院的实践在此方面起着非常重要的作用。日本法院在审理国内涉及 ICCPR 公约的案件时，会将人权事务委员所做的一般性意见和评论作为其审理案件的参考和补充材料，法院可以就案件涉及的公约条款进行分析并作出更为广义的解释，并且它们在这些解释中能够引用人权事务委员会的一般性意见和评论。其中一个例子就是大阪高级法院在 1994 年作出的判决。该判决涉及有关机关为确定身份而获取在日本居住一年以上的外国人的手印的做法，是否构成公约第 7 条规定的有辱人格的待遇。法院在该案中适用了人权事务委员会的一般性意见作为解释公约的补充手段，法院认为这些意见为解释公约提供了很有用的指导。③

再如 ICCPR 公约第一任择议定书中的"个人申诉制度"，就是允许个人因国家侵犯其人权可以向人权事务委员会申诉。根据该议定书，加入议定书的公约缔约国管辖下的个人，如果声称其在公约的规定下的任何权利和自由受到本国的侵犯，在用尽国内救济方法后，其人权状况仍未有改善，能够书面申请人权事务委员会对本国侵犯的事实进行审查。委员会在收到个人的申诉来文后，首先依据议定书第 2 条、第 3 条及第 5 条的规定对来文是否可以接受进行审查。在判定属于可以接受的来文时，委员会以秘密方式不公开地进行审议，并在整个程序中将提出申诉来文的个人和其本国置于平等的地位，每一方都有机会对对方的论据提出意见。委员会则对案件的事实进行全面审

---

① 范国祥："国际人权公约的法律监督"，见王家福、刘海年、李林编：《人权与 21 世纪》，中国法制出版社 2000 年版，第 141 页。

② ［日］畑中和夫："条约与国内法——国际人权条约的国内法效力"，见王家福、刘海年、李林编：《人权与 21 世纪》，中国法制出版社 2000 年版，第 106 页。

③ ［日］提功一："对人权的尊重：普遍性和相对性"，见王家福、刘海年、李林编：《人权与 21 世纪》，中国法制出版社 2000 年版，第 19－20 页。

查，提出案件解决的最终意见。自 1976 年任择议定书生效以来，个人来文的申诉制度就处于比较繁忙的运作之中。尤其是 20 世纪 80 年代后期，随着各国国民对人权事务委员会承担该项工作认识的加深，委员会收到的个人来文申诉的数量成倍增加。①

针对一些公约直接规定的补充原则，在批准 CAT 公约②时很多国家对调查权条款作了保留，就是说，有关公约规定的禁止酷刑委员会的调查权及个人的申诉权在这些国家不适用。1998 年 7 月 17 日，在罗马通过了《国际刑事法院规约》，我国和美国都没有签署这一公约。因为这两个公约有一个共同的内容，就是确立了酷刑委员会或者国际刑事法院在犯罪管辖方面的补充原则，CAT 公约第 20 条规定"委员会如收到可靠的情报，认为其中有确凿证据表明在某一缔约国境内经常实施酷刑，……可以指派一名或者几名委员进行秘密调查并立即向委员会作出报告……在该缔约国的同意下，此种调查还可以包括前往该国境内访问"，③《国际刑事法院规约》也有类似的调查权和管辖权的规定。对公约条款提出保留及不签署公约的国家最主要的担心是公约此种补充原则的滥用，即可能会代替国内法院或者有权机构的管辖事项。尽管如此，并不妨碍其他条约作为补充和完善国内法不足的功能，而且即使这两个公约有着补充原则的直接规定，也仅起到对国内法的辅助作用，不可能替代国内法的管辖程序，因而对公约规定的管辖、调查方面的补充原则的担心全无必要。

---

① 朱晓青："《公民权利和政治权利国际公约》的实施机制"，见王家福、刘海年、李林编：《人权与 21 世纪》，中国法制出版社 2000 年版，第 117－118 页。
② 即《禁止酷刑和其他残忍、不人道或有辱人格的待遇或处罚公约》。
③ 范国祥："国际人权公约的法律监督"，见王家福、刘海年、李林编：《人权与 21 世纪》，中国法制出版社 2000 年版，第 144 页。

# 第二章 缔约权的配置

## 第一节 宪法规范缔约权的原理

### 一、缔约能力与缔约权

（一）主权原则与国家的缔约能力

缔约能力（treaty - making competence），是指以自己的名义独立参加条约法律关系，并且直接承担条约义务和享受条约权利的能力。[1] 它是衡量谁能够缔结国际条约的标准，《条约法公约》第 6 条规定"每一国家皆有缔结条约之能力"，表明国家具有完全的缔约资格，国家享有完全的法律人格在国际法上的基本表现就是缔约能力。缔约能力源于国家主权，国际常设法院在"温布尔登号案"的判决中提到，缔结国际协定的权利是国家主权的象征。[2] 然而，国家的缔约能力体现的是国家进行条约交往的国际法上的资格，具备这一资格的国家并不能亲自缔结条约，是否要同外国缔结条约或谁能代表国家享有这一能力，多由国家的宪法作出规定。

国家在国际法上具有完全的缔约能力，而在国内法上"谁能够代表国家"行使这一权力，就必须找出具有缔约能力的国家代表机构——单位或个人的法律依据或事实依据。根据国内法，任何国家机关的行为都是国家行为；根据国际法，国家的行为只能是对其他国家有权代表国家的一个机关所做的

---

[1] 万鄂湘、石磊、杨成铭、邓洪武：《国际条约法》，武汉大学出版社 1998 年版，第 20 页。

[2] 朱文奇、李强：《国际条约法》，中国人民大学出版社 2008 年版，第 64 - 65 页。

行为，这一机关就是政府，此时政府的含义中包括国家元首。① 韦罗贝教授认为，国家必须拥有一切权力，如税收、签订条约；同时在理论上，一个主权国家可以在某种程度上将其权力的执行委任给国家的政府机构，这些政府机构于是就成了执行该主权国家的政府机器的一部分。② 中央政府的外交权是否源于主权，是一个超出宪法范围的问题，③《美国宪法》并没有提及国家主权及其存在方式，只是用了"我们合众国人民"的表述，可以将其解释为主权的享有者是"人民"。同时，代表美国行使外交权力的机构有哪些？从《美国宪法》文本的规定看，是总统和国会。

政府首脑或国家元首是否是国家的代表？从《美国宪法》的文字规定来看，并没有限制总统代表国家的措辞，总统既有权行使特赦及任命官员的权力，也可以行使外交谈判、签署或缔结条约的权力。从《美国宪法》的规定至少可以判定：在国际关系中，总统负责对外事务，制定和执行国家的对外政策，总统是唯一拥有完全的、排他的外交权的机关，并在对外关系中居于主导地位，④ 但这些权力都必须受到国会及宪法的制约。此外，国会主要通过立法参与外交事务。《美国宪法》第1条第1项规定"本宪法所授予之立法权，均属于由参议院与众议院组成之合众国国会"，同时，该条第8项规定"国会有权制定必要和适当的法律以便执行"，也明确列举了国会的立法权范围。⑤ 国会对外关系方面的立法，有些是直接与对外事务有关：制定对外政策、调整对外贸易及宣战；有些是间接与对外事务有关：拨款、筹建和供养陆军和海军。⑥ 尽管《美国宪法》文本没有提及"外交事务"及外交权，并且总统和国会在某些具体的外交事务上的权限划分是模糊的，⑦ 但总统和国

---

① ［奥］凯尔森：《法与国家的一般理论》，沈宗灵译，中国大百科全书出版社1996年版，第393页。

② ［美］陈序经：《现代主权论》，张世保译，清华大学出版社2010年版，第155－157页。

③ Louis Henkin: Foreign Affairs and the United states Constitution, Clarendon Press, Oxford, 1996: 34.

④ Louis Henkin: Foreign Affairs and the United States Constitution, Clarendon Press, Oxford, 1996: 33－35.

⑤ 除《美国宪法》第1条第8项的列举事项以外，还有一些修正案条款也对国会的立法权进行了补充，包括《美国宪法》第13条、第14条、第15条、第16条、第19条、第23条、第24条和第26条修正案。

⑥ ［美］路易斯·亨金：《宪政·民主·对外事务》，邓正来译，三联书店1996年版，第26页。

⑦ 如有关宪法的一个争论是在国会与总统之间关于"战争权力"及其他方面的权力，美国学界将其称为"半阴影区"问题，引起了国会和总统之间权力的紧张。

会分享外交权并具有宪法上的缔约资格是确定的。

在我国，《缔结条约程序法》第 4 条规定："中华人民共和国以下列名义同外国缔结条约和协定：（一）中华人民共和国；（二）中华人民共和国政府；（三）中华人民共和国政府部门。"该法第 7 条、第 8 条、第 9 条详细地规定了全国人大常委会、国务院及其各部门在缔约程序中的权限范围，即全国人大常委会对"条约和重要协定"的批准、国务院对条约和协定的核准，以及经签署无须批准或核准的国务院有关部门的缔约代表签署条约的行为，①都是"国家行为"的代表。

（二）缔约能力排他原则

《美国宪法》制定时的主要目的之一就是将外交权置于联邦政府的控制之下。制宪者认为州的介入会对联邦有效行使外交权造成不利的妨害，因此在《美国宪法》中继续维护邦联时期的做法，就是联邦政府具有代表国家缔结条约的资格。② 《美国宪法》规定的联邦政府的缔约能力有三个方面的体现。

第一，根据《美国宪法》第 1 条第 10 项之规定——"禁止各州缔结条约"，实际上剥夺了各州对外交往中的主权资格和地位。联邦政府所具有的排他性外交权长期以来得到了联邦最高法院的支持。例如，1840 年的 Holmes v. Jennison 案的判决提到，"我们宪法的主要目标之一，就是将对外交往的权力授予人民、授予国家，并且不允许各州享有与外国政府的交往资格"。③ 这之后的一百多年里，美国法院一直强调联邦政府外交能力的排他原则，任何州都不能为了适应州内的立法及政策而改变对外政策，各州不具有对外交往

---

① 赵建文："国际条约在中国法律体系中的地位"，见《法学研究》2010 年第 6 期，第 203 页。

② James Madison: Statement to the Federal Convention of 1787 (June 19, 1787), in RECORDS OF THE FEDERAL CONVENTION OF 1787, Max Farrand ed., 1937 pp. 314 –316.

③ Holmes v. Jennison, 39 U. S. 14 Pet., 1840, pp. 540, 575 – 76. The same ideas from these: United States v. Belmont, 301 U. S. 324, 331, 1937. ("The external powers of the United States are to be exercised without regard to state laws or policies. n respect of our foreign relations generally, state lines disappear"); The Chinese Exclusion Case, 130 U. S. 581, 606, 1889. ("For local interests the several States of the Union exist; but for national purposes, embracing our relations with foreign nations, we are but one people, one nation, one power"); Hines v. Davidowitz, 312 U. S. 52, 63, 1941.

能力。① 在1968年之前，法院认为如果州法侵犯了国家对外交往中的原则，该州法也会被宣布无效。在1968年的Zschernig v. Miller案中，法院宣布俄勒冈州法无效，因其规定了针对社会主义国家公民无权继承未留遗嘱的财产条款。② 俄勒冈州法通过对无居住权的外国居民设定继承财产的条件说明，美国国民能够继承在外国的财产，而外国国民只有支付了一定的款项后，该笔遗产才不会被州政府没收。尽管俄勒冈州的法律并没有直接涉及外交关系，但法院看到了该法对外交关系"持续的和微妙的"影响，调整和分配财产应属于各州立法的范围，如果州法的实施侵害了国家的外交政策，那么州法无效。

第二，通过《美国宪法》第2条"缔约权赋予联邦政府"和第6条"条约最高效力"条款，制宪者建立了条约优占原则（treaty preemption），即条约优于与条约相冲突的州法。最早确立这一原则的是在1796年Ware v. Hylton案，联邦最高法院宣布弗吉尼亚的法律因与1783年法国与英国缔结的条约相冲突而无效。法官Chase在他的判决意见书中提到，"根据美国主权达成的每一条约，应具有高于宪法和各州法律的效力，而且与条约相冲突的任何州的法律都不能适用"。③

第三，《美国宪法》第2条明确规定了联邦政府的缔约能力，但联邦政府缔约权限是宽泛的，它甚至有权缔结属于宪法保留给州立法的事项，因为根据《美国宪法》第10修正案，合众国对州的主权承诺是消极的，制宪者认为联邦主义中的剩余主权理论只适用于联邦政府与州的分权，而并不构成对条约的限制。④ 从后来的Missouri v. Holland案来看，依据已缔结的条约，国会能够对那些专属于州管辖范围的事项进行立法，而且即使缺乏条约依据，

---

① United States v. Pink, 315 U. S. 203, 1942, pp. 233 - 34.

② Zschernig v. Miller, 389 U. S. 429, 1968, http: //supreme. justia. com/us/389/429/case. html, accessed to: 2011 - 4 - 18.

③ Ware V. Hylton, 3 U. S. 199, 1796, http: //supreme. justia. com/us/3/199/case. html, accessed to: 2011 - 5 - 13. Thomas Healy. "Missouri v. Holland" Still Good Law? Federalism and the Treaty Power. Columbia Law Review , Vol. 98, NO. 7, 1998, pp. 1728 ~ 1729.

④ Restructuring the Modern Treaty Power, Harvard Law Review , Vol. 114, No. 8, Jun, 2001, p. 2481.

国会也能进行这样的立法。按照汉密尔顿的解释，条约性质上不同于法律，前者是外交交往中同其他国家达成的"契约"，它可以成为国内法，但只能依赖"善意履行国际义务"来执行；后者是国家制定的"规则"，与条约不同，这些"规则"直接对个人的权利义务产生影响。因此，尽管联邦内部存在分权原则，但条约自身具有代表国家利益的属性和特点，决定了联邦政府在缔结条约方面具有排他的资格。

## 二、缔约权的特征

### （一）契约属性

1. "契约理论"：缔结条约与制定法律的区分

在性质上，条约被理解为是国家之间的契约，这是源自 19 世纪美国制宪者的观点。19 世纪，美国联邦法院首席大法官肯特（Chancellor Kent）说明了条约的契约属性，"每一类型的条约都是由有权机关缔结的，并对主权国家施以义务，这正如私人之间的合同对个人有拘束力一样"。[1] 汉密尔顿也说"立法机关的本质在于制定法律，换言之，就是制定社会活动的规则。缔约的目的是与外国订立契约，此种契约虽具有法律的效力，但其约束力是出于国家信誉所负担的义务"。[2] 因为条约是由主权国家限定自身对外国及其共同体法律承担义务，所以条约反映着国家的基本属性，不是国内法。[3] 条约的契约特征，其效力的渊源并非来自国内法，而是源自主权国家"善意履行"的弹性义务。[4] 杰伊在《联邦党人文集》第 64 篇写道："条约就是交易的另一种形式，缔结的条约不仅是缔约一方的意志，而且包括了双方的合意。"[5]

---

[1] Curtis J. Mahoney, Treaties as Contracts: Textualism, Contract Theory and the Interpretation of Treaties, The Yale Law Journal, Vol. 116, No. 4, Jan. , 2007, p. 834.

[2] ［美］汉密尔顿、杰伊、麦迪逊：《联邦党人文集》，程逢如、在汉、舒逊译，商务印书馆 1980 年版，第 379 页。

[3] Michael P. Van Alstine, Dynamic Treaty Interpretation, University of Pennsylvania Law Review, Vol. 146, No. 3, Mar. , 1998, pp. 687 - 793.

[4] John C. Yoo, Politics as Law?: The Anti - Ballistic Missile Treaty, the Separation of Powers, and Treaty, California Law Review, Vol. 89, No. 3, May, 2001, p. 892.

[5] ［美］汉密尔顿、杰伊、麦迪逊：《联邦党人文集》，程逢如、在汉、舒逊译，商务印书馆 1980 年版，第 330 页。

从性质上看，缔结条约具有特殊性，"缔约工作的目的是与外国订立契约，并非统治者对国民制定的法律，是主权国对主权国订立的协定，并不真正属于立法或行政范围"。① 条约的契约性质，在早期得到了美国联邦最高法院的支持，在1829年"尼尔森诉福斯特案"中法院指出，"条约本质上是国家之间的契约而不是立法"。② 三年之后的 Worcester v. Georgia 案中，法院的问题是"什么是条约？它是两个国家或共同体之间的契约，是一种自治的权利"。③

条约的契约性质在《美国宪法》中体现得尤为明显。《美国宪法》第1条和第2条这两个条款进一步展示了条约和法律的不同区分。从条文的安排上看，制定法律的程序是依据宪法第1条的规定，而缔结条约的程序是依据宪法第2条的规定。从具体程序设置上看，《美国宪法》第1条第7项规定："每一部经国会两院通过的法案，在其成为正式的法律之前，必须提交给总统签署……"④ 相比之下，《美国宪法》第2条的条约条款规定，"总统经参议院的建议和同意，有权缔结条约，但须由参议院出席议员的三分之二多数同意"。⑤ 具体在批准程序上，法律与条约在两个方面有区别。第一，立法机关在国内立法程序中发挥着更为突出的作用，而它在缔约程序中就没有如此的作用。第二，立法机关在立法程序中直接参与法律文本的制定，在缔约程序中正好相反，在法律制定程序中，由立法机关来控制哪些条款变为法案，而在条约的背景下，立法机关只有依靠参议院的批准才能获得法律效力，说明缔约行为本身是独立于立法机关的。相比立法程序，宪法要求立法机关更低限度地参与缔约程序，如果参议院反对条约的具体条款，它不能直接提出

---

① ［美］汉密尔顿、杰伊、麦迪逊：《联邦党人文集》，程逢如、在汉、舒逊译，商务印书馆1980版，第379页。

② Foster v. Neilson, 27 U. S., 2 Pet., 1829, pp. 253, 314.

③ Worcester v. Georgia, 31 U. S., 6 Pet., 1832, pp. 515, 581.

④ 1787年《美国宪法》第1条第7项规定："凡通过众议院及参议院之法案，应在其成为法律之前，呈交合众国总统；总统如果批准，即行签署；如不批准，应附异议退回提出该项法案之议院……"引自［美］汉密尔顿、杰伊、麦迪逊：《联邦党人文集》，程逢如、在汉、舒逊译，商务印书馆1980版，第455页。

⑤ ［美］汉密尔顿、杰伊、麦迪逊：《联邦党人文集》，程逢如、在汉、舒逊译，商务印书馆1980版，第459页。

自己的修改意见。① 而且，联邦最高法院长期以来的观点是，立法机关（参议院）在缔约程序中的权力是受到限制的，它仅能够对经谈判后达成的协议行使批准权。② 尽管立法机关（参议院）能在批准条约时提出保留、声明或者谅解的附带条件，但能否将一些意见作为条约的一部分，最终还是由行政机关和缔约他方决定。

2. 契约理论的发展：条约规范事项与制定法律事项的模糊

契约理论形成于 18 ~ 19 世纪，其本质特点就是强调条约与法律的区分，这一区分是以两个基本假设为前提：第一个假设是"国际事务—国内事务"是相互独立的，各自有不同的领域。按照当时的观点，条约仅涉及一小部分的事项，但需要国家作为一个整体与他国进行交往，并只关注有限的领域，如战争、和平和商业贸易、领土取得、边界、领事关系和引渡。③ 由此，可以明显地看出条约仅对国家之间交往的事项进行调整，不涉及国内事务。条约与法律的区分在 19 世纪不仅是非常明显的，而且被看作理所应当的规则，此种区分在美国制宪之父们的脑海中是根深蒂固的。④ 第二个假设是条约不能被任意取消或废除。根据杰伊的观点，"条约以宪法第 6 条为美国最高法，它们的效力高于国内法律，因为条约不是由一方而是由双方的合意缔结的，所以，正如缔结条约时需要双方的同意，此后变更或取消都须经双方的同意"。⑤

但是，20 世纪后期出现的"全球化"现象打破了缔结条约中对"国际事务"与"国内事务"加以区分的最初假定。⑥ 所谓"全球化"，就是在世界范围内不同地区之间以特定方式形成的紧密的社会关系，例如，一个地区发

---

① Curtis J. Mahoney, Treaties as Contracts: Textualism, Contract Theory and the Interpretation of Treaties, The Yale Law Journal, Vol. 116, No. 4, Jan. , 2007, p. 837.

② The Amiable Isabella, 19 U. S. (6 Wheat. ) 1, 75, 1821. (stating that a treaty cannot be modified except through the exact same process by which it was initially ratified) .

③ Restructuring the Modern Treaty Power, Harvard Law Review, Vol. 114, No. 8, Jun. , 2001, p. 2483.

④ Zechariah Chafee, Jr. , Amending the Constitution To Cripple Treaties, Vol. 7, No. 12, Louisiana Law Review, 1952, pp. 345, 368.

⑤ ［美］汉密尔顿、杰伊、麦迪逊：《联邦党人文集》，程逢如、在汉、舒逊译，商务印书馆 1980 年版，第 330 页。

⑥ Restructuring the Modern Treaty Power, Harvard Law Review, Vol. 114, No. 8, Jun. , 2001, p. 2490.

生的事件可能会对几千里以外的其他地区产生影响。① 全球化的意义就是相互依赖，即国内事务越来越多地对他国产生影响。全球化不仅导致各国经济融为一体进入统一的国际市场，而且这一趋势也向文化、政治领域扩展。② 在这个意义上，全球化的相互依赖性就突破了对缔约权性质的最初理解。关于全球化对美国缔约体制的影响，与19世纪工业革命对法律的影响类似。当时，由于技术革新形成的国内法制的统一化打破了美国传统上对于各州和联邦事务的划分。联邦最高法院放弃严格区分宪法"商业条款"中的各州和联邦行为，而采取了一种更加功能化的认定方法。③ 与"商业条款"类似，19世纪之初认定的缔结条约的范围和领域，因为全球化的影响已经大大改观，国内事务的很多领域被纳入国际领域，国家之间的法律融为全球统一的法律体系是现代缔约权的目标。因此，原先属于国内事务领域的事项成为国际条约的范围，现代条约的本质通常不能将其从国内立法事项中区分出来。这一现象最有力的证据就是多边条约关注到了缔约国的内部事务，而不是单纯的国家之间的外部事物，其中最有争议的事项就是那些涉及人权保护的条约。人权条约与其他条约不同，它主要是关注政府如何对待其国民而不是政府代表国家的外交利益。④ 尽管传统的条约领域如军事同盟、对外贸易和领事关系依旧是普遍的国际法，但现今大量的条约已很少处理类似主权这样的关系了，相反，现代条约建立了使缔约国法律制度趋于一致的国际标准。例如，除人权条约外，环境条约要求缔约国必须调整国内商业和工业的条件以符合国际标准；乌拉圭回合谈判后通过的 GATT 及其他多边贸易协定要求成员方遵守他们各自的承诺，从知识产权到就业法都要符合国际标准，这就离19世纪确定的条约领域更远了。

---

① Anthony Giddens, The Consequences of Modernity, Polity Press, 1990, p. 64.

② Restructuring the Modern Treaty Power, Harvard Law Review, Vol. 114, No. 8, Jun. , 2001, p. 2490.

③ Cass R. Sunstein, Constitutionalism after the New Deal, Vol. 101, Harvard Law Review, 1987, pp. 421, 425 (noting that "interdependencies in the economy" undermined the distinction between local and national activities).

④ Louis Henkin, U. S. Ratification of Human Rights Conventions: The Ghost of Senator Bricker, 89 AM. J. INT'L L. , 1995, pp. 341, 348.

在共同的经济和法律共同体中，各国紧密的相互依赖性将缔结条约变为国际法规则输入国内法的一种机制。在全球化时代，契约理论有一个假设，即"国际事务"与"国内事务"的划分逐渐弱化。① 正如凯尔森所说，"将国家的所谓'对内事务'和'对外事务'截然分开而成为法律调整的两个事项是不可能的。国家的每一个所谓'对内事务'都可以成为一个国际条约的主题，并由此变为一个'对外事务'"。② 同时，契约理论的另一个假设也发生了变化。随着19世纪法律实证主义和国家主权理论的兴起，不断侵蚀着条约不能任意废除的自然法观点，在自然法看来，国际之间的法先于和限制了国家主权，因此条约具有高于国内法律的权威，③ 然而，法律实证主义打破了自然法观念中高级法的限制，而特别强调主权是实证主义理解条约的当然结果。美国联邦最高法院的原则已发生改变，大法官柯蒂斯极力拥护国际主义的观念，认为国内法律优于与其抵触的前条约。在 Dred Scott v. Sandford 案中，他不同意大法官卡特伦在"密苏里案"中的观点，柯蒂斯写道"缔结的条约并不优于国会法律"。④ 1884年的 Head Money Cases 案，联邦最高法院明确采纳了大法官柯蒂斯的意见，条约可以被后来的联邦法律修改或撤销。⑤ 自 Head Money Cases 案以来，美国联邦最高法院确立的规则是国会能够根据《美国宪法》第1条的规定废除已经批准的条约，而且参议院不再是批准国际条约的排他机关。⑥ 契约理论发展的结果就是，大量的不经立法机关批准的行政协定越来越多，成为世界各国缔结条约的主要形式。

---

① Restructuring the Modern Treaty Power, Harvard Law Review, Vol. 114, No. 8, Jun. , 2001, p. 2492.

② ［奥］凯尔森：《法与国家的一般理论》，沈宗灵译，中国大百科全书出版社1996年版，第398页。

③ Jules Lobel, The Limits of Constitutional Power: Conflicts Between Foreign Policy and International Law, 71 VA. L. REV. 1985, pp. 1071, 1096 – 1100 ( canvassing early American statements asserting the supremacy of treaties over domestic law) .

④ Dred Scott v. Sandford, 60 U. S. , 19 How. 1857, p. 393.

⑤ The Constitution gives [a treaty] no superiority over an act of congress in this respect, which may be repealed or modified by an act of a later date. The Head Money Cases Reaffirmed The Cherokee Tobacco, 78 U. S. 11 Wall. , 1870, p. 616.

⑥ Restructuring the Modern Treaty Power, Harvard Law Review, Vol. 114, No. 8, Jun. , 2001, p. 2494.

（二）缔约权配置的分散性：以美国为例

1. 美国总统和参议院共享缔约权：条约

根据 1777 年《美国邦联条款》第 6 条第 4 款规定，缔约权赋予国会禁止各州同其他国家缔结协议的权力。例如，1778 年国会批准了同法国缔结的商业和同盟条约，当时并没有将条约提交给各州决定。同时，由于该条款没有提及条约在各州的效力，无法确定各州的行为是否符合条约条款的规定。这种安排遭到联邦党人如麦迪逊和杰伊的强烈批评，也成为联邦宪法制定新的政府制度的主要出发点和考虑，而且制宪者欲将缔约权赋予联邦政府的这一想法得到了联邦最高法院的强有力的支持。

1787 年，《美国宪法》将缔结条约的权力赋予行政机关，但须"经出席参议院议员的三分之二多数同意"之后才能作出，这个条款的规定引来很多的争议，汉密尔顿清楚地回答了为什么缔约权由总统和参议院共同分享和行使的问题。缔约工作的目的是与外国订立契约，条约并非统治者对国民制定的法律，而是主权国与主权国订立的协定，因此，缔约权具有特殊性，并不真正属于立法或行政范围。从外交谈判应具备的素质来看，总统是进行此项工作的最适宜的代表，但从此项工作的重要性及条约所具有的法律约束力来看，立法机关亦有参与的充分理由，如将缔约权全部委之于参议院，无异于取消宪法授权总统掌管对外谈判适宜的好处；但众议院议员经常变动、人数众多，保密、迅速等条件均成为其无法具备的素质。①《美国宪法》对缔约权如此安排的最初想法是在条约获得同意之前，应该有参议院的建议作为条约的正式条款。《美国宪法》第 2 条明确将缔约权授予总统，但须经参议院建议和同意的构想是为了分散缔约权，防止对它作出不加认真考虑的滥用。②

对于《美国宪法》第 2 条"条约的建议"条款的运作，华盛顿总统只有一次在缔结条约的谈判前会见参议院并获得了它的建议，后来他总是在事前

---

① ［美］汉密尔顿、杰伊、麦迪逊：《联邦党人文集》，程逢如、在汉、舒逊译，商务印书馆 1980 年版，第 379－381 页。

② ［美］路易斯·亨金：《宪政·民主·对外事务》，邓正来译，三联书店 1996 年版，第 85 页。

给参议院发送缔结条约的备忘目录，希望获得参议院的建议。之后的几位总统也都遵循华盛顿总统的这一做法，但此做法在缔约程序中并没有形成常态的规则，仅是极少的例外情况，① 制宪者设计的"建议"职能从宪法实施的开始阶段就丧失了。②

2. 国会两院、总统分享缔约权：国会—行政协定（congressional - executive agreement）

在美国，尽管行政协定是合宪的，但它是不民主的。于是，后来的缔约实践中，出现了一类合宪性争议很大但具有民主性的行政协定——国会—行政协定，这类协定由行政机关缔结且经国会两院授权或同意，它又可以分为事前的和事后的两种：事前的国会—行政协定是指总统根据国会的立法授权而缔结的协定；事后国会—行政协定是指总统将其缔结的协定提交给国会参众两院获得批准。由于参议院是一个类似于"贵族式"的部门，与众议院相比代表性较弱、责任较轻，因而众议院认为，如果没有它们的参与，联邦宪法下的缔约权依旧是缺乏民主的。美国学界对于众议院到底能否参与条约程序的问题展开了广泛的讨论，即扩大众议院在条约批准中的影响，改变《美国宪法》第 2 条"经出席参议院议员的三分之二多数同意"的约束。早在1944 年就有国会的一些议员提出了七项《美国宪法修正案提案》，其中有六项允许总统在国会中取得任——一个院的简单多数同意，就可以缔结条约，③这种国会—行政协定的存在使得众议院行使缔约权成为可能，并且具有与参议院同样的缔约地位。④

支持国会—行政协定合宪性的学者认为，当时制宪者设计《美国宪法》第 1 条第 10 项的主要意图是规范国际契约而不是条约。反对派的最有力的反驳和批评是 1951 年参议院议员 Bricker 提交了著名的《美国宪法修正案》的

---

① Charles K. Burdick：The Treaty - making Power, Foreign Affairs, Vol. 10, No. 2, Jan, 1932, p. 268.

② ［美］路易斯·亨金：《宪政·民主·对外事务》，邓正来译，三联书店 1996 年版，第 71 页。

③ Arthur E. Sutherland, Jr：Restricting the Treaty Power, Harvard Law Review, Vol. 65. No. 8, Jun, 1952, p. 1308.

④ ［美］路易斯·亨金：《宪政·民主·对外事务》，邓正来译，三联书店 1996 年版，第 89 页。

联合决议：建议用新的一段内容代替《美国宪法》第 2 条的条款，并于 1952 年 2 月正式介绍了修改的具体内容，主要是加强对缔约事项以及总统缔结行政协定的限制，试图用严格的文意和原意解释，将美国后来的缔约程序实践加以矫正，使其回归到制宪者最初制定《美国宪法》规范文本的 18 世纪，这一修正案并没有获得美国法院的支持，尽管声势浩大最后却不了了之。除此之外，还有一些修宪主张认为，缔结条约或协定应有其他额外的限制，与 Bricker 修正案不同，这些提案内容并不是要限制行政协定，相反是希望通过一个既能反映权力制约又能使行政协定顺利缔结的程序设置，实现行政协定真正具有的条约功能。

克林顿总统时期，成功运用事后的国会—行政协定方式，批准了一些重要的国际协定。1992 年，加拿大、墨西哥和美国的领导人缔结了《北美自由贸易区协定》；1993 年 12 月，国会通过了一项使该协定生效的执行法案，它同时获得了国会参众两院简单多数的同意，即参议院是 61∶38，众议院是 234∶200。①这个协定缔结后，引发了关于事后的国会—行政协定合宪性的争论，Made in the USA Foundation v. United States 案就涉及《北美自由贸易区协定》这一国会—行政协定是否合宪的问题。针对《北美自由贸易区协定》，一些劳工组织向联邦最高法院提起诉讼，主张《北美自由贸易区协定》违宪，因为它不符合《美国宪法》第 2 条规定的"经出席参议院议员的三分之二多数同意"的批准程序；地区法院对该案的判决是，《美国宪法》并不禁止此类协定，认为《北美自由贸易区协定》是合宪的；联邦第十一巡回上诉法院却认为该协定涉及政治问题，因而撤销了地区法院的判决，该上诉法院提出了详细的判断政治问题的三个标准，但联邦最高法院最后否认了这些政治问题的判定标准，宣布《北美自由贸易区协定》是合宪的。

---

① John K. Setear: The President's Rational Choice of a Treaty's Preratification Pathway: Aritcle Ⅱ, Congressional - Executive Agreement, or Executive Agreement? The Journal of Legal Studies, Vol. 31, No. S1, 2002, p. S7.

# 第二节 缔约权配置模式：行政机关、立法机关分享缔约权及司法机关的制衡

## 一、缔约权的行政权范畴：以"契约理论"为基础

### （一）缔约权中的行政权因素

关于缔约权的性质及缔约权配置的理论在美国学界一直有争论。一种观点坚持主权理论，缔约权有参议院的参与也将其视为行政权。该观点以柳约翰教授为代表，他赞同契约理论，认为条约是主权国家之间的契约，因为条约反映着国家最基本的属性特征，不是国内法。柳约翰教授在论证立法机关参与缔约程序时，认为联邦宪法虽然也赋予立法机关参与缔约程序的权力，如条约的批准，须经参议院出席议员的 2/3 多数同意，但是立法机关的参与无非是将参议院纳入行政机关的职权范围，并不表明缔约权就是立法权。此外，《美国宪法》第 2 条将整个缔约过程赋予总统，也就说明了缔约权是行政权，并无立法权的属性。① 因此，所有的条约在本质上都属于行政机关的权限范围。从维护国家普遍的主权，以及坚持国际事务和国内事务的区分角度，这种具有立法性质的缔约程序破坏了公法的制定程序。② 而且，在立法程序设置方面，国会参众两院、总统之间形成了制定法律过程中的平衡，但是缔约程序将这一核心的制定过程从国会转向总统，整个条约从谈判到起草再到正式文本都由总统掌控，立法机关几乎无参与的余地。

### （二）宪法规定行政机关行使缔约权的状况

从各国宪法对缔约权的规定看，一些国家将条约的谈判、签署赋予国家

① John Yoo, Politics as Law?: The Anti – Ballistic Missile Treaty, the Separation of Powers, and Treaty, California Law Review, Vol. 89, No. 3, May, 2001, p. 869.

② John C. Yoo, Treaties and Public Lawmaking: A Textual and Structural Defense of Non – Self – Execution, Columbia Law Review, Vol. 99, No. 8, Dec., 1999, p. 2242.

元首、政府首脑或外交部部长行使，如美国、英国、法国、中国、日本、韩国；对于条约的批准，则由立法机关行使，如英国、中国、比利时、阿根廷、韩国。由不同机关分别行使缔结条约和批准条约的宪法实践，如我国《宪法》第89条第（9）项规定了国务院的缔约权，第67条第（14）项规定了全国人大常委会的决定批准权，[①] 缔约权和条约批准权由行政机关和立法机关行使，可以认为宪法中的"缔结条约"是一个狭义概念，在程序上它不包含条约批准，仅指条约的谈判和签署，条约批准具有相对的独立性。《缔结条约程序法》中的"缔结条约"也可以作狭义理解，根据该法第3条、第5条和第6条的规定，在缔结条约的过程中，条约和协定的草案由外交部或国务院有关部门单独或共同拟定；条约的签署可以由外交部、国务院有关部门、国务院、国家主席具体行使；条约的批准，是由外交部或国务院有关部门向国务院提出审核请求，国务院在审核后决定是否提请全国人大常委会批准。

将缔约谈判及签署条约的权力赋予行政机关，这个安排既是实用的，同时也符合条约的契约属性。[②] 缔约权是非常重要的权力，尤其是涉及宣战、媾和以及对外贸易，因而此项权力的委托，只有采取一定手续并考虑到预防性措施，才能保证此项权力得以由最为符合条件的人，以最符合公益的方式来执行。美国制宪会议就注意到缔约的特点，规定总统应由人们专门为此目的而由精选的选举人机构选出；参议员的任命则由各州议会指定。由于选举总统的精选机构以及任命参议员的各州议会，一般都由最为开明、最为可敬的人士组成，他们只会选出德才最为出众、可以信赖的人。经过这样的选举产生的总统和参议员，属于那种在对外关系上最能了解民族利益的人，他们也最能促进民族利益。如果把缔约权委托给一个成员经常变动的民主议会，它很难根据不同情况不断地研究，立法机关不具备充分时间和精力进行协调。此外，不论缔结何种条约，都需要在某一段时间保持完全的秘密和进行快速的处理。无疑，较之立法机关诸如人数众多的众议院，行政机关具有较强的

---

① 陈寒枫、周卫国、蒋豪："国际条约与国内法的关系及中国的实践"，载《政法论坛》2000年第2期，第120页。

② Curtis J. Mahoney, Treaties as Contracts: Textualism, Contract Theory and the Interpretation of Treaties, The Yale Law Journal, Vol. 116, No. 4, Jan., 2007, p. 836.

保密性。这样，行政机关在缔结条约时能及时根据需要来谨慎地处理其情报来源问题。因此，美国制宪会议明智地规定，缔约权不仅应委托给能干诚实的人，而且这些人任职期间应有充分的时间去全面了解国家利害，并建立处理这种关系的相应制度。①

根据日本宪法②，外交事务中，缔结条约是内阁的权限，在此以外的一切外交事务都作为行政权的一部分，当然属于内阁的权限。《日本宪法》第7条第5项规定的全权证书和大使、公使的国书，以及第8项规定的各种外交文书等都由内阁颁布。此外，这些公职人员的任免也属于内阁的职权。③ 条约由某全权代表的草签、签署而成立，或者由于草签、签署、批准和批准换文而成立。"缔结条约"属于内阁的权能，意味着条约签署和批准都由内阁决定，即签署由内阁委任的全权大使进行，批准由内阁行使，制定批准书是内阁的当然职责。全权证书和批准书需要由天皇认证。国会对缔结条约的批准，在性质上是在条约缔结之前，但根据实际的外交政策的需要，有时也有事后经国会批准的合适场合，条约是否需要国会的事后认定，这属于内阁的自由裁量。④

从缔约的过程看，首先，缔约程序具有权力行使上的分散性，体现了立法机关与行政机关的权力分工。我国缔结条约的过程，由国务院、外交部及国务院有关部门、全国人大常委会、国家主席分工负责、相互配合，共同完成缔结条约和批准条约的过程，缔约权的分配充分体现了权力分立与制衡原则。⑤ 其次，各国宪法对于缔结条约与批准条约分别由行政机关和立法机会行使的实践说明，条约批准是对"缔结条约"的制约。比如，《美国宪法》和《德国基本法》虽未提及条约的"批准"，但总统行使缔约权要受到立法

---

① [美]汉密尔顿、杰伊、麦迪逊：《联邦党人文集》，程逢如、在汉、舒逊译，商务印书馆1980年版，第326－328页。

② 《日本宪法》第73条规定："内阁除其他一般行政事务外，执行下列各项事务：……二、处理外交关系；三、缔结条约。但必须在事前或根据情况在事后获得国会的批准。"

③ [日]官泽俊义：《日本国宪法精解》，董璠舆译，中国民主法制出版社1990年版，第489页。

④ [日]官泽俊义：《日本国宪法精解》，董璠舆译，中国民主法制出版社1990年版，第492－493页。

⑤ 韩大元、林来梵、郑贤君：《宪法学专题研究》，中国人民大学出版社2004年版，第219页。

机关"2/3 多数同意"的制约，暗含了国会或议会对总统缔结条约的限制。与美国、德国不同，我国法律明确规定了国务院、外交部具有谈判、签署条约和协定的权力，同时也规定了全国人大常委会具有作出批准决定的权力，即凡涉及《缔结条约程序法》第 7 条第 2 款中的"条约和重要协定"，都必须由全国人大常委会决定、国家主席批准后才能生效。

## 二、缔约权类似于立法权：立法机关的参与和"契约理论"的衰弱

### （一）缔约程序类似于立法程序的观点

一种观点认为参议院、众议院参与缔约权，实际上表明了缔约程序具有立法程序的特征和功能。援引制宪者以及 Vázquez 教授的观点，谈到关于众议院人数众多，不利于对外关系的保密，但这些保密的关注似乎已经不必要了，因为参议院同样具有规模大的特点，众议院在对外关系中也发挥作用，而且现代条约的本质使它承担了类似国内立法的功能，加之参议院在对外关系中不可能承担积极的角色，它总是对总统签署的条约一个一个地同意，却由总统主要承担对外政策的制定和外交谈判是不合理的。

此外，《美国宪法》第 3 条和第 6 条的规定揭示出与此种传统契约模式不同的特性，《美国宪法》第 3 条规定司法机关审理案件的依据包括宪法、法律和条约，与第 6 条"宪法、法律、条约都是美国的最高法"相吻合，它们的法律地位都是相同的。尤其是《美国宪法》第 3 条的规定表明条约与国会制定的法律等同。传统的契约理论是以双边条约为基础，随着国家交往的频繁，这种以主权为基础的契约模式日渐衰微，普遍性的多边条约逐渐代替了双边条约。有些条约创设了个人权利，能够在国内法院直接适用。[①] 从《美国宪法》第 6 条的规定看，最高效力条约给了这些条约以形式上的法律地位，该条与第 3 条的规定改变了条约与国内法效力的区分，这是一种与柳约翰教授维护"主权契约理论"相反的认识。该观点认为，自动执行条约在形式和功能上与《美国宪法》第 1 条的立法相等，那些由政府缔结的创设了

---

① Michael P. Van Alstine, The Judicial Power and Treaty Delegation, California Law Review, Vol. 90, No. 4, Jul. , 2002, p. 1271.

个人权利和义务的条约，它们反映了与立法权同样的本质，因为它们也规定了社会调整的规则。可以确定的是，制宪者的意图是，条约根据第 2 条由总统缔结并生效，它不同于第 1 条的立法程序，缔约程序与立法程序是有区分的。但总统根据第 2 条的规定通过缔约行为实际上具有法律创制的功能，因为缔约也需要立法机关的参与，即参议院的绝对多数同意，以及非自动执行条约的立法转化。因此，不管从形式上还是从内容上看，那些直接创设国内法上权利和义务的条约，都与《美国宪法》第 1 条的立法相同，联邦宪法如此设计的最终效果就是缔约程序与立法程序类似。①

（二）"契约理论"日渐衰微：缔约范围与立法事项的模糊

立法机关参与缔约权越来越具有制定法律的特征，传统的"契约理论"已经不能满足缔约事项不断扩张的趋势。18～19 世纪，国际法仅是国家之间的法，国内事务与国际事务有严格区分，当时国际条约很少规范和调整个人行为，因为这些行为都属于国内立法的事项范围。而当今时代的情况大大不同，一些原本属于国内立法事项的领域，如经济、环境等都已经国际化了，甚至国外的事务，诸如亚洲金融危机的发生对国内市场和国内机构产生了影响，国内事务越来越需要国际社会的共同努力，因而解决的方案就是制定新类型的多边条约或多边协定，或者创建独立的国际组织，如此的目的就是要透过国家与国家之间的面纱而寻求调整个人之间关系的国际规则。为了达到国际化的目的，创建国际化的组织执行机构是极其艰难的，因为它侵入了本质上属于主权内部的政治和法律的范围，例如，武力控制和裁军、化学武器的现场核查；② 在国际经济领域，WTO 和 NAFTA 建立了新的争端解决机制；在环境法领域，一些国际协定逐渐设定了原本属于国内立法设置的标准；此外，在人权领域，国际人权公约在调整公民个人权利方面优越于国内宪法和法律。③ 全球化对缔约权、立法权范围提出了挑战。在美国，过去长期讨论

---

① Michael P. Van Alstine, The Judicial Power and Treaty Delegation, California Law Review, Vol. 90, No. 4, Jul. , 2002, p. 1275.

② John C. Yoo, The New Sovereignty and the Old Constitution: The Chemical Weapons Convention and the Appointments Clause, Vol. 15, Constitutional Commentary, 1998, pp. 87, 111 – 116.

③ John C. Yoo, Globalism and the Constitution: Treaties, Non – Self – Execution, and the Original Understanding, Columbia Law Review, Vol. 99, No. 8, Dec. ,1999, pp. 1968 – 1969.

的问题是缔约的范围能否超出《美国宪法》第 1 条第 8 项的事项，缔约事项的范围是否应有限制。[①] 然而，随着联邦在商业条款方面权力的扩张，似乎多边条约不是要超出联邦权力的界限，而是扩展至国会制定的法律和法规规定的标准，因而全球化使缔约事项的深度随之扩张。

以美国为例，其《美国宪法》第 2 条第 2 项只是明确列举了两项总统行使的外交权事项：外交谈判、签署及缔结条约和经参议院同意任命外交使节，但总统到底能就哪些事项缔结条约？《美国宪法》第 2 条赋予了总统缔结条约的权力，但没有明确规定缔约事项。1890 年 Geofroy v. Riggs 案的判决中提到，"美国的缔约权包括联邦政府和外国政府谈判时认为所有适合缔约的事项，如财产存在的方式，无论是转移、设立还是继承等，都属于国家间条约谈判中适合的缔约事项"，[②] "所有适合缔约的事项"表明美国总统缔约事项的模糊性。1920 年 Missouri v. Holland 案，联邦最高法院认为，总统缔结了一项属于州立法范围的条约，国会可以依据条约制定执行性立法，但仍旧没有指明具体的缔约事项。因此，在很长的一段时间里，联邦最高法院未能解决总统缔约事项范围的问题。随着时间的推移，总统缔约事项不确定的状态发生了变化，与《美国宪法》文本中缔约事项的模糊性相反，总统在实践中也往往扩大缔约权范围。路易斯·亨金教授认为"除宪法明确赋予国会以及暗含地排除总统的权力以外，总统有权缔结国会不能立法的事项"。[③]

事实上，《美国宪法》暗含了对缔约事项的限制，尤其是当总统独立行使缔约权产生了立法上的效果时，就必须服从《美国宪法》第 1 条第 1 项"所有的立法权赋予国会"的限制。[④] 根据《美国宪法》第 6 条的规定，在美国主权之下，经有效缔结的条约优于国会法律，取消各州与条约相抵触的法律，《美国宪法》中并没有列举缔约事项或规定限制的范围，仅是将条约的谈判和签署权力赋予总统，将立法权赋予国会；同时，《美国宪法》对属于

---

① Curtis A. Bradley, The Treaty Power and American Federalism, Michigan Law Review, Vol. 97, No. 2, Nov., 1998, pp. 416 – 417.

② Geofroy v. Riggs, 133 U. S. 258, 1890.

③ Louis Henkin: Foreign Affairs and the United states Constitution. Clarendon Press, Oxford, 1996: 36.

④ Frederic L. Kirgis, Jr : Federal Statute , Executive Orders and "Self – Executing Costom". The American Journal Law , Vol. 81, No. 2 Apr. , 1987, p. 374.

国会立法的事项做了明示或暗示的列举，即国会可以制定它认为"必要和适当的"立法。如果依据总统和参议院缔结的条约生成法律的事项属于《美国宪法》赋予国会的立法范围，那么该缔约事项是不是不能与国会立法的范围相冲突？如果条约侵入了属于国会立法的范围，那么该条约是否会被宣布无效？通常的做法是，一个国际条约如果违背了一国宪法的规定，它不会生效。

在很长的时期里，美国存在着一些绝对禁止条约规定的缔约事项，这些禁止包括《美国宪法》第 1 条第 9 项，禁止推迟人身保护权令的发放；禁止制定剥夺公民权利的法案或制定事后剥夺公民权利的法律；不成比例的征税或征收其他的直接税；禁止条约规定财政拨款事项。这些禁止事项还包括《权利法案》中的一些个别条款：如《第 8 修正案》《第 13 修正案》关于"禁止奴隶制"、《第 15 修正案》和《第 19 修正案》关于"平等投票"等，除上述事项的限制外，条约能够对所有属于国会的立法事项进行规定。[①] 但是，随着国际法对国家主权影响的深入，缔约事项的范围发生了变化，一些过去只能由国会进行立法的事项逐渐松动，正如路易斯·亨金教授所说，"不管联邦原则还是分权原则，为提供限制缔约权范围的根据，实际上已不存在了"。[②] 事实是，美国加入了很多那些传统上被认为属于国内立法规定的一些多边条约，例如，已经签署或批准的涉及家庭法律的《儿童权利公约》、涉及犯罪法律的 ICCPR 公约、涉及商业法律的《北美自由贸易区协定》、GATT 协定、创立 WTO 的《乌拉圭回合谈判协定》、涉及环境法律的《京都议定书》。[③]

## 三、司法机关

### （一）通过个案解释确定缔约权性质

司法机关的功能在于适用法律。条约经有效缔结后，法院的作用是通过

---

① Charles K. Burdick: The Treaty - making Power, Foreign Affairs , Vol. 10, No, Jan, 1932, p. 271.

② ［美］路易斯·亨金:《宪政·民主·对外事务》，邓正来译，三联书店 1996 年版，第 90 页。

③ Restructuring the Modern Treaty Power, Harvard Law Review , Vol. 114, No. 8, Jun, 2001, p. 2478.

个案来实施条约，就如同执行和适用国内法律一样。至于条约是采取转化还是采用吸纳的方法成为国内法的一部分，都不成为它适用条约、审查条约、解释条约时需要判定的事实。在缔约关系中，行政机关进行条约的谈判和签署，立法机关对重要的条约和协定行使批准的权力，而司法机关实施条约的行为本身与缔约程序、缔约权并无直接影响。但法院在审理涉及条约条款的案件时，通常会遇到"条约是什么"这样的问题，那么就必须对条约性质、缔约原则作出解释，经法院解释后形成的有关缔约规则的看法，成为影响缔约程序实践的有力支撑。因此，通过法院审判时的个案解释，司法机关间接地参与缔约程序，构成对缔约体制的间接影响。而且，法院在解释条约时，需要选择对条约作出解释的方法，如文本解释方法、目的解释方法或者契约解释方法，这些方法的运用会对缔约权、缔约程序作进一步的阐述，它与缔约体制呼应，形成司法机关与行政机关、立法机关之间在缔约关系中的互动。

此外，在条约解释中，单纯运用文本主义的解释方法是非常困难的，因为条约是多个国家在不同的语言环境下缔结的，而运用本国语言解释不能从根本上解决条约的模糊性，文本主义的解释方法也与条约的契约属性相矛盾，它不是一种适宜的、恰当的解释条约的方法。[1] 美国的许多案例[2]展现了法院对条约解释所采用的不同方法，这些方法的选择有两个明显的命题：承认条约的解释应该从协定的文本开始；承认条约解释不同于法律解释，因为条约是国家之间的契约，不是立法机关制定的法律。[3] 在整个有关条约解释的原理中，文本主义方法和契约理论是不相容的，因为契约理论的主张恰好是文本主义方法否定的，例如，契约理论下的条约解释方法就需要考虑缔约背景、缔约双方的看法，解释条约必须以缔约各方的期待利益为导向。而根据文本主义，解释是一个内在客观的任务，它包括词语的意义、中立地位的第三方

---

[1] Curtis J. Mahoney, Treaties as Contracts: Textualism, Contract Theory and the Interpretation of Treaties, The Yale Law Journal, Vol. 116, No. 4, Jan., 2007, p. 827.

[2] United States v. Stuart, 489 U. S. 353, 1989; Chan v. Korean Air Lines, Ltd., 490 U. S. 122, 1989; Olympic Airways v. Husain, 540 U. S. 644, 2004.

[3] Curtis J. Mahoney, Treaties as Contracts: Textualism, Contract Theory and the Interpretation of Treaties, The Yale Law Journal, Vol. 116, No. 4, Jan., 2007, p. 829.

的理解等。① 在解释条约时，法院需要揭示出缔约各方的预期，这不仅需要条约的文本，而且需要缔约方的对外交往活动，还要提供相互之间认可预期利益的证据。因此，条约的契约属性需要在司法适用时，采用条约的背景资料来解释条约的范围，这种解释就是将主观因素纳入对条约的解释。契约理论最早由肯特（Kent）于 19 世纪提出，从某种意义上看，他是希望法院在适用和解释条约时，使用契约理论主张的方法来解释条约。肯特（Kent）的观点在涉及多边条约的解释中经常被援引。② 在 Head Money Cases 案中，法官在解释条约时指出，"条约主要是独立国家之间的契约""它的条款的执行依赖于国家之间的利益及其缔约国对条约的荣誉感"。③ 因此，法院通过运用目的解释方法、折中解释方法，恰好回应了条约的契约性质，是司法实践对缔约体制和模式的进一步确认。

（二）审查缔约行为的合宪性

行政机关在缔约程序中处于主导地位，但行政机关的缔约行为可能引起是否合宪的争议，一般在具有违宪审查功能的国家，法院就必须对涉及缔约行为合宪性的案件进行审查、解释。在美国，法院审查缔约行为合宪性的实践主要是两个方面：一方面，是关于总统缔结的行政协定的合宪性。"二战"后，越来越多的行政协定被运用到条约实践，这种由行政机关单独缔结的条约形式，美国法院从未直接明白地质疑过它的合宪性。对于美国缔约程序中逐渐发展的行政协定，法院对该种条约形式的效力问题，本书已在上一部分做了说明，以下主要说明另一个方面——总统是否有权单方面终止条约。

1979 年的 Goldwater v. Carter 案，该案的缘起是卡特总统单方面终止了 1954 年《美台共同防御条约》，参议员联邦最高法院 Goldwater 和其他众议院和参议院的议员声称，"卡特总统终止条约的行为要受到宪法的限制，在宪

---

① Justice Scalia gave a through explanation and defense of textualism in his Tanner Lectures. See Antonin Scalia, A Matter of Interpretation: Federal Courts and the Law, 1997.

② James Kent, Commentaries on American Law 163 (photo, reprint 1971) (N. Y., O. Halsted 1826) (emphasis added) (citation omitted). Curtis J. Mahoney, Treaties as Contracts: Textualism, Contract Theory and the Interpretation of Treaties, The Yale Law Journal, Vol. 116, No. 4, Jan., 2007, p. 834.

③ Head Money Cases, 112 U. S. 580, 598, 1884, p. 1357.

法要求终止条约行为作出之前，应当获得国会同意"。该案的判决意见认为，条约终止属于"政治问题"，不具有司法上的案件性、成熟性，因而法院回避审查这一问题。正如大法官 Rehnquist 提到的，"在该案中，原告提出的基本问题是政治问题，它涉及美国总统在对外事务中的权力，因而不具有案件性，但在一定程度上参议院或者国会有否决总统行为的权力"。① 关于案件的程度，大法官 Marshall 同意法院的判决意见。Goldwater 案的争论焦点是：总统是否具有宪法上终止条约的权力，以及是否达到司法上的案件性、成熟性。大法官 Brennan 不同意 Goldwater 案的判决意见，认为"总统不应当具有单方面终止条约的权力，而将总统的这一行为作为政治问题，很容易将它误解为条约终止属于对外事务，因而这个问题是非常深奥的"。② 大法官 Powell 认为简单多数的判决意见里此种"政治问题原则不符合美国过去的先例"，③ 之前的一些判例④并没有支持像 Goldwater 案这样将条约终止的问题纳入政治问题的领域。在 Baker v. Carr 案中，大法官 Brennan 提出了鉴别政治问题的六个标准：（1）任何案件涉及的政治问题可以在宪法文本上由对应的政府部门负责；（2）在司法上明显缺乏解决该问题的标准；（3）如果没有一类属于非司法裁量的政策判断将无法作出决定；（4）明确地表达了如果没有适当的行政机关参与，司法机关将无法独立解决；（5）有特别确定的遵从行政机关已作出决定的需要；（6）对某一个问题不同部门提出了各自的看法，因而陷入难以解决的尴尬境地。⑤ 在上述六个标准中，Kucinich 案的大法官 Bates 倾向于宪法文本的标准。Wechsler 教授提出了对宪法文本标准具有典型意义的观点，"这个原则表明，法院必须作出判决的问题是，宪法是否承诺了政治问题由政府部门自主决定"。⑥

---

① Goldwater v. Carter, 444 U. S. 996, 1979, p. 1003.

② Ibid. , p. 1006.

③ Ibid. , p. 998.

④ Baker v. Carr, 369 U. S. 186, 1962; Powell v. McCormack, 395 U. S. 486, 1969.

⑤ Baker v. Carr, 369 U. S. 186, 1962.

⑥ David Gray Adler, "The Law" Termination of the ABM Treaty and the Political Question Doctrine: Judicial Succor for Presidential Power, Presidential Studies Quarterly, Vol. 34, No. 1, Going to War, Mar. , 2004, p. 158.

在 Powell v. McCormack 案中，法院拒绝将案件作为政治问题，因为这个问题需要考察条约终止的权力是否应由众议院参与，同时，还必须去除"法院是宪法最终的解释者""法院有义务判定某一机关的行为是否越权"这一假定。但是在后来的 Kucinich v. Bush 案①，大法官 Bates 认为，宪法文本中没有关于条约终止权力到底是由哪个政府机关具体行使的规定，宪法对条约终止的问题是空缺的。② 因此，美国的一些学者认为，关于条约终止的问题，不是政治问题，它具有案件性，是可以由法院审查并确认的问题。而且，他们还认为，条约终止的权力应该由总统和参议院共同行使。

# 第三节　我国宪法关于缔约权配置的规定

## 一、宪法的规定

国家为了行使自己的内外职能，必须设立适当的机构，并由宪法规定其权限。③ 1982 年《宪法》颁布前，针对 1978 年《宪法》不设中华人民共和国主席带来的对外关系上的不便，大多数学者都主张恢复国家主席的制度。例如，有学者认为，将"派遣和召回驻外全权代表，接受外国使节，批准和废除同外国缔结的条约"等职权由全国人民代表大会常务委员会委员长行使，会使全国人民代表大会常务委员会集权过多。④ 李龙教授在谈到设置国家主席的必要性时也谈到，在国际交往中需要由国家主席以国家最高代表的身份出现，履行国际交往中的各种活动，例如，从事宣战、媾和、缔约、结盟以及会见外国使者。⑤ 我国已同一百多个国家建立了外交关系，国际交往

---

① Kucinich v. Bush, 236 F. Supp. 2d 1, D. D. C. 2002.

② David Gray Adler, "The Law" Termination of the ABM Treaty and the Political Question Doctrine: Judicial Succor for Presidential Power, Presidential Studies Quarterly, Vol. 34, No. 1, Going to War, Mar., 2004, p. 159.

③ 魏敏、罗祥文："我国新宪法典与国际法原则"，载《法学杂志》1983 年第 5 期，第 19 页。

④ 薛国安："我国宪法应当恢复国家主席的制度"，载《现代法学》1981 年第 2 期，第 44－45 页。

⑤ 李龙、朱开化："谈谈我国的元首制度——学习《宪法修改草案》札记"，载《黄石师院学报》1982 年第 3 期，第 39 页。

非常频繁，由国务院总理和全国人大常务委员会委员长代行国家元首职权是不合理的，需要设立国家主席代表国家从事对外活动，批准和废除同外国缔结的条约和重要协定，承担大量程序性和礼仪性的工作。①《中华人民共和国宪法修改草案》中恢复设立了国家主席，彭真谈道，"国家主席对内对外代表国家，根据全国人民代表大会（简称全国人大）和全国人大常委会的决定，批准和废除同外国缔结的条约和重要协定。建国以后的实践证明，设立国家主席对健全国家体制是必要的，比较符合我国各族人民的习惯和愿望"。②

1982 年《宪法》第三章国家机构部分对缔约权作了原则性的规定。全国人大常委会、国家主席和中华人民共和国国务院及其所属的有关部门行使国家对外职权，③ 即全国人大常委会决定同外国缔结的条约和重要协定的批准和废除；国家主席根据全国人大常委会的决定，批准和废除同外国缔结的条约和重要协定；国务院管理对外事务，同外国缔结条约和协定。钱其琛在《关于〈缔结条约程序法〉（草案）的说明》中就谈道，"缔约权是国家主权的内容之一。为了保证国家缔约权的正确行使，缔约工作必须统一领导和管理。通过确立缔约程序的法律规范，明确各国家机关的职责，特别是国务院对缔约工作的统一领导，以及外交部对缔约具体事务的协调和管理，同时也使各部门在各自授权范围内顺利地开展对外缔约工作"。钱其琛还指出，"根据宪法，国务院行使同外国缔结条约的职权。《缔结条约程序法（草案）》许多条款都体现了国务院对缔约工作的统一领导。缔约工作的政策性、法律性很强，外交部作为国家的外事工作主管部门，应在国务院领导下管理缔约具体事务，起到协调和在重要问题上协助把关的作用"。"根据第 5 条的规定，谈判和签署条约原则上都要由国务院决定，这是国务院行使同外国缔结条约职权的重要内容。第 5 条各款分别对以不同名义缔结条约的决定办法和条约草案审定办法作了规定，体现了国务院的统一领导和把关作用，以及外交部的协调作用，同时有利于提高办事效率，便利工作。"

①　佚名："关于国家政治制度的重要规定"，载《求实》1982 年第 6 期，第 20 页。
②　彭真："关于中华人民共和国宪法修改草案的说明"，载《全国人民代表大会常务委员会公报》1982 年第 9 期，第 385 页。
③　魏敏、罗祥文："我国新宪法典与国际法原则"，载《法学杂志》1983 年第 5 期，第 19－20 页。

20世纪90年以来的学者都是在研究条约适用问题的过程中对缔约权的性质进行论证分析，认为缔约权和立法权具有同一性，都由全国人大或全国人大常委会行使。比较早的是王丽玉的论述，她认为国内立法和国际条约是两类法律规范，制定法律和缔结条约属于两种不同的权限，如果缔约权和立法权是由相同的或者大体相同的国家机关行使，就会给国际条约在国内法体系中的直接适用带来宪法体制上的便利。她还认为我国缔约权和立法权在很大程度上是一致的，两者都由全国人大或全国人大常委会行使。缔约权和立法权的一致为条约在我国的直接适用创造了条件。① 关于缔约权与立法权同一性的观点在国际法学界具有一定影响。江国青教授认为我国采用直接适用条约为主的混合方式，是由我国本身的立法和缔结条约的体制所决定，宪法规定的缔约权和立法权在很大程度上是一致的，两者主要都是由全国人民代表大会及其常委会行使。② 赵建文教授也认为，制定国内法和决定批准和废除条约的权力是同一的，我国不存在英国那样的"立法权"和"批准条约的权力"的分离的宪法制度。

我国宪法针对缔约权，初步在立法机关与行政机关之间作出了区分，根据《宪法》第67条、第80条和第89条的规定，制定法律和批准条约都是全国人大及其常委会的权力；国家主席根据全国人大常委会的决定批准或废除对外缔结条约和协定，由其行使的条约批准是一种认可或对外公布权，③ 国家主席也是缔约权的主体；④ 国务院负责同外国缔结条约与协定。⑤ 此外，《缔结条约程序法》规定⑥的缔约过程还包括国务院具有处理对外事务的部门或机构，它是一个由多个机关共同参与完成的程序，缔约权的分配充分体现了权力分立与制衡原则，⑦ 全国人大常委会尽管行使了对条约和重要协定的

---

① 王丽玉："国际条约在中国国内法中的适用"，见王铁崖：《中国国际法年刊》，法律出版社1993年版，第289–290页。

② 江国青："国际法与国际条约的几个问题"，载《外交学院学报》2000年第3期，第17页。

③ 蔡定剑：《宪法精解》，法律出版社2004年版，第307页。

④ 赵建文："国际条约在中国法律体系中的地位"，载《法学研究》2010年6期，第191–192页。

⑤ 韩大元、林来梵、郑贤君：《宪法学专题研究》，中国人民大学出版社2004年版，第219页。

⑥ 《缔结条约程序法》第8条规定："本法第七条第二款所列范围以外的国务院规定须经核准或者缔约各方议定须经核准的协定和其他具有条约性质的文件签署后，由外交部或者国务院有关部门会同外交部，报请国务院核准。"

⑦ 韩大元、林来梵、郑贤君：《宪法学专题研究》，中国人民大学出版社2004年版，第219页。

批准权，国务院也能行使对条约、协定的核准权，缔结条约明显不同于制定法律，它既不是立法权也不是行政权，而且缔约权与立法权不具有同一性。

## 二、我国集中统一行使缔约权的例外：香港特别行政区的缔约权

在香港特别行政区回归祖国之前，其对外关系由英国负责，缔约权来自英国的赋予。但根据香港本身发展的需要，来自 1983 年的统计，经由英国同意适用于香港的条约大约有 500 个，其中多边条约 306 个，国际劳工条约 55 个，双边条约 100 多个。国际社会各个领域的重要多边条约几乎都在香港适用，涉及的内容十分广泛，包括农业、渔业和动物、电讯、文化、经济和财政、法律、政治和军事、科学和技术、社会、贸易和商业、国际运输等。[①] 除此以外，香港自身作为一方也能够参加或缔结一部分条约，香港的缔约能力和缔约效果得到了国际社会的第三方的认可与承认，香港据此具有了有限的国际法主体资格。[②] 经英国授权后，香港在经济贸易领域则享有一定的自主权，如香港以单独缔约方的身份参加了世界贸易组织，并以"单独会员"的身份参加了国际刑警组织。[③]

1997 年以后，香港获得了高度的自治权，以自治权为基础，香港具有的独立缔约地位得以延续。香港独立的缔约地位具有三个方面的特征：首先，它在外交事务中的自治权由法律来保障。香港的自治地位获得了 1982 年《宪法》《中华人民共和国香港特别行政区基本法》（以下简称《香港基本法》）和《中英联合声明》的三重保障。[④] 香港基于《中英联合声明》第 3 款第 10 条[⑤]、《中华人民共和国政府对香港的基本方针政策的具体说明》第 6 条规

---

① 宋连斌、宁敏："1997 年后多边国际条约在香港继续适用的方式探析"，载《港澳经济》1994 年第 9 期，第 23 页。

② 葛勇平："香港国际法主体地位及其缔约权限的理论与实践"，载《比较法研究》2007 年第 5 期，第 51 页。

③ 袁古洁、丘志："香港、澳门回归后的部分缔约权及条约适用"，载《华南师范大学学报（社会科学版）》2001 年第 2 期，第 18 页。

④ 葛勇平："香港国际法主体地位及其缔约权限的理论与实践"，载《比较法研究》2007 年第 5 期，第 59 页。

⑤ 《中英联合声明》第 3 款第 10 条规定："香港特别行政区可以以'中国香港'的名义，单独地同各国、各地区及有关国际组织保持和发展经济、文化关系，并签订有关协定。"

定，香港能够与外国、地区和国际组织维持和发展经济、文化关系。同时，根据《香港基本法》第 116 条、第 133 条、第 134 条和第 150～155 条，在与外国和国际组织发生对外关系方面，它还被授予了具体的单项权限：香港可以"中国香港"的名义参加世界贸易组织和其他国际协定，也包括被授权与外国缔结航空航运协定；香港的代表可以作为中国代表团的成员参与直接涉及香港利益的外交谈判；根据该法的规定，香港有权以"中国香港"的名义在经济、贸易、金融、交通、通信、旅游、文化、体育等领域单独与外国和地区保持和发展关系，并缔结条约和履行条约义务。《香港基本法》第 151 条规定确立了香港能够以自己的名义在上述领域中单独签订双边条约，如香港特区与欧盟于 1999 年 5 月签订的《海关合作及相互行政协助的协定》、与以色列于 2000 年 3 月签订的《资讯科技及通讯合作协定》，都是以"中国香港"的名义进行谈判、签署的，而不需要经中央人民政府特别授权的双边协定的授权。[①] 相比之下，诸如美国、德国、奥地利的联邦州及其他特别地区并不享有或不完全享有这些权限，可见，香港享有更高程度的国际法主体资格和更强的缔约能力。[②]

其次，香港的缔约权是由中央政府授予的。根据《香港基本法》第 96 条、第 133 条和第 155 条的规定，香港可以与外国缔结司法互助协议、民用航空运输协议及互免签证协议，这些事项涉及国家主权、领土、外交和国防事务，其谈判与签署需要经过中央人民政府授权。1997 年 7 月 7 日，中国外交部驻香港特区特派员公署向香港特区行政长官转交了外交部部长的授权函，该授权函提到，"中央人民政府已授权香港特区在航班过境、促进和保护投资、移交逃犯、移交被判刑人和刑事司法协助等五个领域与有关国家就双边协定展开谈判"。[③] 香港在双边条约签订方面可谓成果显著。在民航领域，先后与英国、意大利、以色列、奥地利、越南、白俄罗斯、丹麦、瑞典、挪威

---

① 袁古洁："条约在中国内地与港澳台适用之比较"，载《法学评论》2002 年第 5 期，第 130 页。

② 葛勇平："香港国际法主体地位及其缔约权限的理论与实践"，载《比较法研究》2007 年第 5 期，第 59 页。

③ 转引自袁古洁："条约在中国内地与港澳台适用之比较"，载《法学评论》2002 年第 5 期，第 130 - 131 页。

等国缔结了双边协定，其中香港和英国于 1997 年 7 月 25 日签订的民航协定，是香港特区根据《中英联合声明》《香港基本法》和外交部授权函，以"中国香港"名义单独与外国签订的第一个双边协定。在促进和保护投资领域，香港还与韩国、奥地利、意大利、德国和英国签订了双边协定。在移交被判刑人领域，与英国、美国、斯里兰卡和泰国签订了"移交被判刑人协定"，此外还与部分国家签订了"移交逃犯协定"① 和"刑事司法协助协定"②。

最后，香港的缔约权受到中央政府权力的制约。根据《香港基本法》第13 条、第 14 条、第 132 条和第 153 条，如果涉及香港自身的利益，它有权参与有关外交和国防事务，但其缔约权限不能超出中央人民政府的明确授权或基本法明文规定的范围。香港的自治权来自全国人民代表大会的授予，根据《香港基本法》，香港特别行政区行使缔约权是自治权的延伸，而且缔约权要受到中央人民政府及全国人民代表大会的制约，因为解释和修改基本法属于全国人民代表大会的权限，香港特别行政区仅享有有限的倡议权。③ 据此，香港享有缔约权和独立的缔约地位是有限的，正如有些学者所说，"中华人民共和国是国际法主体，具有完全的缔约权；香港是中华人民共和国领域内享有高度自治权的地方行政区域，经中央人民政府授权后能够享有非政治性领域的部分缔约权"。④

---

① 截至 2000 年，该协定涉及的国家包括印度、美国、英国、新加坡和新西兰。转引自袁古洁："条约在中国内地与港澳台适用之比较"，载《法学评论》2002 年第 5 期，第 131 页。

② 截至 2000 年，该协定涉及的国家包括澳大利亚、新西兰、法国、美国和韩国。转引自袁古洁："条约在中国内地与港澳台适用之比较"，载《法学评论》2002 年第 5 期，第 131 页。

③ 葛勇平："试论香港宪法的渊源与发展"，载《甘肃政法学院学报》2006 年底 3 期，第 108 - 115 页。

④ 袁古洁："条约在中国内地与港澳台适用之比较"，载《法学评论》2002 年第 5 期，第 137 页。

# 第三章　条约批准的宪法制约

## 第一节　条约的批准

### 一、条约批准的性质

条约批准，是指国家有权机关确认本国缔结或加入的条约，它意味着同意接受条约的约束，承担条约义务。批准条约，既是一种履行条约的行为，也是国内法院和其他机关适用条约的条件。① 对于条约批准的性质存在两种观点。

第一种观点认为，条约的效力因签署或批准而确定。在此时，条约缔结后交与国会讨论时，国会的批准与条约的效力无关。即使它在国会被拒绝，内阁的政治责任问题另当别论，已经草签或者批准而成立的条约效力不受任何影响。内阁以事后的国会批准为条件，签署或者同意是可能的。当然，这时如果无国会的批准，政府的签署或同意将失去效力，这种场合不同于原有的事后批准的场合。②

第二种观点认为，缔结条约应视为通常只有国会批准才发生其效力。在事前提交国会讨论时，如得不到国会的批准，内阁就不能签署或批准，这是必然的，如果是这种情况，事后得不到国会批准，此时政府的签署或同意也会失去效力。由于国会批准在事前和事后的不同，就将其性质进行区分是不妥当的。根据《日本宪法》规定，因为内阁只能由国会的批准才能缔结条

---

① 李玫："论国际条约的域内效力"，载《西北政法学院学报》1988 年第 1 期，第 88 页。
② ［日］官泽俊义：《日本国宪法精解》，董璠舆译，中国民主法制出版社 1990 年版，第 494 页。

约，所以内阁缔结的一切条约，应解释为通常是在宪法上国会批准的条件之下签订的。因此，事后要求国会批准条约时，如果得不到国会批准，从前进行的缔约行为，即政府签署或同意，应为失效。①

在我国，论及全国人大常委会的对外职能时，《新宪法典与国际法原则》一文谈到了经全国人大常委会批准的具体条约和协定，试图说明全国人大常委会批准条约、协定的具体类型。该文回顾了 1954 年 10 月 16 日全国人大常委会《关于同外国缔结条约的批准手续的决定》，凡和平条约、互不侵犯条约、友好同盟互助条约和其他在条约中明文规定必须经过批准的一切条约，包括协定在内，均须由全国人大常委会批准；凡不属上述范围内的协定、议定书等，由国务院核准。同时，该文列举了 1982 年《宪法》颁布前后由全国人大常委会批准的具体条约：1978 年签署的《中日和平友好条约》、1950年签署的《中苏友好同盟互助条约》是经 1979 年 4 月 3 日全国人大常委会决定批准，还包括之后批准决定加入的《海牙公约》《蒙特利尔公约》以及《消除一切形式种族歧视国际公约》和《关于难民地位的公约》《关于难民地位的议定书》《南极条约》等。②

自 20 世纪 90 年代以来，我国学界从两个方面对条约批准的性质问题作了研究。一方面对全国人大常委会行使条约批准权力的理由进行了解释。例如，李兆杰认为条约批准的意义就是在条约直接适用的场合，为避免条约可能会改变国内法规定的情况，有必要规定某些种类的条约在获得效力之前必须经过最高立法机关的同意。依据《宪法》和《缔结条约程序法》，有六种条约对我国生效前必须由全国人大常委会决定批准，并由国家主席根据全国人大常委会的决定实施批准。③ 另一方面说明了条约批准的性质，有两种看法：一是认为条约批准是立法行为。如李适时在文章中谈到，《缔结条约程序法》中规定那些同我国法律有不同规定的条约、重要协定必须经全国人大常委会批准，认为立法机关批准或加入条约决定是一种立法行为，即批准或

①　［日］宫泽俊义：《日本国宪法精解》，董璠舆译，中国民主法制出版社 1990 年版，第 494 页。
②　魏敏、罗祥文："我国新宪法典与国际法原则"，载《法学杂志》1983 年第 5 期，第 19－20 页。
③　李兆杰："条约在我国国内法效力若干问题之探讨"，见王铁崖：《中国国际法年刊》，法律出版社 1993 年版，第 271 页。

加入同国内法不一致的条约，是对国内法的修改或补充。① 还有学者认为，由全国人大常委会行使的条约及重要协定的批准决定权本质上是一种具有"造法"功能的权力。② 二是认为条约批准是条约生效所需要完成的国内法律程序，如王丽玉认为国际条约在国际、国内的效力，除签署生效的情况外，一般另需完成一国法律规定的批准程序。③ 刘爱文也将条约批准视为条约在国内的生效程序，根据我国立法体制，条约和重要协定由全国人大常委会决定批准，其内部效力在国家主席颁布后生效，一般不需要制定法律。④ 龚瑜认为，1982 年《宪法》中"条约的批准与废除"的规定是将国际条约的最终决定权赋予国家立法机关，这是我国法制发展的过程中形成的自己关于国际条约在国内法生效的制度。⑤

在我国，讨论条约批准的性质与日本学界从批准行为本身是否会对条约的效力产生影响的两种观点不同，国内有些学者坚持将条约批准的性质视作立法行为，认为由全国人大常委会批准的条约具有法律的位阶，由国务院核准的条约或协定具有行政法规的位阶。⑥ 持此观点的学者根据《宪法》第 67 条第（14）项、《缔结条约程序法》第 7 条全国人大常委会批准"条约和重要协定"，据此判断条约批准决定权仅由全国人大常委会垄断，而排除了全国人大的批准权是不合理的，造成了"以全国人大常委会批准的条约为标准去修改全国人大通过的法律，在法理上产生了'僭越'，违反了立法的位阶次序"。⑦

---

① 李适时："中国的立法、条约与国际法"，见王铁崖：《中国国际法年刊》，法律出版社 1993 年版，第 265 页。

② 田军、陶蕾："宪法与《经济、社会和文化权利国际公约》的实施机制"，见中国法学会宪法学研究会编：《宪法研究》，法律出版社 2002 年版，第 638 页。

③ 王丽玉："国际条约在中国国内法中的适用"，见王铁崖：《中国国际法年刊》，法律出版社 1993 年版，第 285 页。

④ 刘爱文："国际法的适用与我国宪法的完善"，载《政治与法律》1996 年第 6 期，第 24 页。

⑤ 龚瑜："国际法与国内法关系的中国实践"，载《贵州警官职业学院学报》1997 年第 3 期，第 36 页。

⑥ 类似观点的文献参见张乃根："重视国际法与国内法关系的研究"，载《政治与法律》1999 年第 3 期；陈寒枫等："国际条约与国内法的关系及中国的实践"，载《政法论坛》2000 年第 2 期；车丕照："论条约在我国的适用"，载《法学杂志》2005 年第 3 期；谢新胜："中国的条约缔结程序与缔约权"，载《华东政法大学学报》2012 年第 1 期。

⑦ 谢新胜："中国的条约缔结程序与缔约权"，载《华东政法大学学报》2012 年第 1 期，第 52 页。

赵建文教授将此种观点称之为"位阶比照论"①，认为该"位阶比照"不符合国际法与国内法关系的原理与实际。"位阶比照论"暴露出学界研究上的不足：（1）从根本上说，该理论歪曲了缔约权的性质，没有看到缔约权不同于立法权，简单地将缔约权中的批准行为等同于立法行为，条约批准是条约生效的程序，条约在国内应有的位阶与条约是由全国人大常委会批准，还是由国务院核准，都不涉及批准主体的立法行为。缔约行为是"国家行为"②的一部分，如果给出一个确定的性质归属，它更接近于"国家的外交行为"，例如，许崇德教授在《论国家元首问题》一文中提到，国家元首与外国缔结条约（一般经立法机关批准）或者批准政府与外国缔结的条约（如果元首是最高权力机关或是其一部分），他在签字的时候代表着整个国家。③缔约权主要由行政机关参与，逻辑上推导不出立法行为性质，更不可能据此比照不同立法主体行使批准权力具有的位阶次序。（2）从方法和结论上看，混淆了最高国家权力机关的立法行为与"国家代表机关"的外交行为。该理论认为全国人大常委会批准条约的行为可能会侵入属于全国人大立法事项及权限，甚至对全国人大修改宪法产生不利，据此错误地得出《宪法》《缔结条约程序法》未规定全国人大具有批准条约的权力，存在立法漏洞。④全国人大常委会行使条约批准的权力只是代表"国家"完成外交行为，是国家对条约国内效力的承诺或者肯定方式，不可能带有任何立法的意图。在我国依据宪法、法律，"国家行为"的行为主体包括全国人大、全国人大常委会、国务院、国家主席，有没有全国人大的批准和参与缔结条约，都不会影响条约在国际法和在我国国内的效力。（3）全国人大常委会批准条约而作出的"决定"，不同于立法颁布实施程序中的"决定"，前一个"决定"代表着"国家行为"，后一个"决定"具有立法性质，两者不能混为一谈，更不能将全国人

---

① 赵建文："国际条约在中国法律体系的地位"，载《法学研究》2010年第6期，第203页。

② 国家行为，是指由国家最高行政机关及其有关部门，根据宪法和法律的授权，以国家的名义作出的有关国防、外交及某些涉及国家利益和重大公共利益的行为。引自胡锦光：《违宪审查论》，海南出版社2007年版，第265页。

③ 张友渔等：《宪法论文集》，社会科学文献出版社2003年版，第177页。

④ 谢新胜："中国的条约缔结程序与缔约权"，载《华东政法大学学报》2012年第1期，第52页。

大常委会行使的"国家行为"简单地等同于全国人大常委会的"立法行为"，由此牵涉出全国人大的立法具有高于全国人大常委会立法的位阶，这样推导的结果就是由全国人大批准的条约的地位既可能具有宪法的位阶，又可能具有法律的位阶，这一观点值得商榷。不论哪一个国家机关行使批准条约只是"国家"名义的"国家行为"，它仅是条约在国内生效的程序。

## 二、条约批准的"政治性"

在美国，法院在审理涉及条约的纠纷中，逐渐形成了"政治问题回避审查"的原则，即对于涉及条约的事项，法院认为它属于一类特殊的问题，而该问题只能由政府作出解释，法院应遵从政府的决定而不具有判断决定权，也不必对条约的合宪性进行审查。美国是一个强调分权原则的国家，根据《美国宪法》第3条，司法机关可以依据有效的条约对案件进行裁判。法院在审判过程中会审查那些影响美国对外关系的国会法令及行政机构行为的合宪性，解释国会的法令和美国缔结的条约，且决定是否适用国际法。[①] 问题是司法机关是可以对全部的条约事项进行审查，还是只能审查部分的条约事项？这涉及法院审查条约事项的范围或限度。通常，法院审理涉及条约的案件是极其谨慎的，往往受到"政治问题回避审查原则"的限制，就是说法院在审理案件时可能会遇到本质上不具有司法性的政治问题，该问题的解决就不再由法院作出裁决而是由行政机关来决定。尽管法院对国内法具有司法审查权是毋庸置疑的，但它仍无权对某些条约问题作出裁决。法院已经发展了许多理由以避免对微妙的对外事务问题作出司法决定：法院认为它们受到行政机关对豁免权主张的约束；它们对于行政机关所作的条约解释和国际法决策会给予很大的重视；它们已经宣告了特定对外政策问题属于不能由法院审判的"政治问题"；它们针对这种对外的"国家行为"还实行了司法方面的自我限制；联邦法院将受理那些没有讨论或者争论余地的"案件或争论"。[②]

布什总统在任期间单方面终止了1972年与苏联缔结的《反弹道导弹条

---

① ［美］路易斯·亨金：《宪政·民主·对外事务》，邓正来译，三联书店1996年版，第101页。

② ［德］彼得斯曼：《国际经济法的宪法功能与宪法问题》，何志鹏等译，高等教育出版社2004年版，第395页。

约》（Anti-ballistic Missile Treaty，以下简称 ABM 条约），因宪法有关条约终止规定的欠缺引发了很多悬而未决的问题。例如，Kucinich v. Bush 案，该案的缘起是 2001 年 12 月 13 日，布什总统向俄罗斯发出通告，美国将在符合条约的情况下六个月内退出 ABM 条约。Kucinich v. Bush 案是由美国 32 名众议员提起，他们质疑总统终止条约行为的合宪性，理由是总统的单方面终止条约的行为须经国会同意。然而，联邦地区法院因其不具有案件性拒绝受理此案，将它作为不具有司法性的政治问题。① Kucinich 案的法官拒绝审理，反映了美国国内法院一个不断加强的趋势是在涉及对外关系的案件中回避实质的问题，② 即对于总统处理对外事务的权力滥用或者越权行为不予审查。此种司法谦抑的原则就是以"政治问题"为典型代表，它表明总统在对外关系方面权力的扩张是不受约束的，也无须法院的司法审查。路易斯·亨金教授提到，"通过援引'政治问题'，法院强化了政治问题不是宪法问题的观点，这就鼓励了行政机关在处理对外事务时无须获得宪法救济，也不受宪法的制约"。③

　　针对"政治问题不审查"原则，美国学界也在讨论一个问题，到底哪些是由法院排除审查的政治问题？根据美国联邦最高法院的判例实践，大致包括以下几个方面：领土管辖、领土割让、政府从外国仲裁诉讼中获得的赔偿金的保留与分配、外国政府承担与履行条约义务的能力、战争的开始及终止、外交代表的地位、外国政府官员执行有效协定的权能，还包括某些情况下的条约解释问题，④ 例如典型的就是联邦最高法院拒绝审查虽未经国会宣战而挑战总统军事权力的案件，既包括越南战争期间，也包括 20 世纪 80 年代和 90 年代的判例。⑤ 此外，如何判定一个问题属于政治问题，法院认为还必须

---

① Kucinich v. Bush, 236 F. Supp. 2d 1 (D. D. C. 2002).

② 如涉及战争权的案例：Crockett v. Reagan, 720 F. 2d 1355 (D. C. Cir. 1983)；Dellums v. Bush, 752 F. Supp. 1141 (D. D. C. 1990)；and Campbell v. Clinton, 52 F. Supp. 2d 34 (D. D. C. 1999)；美国第一个涉及条约终止的案例：Goldwater v. Carter, 444 U. S. 996 (1979).

③ David Gray Adler, "The Law" Termination of the ABM Treaty and the Political Question Doctrine: Judicial Succor for Presidential Power, Presidential Studies Quarterly, Vol. 34, No. 1, Going to War, Mar., 2004, p. 157.

④ Executive Agreements and the Treaty Power. Columbia Law Review, Vol. 42, No. 5, May, 1942, pp. 831–834.

⑤ John C. Yoo: Treaty and Public Lawmaking: A Textual and Structural Defense of Non-Self-Execution, Columbia Law Review, Vol. 99, No. 8, Dec, 1999, p. 2247.

考察政治部门的情况，仅将总统单独或联合国会的行为认定为政治问题，对于那些由国会独自作出的政治决定，法院并不认为这是政治问题。① 对于涉及条约事项，法院认为它属于一类特殊的问题，而该问题只能由政府作出解释，并且因该问题具有国际性的一面，法院应遵从政府的决定而不具有判断决定权，即法院一旦认定某个条约或协定涉及的问题构成政治问题，它将不再审查该条约或协定的合宪性。在涉及国际条约的案件中，"政治问题不审查"的原则也不是绝对的，1913 年 Charlton v. Kelly 案具有典型性。根据与美国缔结的引渡条约，意大利对该条约进行解释以便应美国的要求交出意大利籍国民，而美国政府则作出了一个相反的解释，即美国国民可以引渡给意大利。后来，一个美国人提出了人身保护令以阻止自己引渡给意大利，他的申请遭到否决。法院认为行政机关的解释和放弃条约中"本国公民不引渡"的原则，都有赖于法院的最终裁决。Missouri v. Holland 案（涉及候鸟保护问题的条约）也有类似的情况，法院并没有将该问题定为政治问题，因此进行了进一步的审查。

在我国，各级人民法院在案件的具体审理中，若发现违宪的事实，可以向最高人民法院提出怀疑，但没有解释宪法的权力，也无权对条约的合宪性进行审查，"政治问题回避审查原则"与我国司法审判实践并无相通之处，但条约的政治性是全国人大常委会批准条约的一个重要考虑，并由此影响到条约的适用。《缔结条约程序法》第 7 条第 2 款为全国人大常委会行使条约批准决定设立了一个审查标准，"与法律有不同规定"是条约适用的明示限制条件。根据上面的分析，全国人大常委会处理"与法律有不同规定的条约"的方式有两种：作出附有保留的批准决定或不作批准。法律设定这一条件的结果是，那些与法律有不同规定的条约要么不能进入我国法律体系，要么更改或排除这些条约条款的效力，与我国人大常委会的"事前审查"机制类似，通过对条约与国内法律规定的审查，使与我国法

---

① United States v. Pink, 62 Sup. Ct. 552, 1942；Tenlinden v. Ames, 184U. S. 270, 1902；Charlton v. Kelly, 229 U. S. 447, 1913；Doe v. Braden, 57 U. S. 635, 1853.

律相冲突的条约不作批准，条约也就不能在国内执行及适用。例如，在目前已经签署但未批准 ICCPR 公约的时间内，全国人大常委会可以考虑通过修改国内立法或者重新立法等方式，待国内法律、法规与 ICCPR 公约的规定基本吻合之后作出批准决定，否则该 ICCPR 公约无法在国内适用。《缔结条约程序法》第 7 条第 2 款第（1）～（4）项确立了全国人大常委会行使条约批准的几个标准，即"政治性条约""领土、划定边界、司法协助和引渡条约、协定"和"与法律有不同规定的条约"。对于"政治性条约"，该法表述为"友好合作条约、和平条约等政治性条约"，全国人大常委会批准的这类条约和重要协定包括战争、常规武器、友好合作、恐怖主义、跨国有组织犯罪、联合国人员安全、燃料管理安全和废物管理安全等方面，是将"友好合作、和平"的含义作扩大解释。除"政治性条约"明确表明了政治性以外，对于"有关领土和划定边界的条约、协定"和"有关司法协助、引渡的条约、协定"，这两类条约涉及国家领土、国家司法协助等主权及内政事项，明显具有政治性。对于"与法律有不同规定的条约"，是一个概括性的规定，其中"法律"应作狭义解释，它仅包括全国人大及其常委会制定的法律；"不同规定"与"抵触"具有同一意义。就"与法律有不同规定"的程度和范围来看，全国人大常委会对那些与法律的原则、目的、价值理念、内容不一致的条约不作批准，典型的是 ICCPR 公约和《国际刑事法院规约》；[①] 那些与法律的部分或个别条款有不同规定的，全国人大常委会作出附有保留的批准决定，如 ICESC 公约。[②] ICCPR 公约和《国际刑事法院规约》包括人权、犯罪管辖权等内容，因此"与法律有不同规定的条约"不能排除它的政治性。

---

[①] 这两个条约在人权保障理念、个人权利的内容、个人权利救济机制与我国《宪法》《刑法》《刑事诉讼法》等有不同理解，它们构成"与法律有不同规定的条约"，可不予批准。

[②] 这些条约、协定还包括《跨国收养方面保护儿童及合作公约》(2005)、《烟草控制框架公约》(2005)、《联合国反腐败公约》(2005)、《儿童权利公约关于儿童卷入武装冲突问题的任择议定书》(2007)、《残疾人权利公约》(2008)、《移动设备国际利益公约》和《移动设备国际利益公约关于航空器设备特定问题的议定书》(2008)。

### 三、条约批准的意义

条约具有关系到国家、国民利益的重要的政治性质，因而条约由国会从民主的角度予以控制是必要的。[①] 为了体现和维护民主，不论共和制还是联邦制，国家通常都会在缔约程序中增加立法机关的参与权，以确保条约符合在国内生效的条件，这种参与权不是发生在缔约条约谈判和签署的场合，而是条约在国内生效的前提。此外，条约的批准还意味着国家向外界发出了一项条约生效的国内条件已经具备的声明和宣告。[②] 在日本，宪法将"国会的批准"视为对内阁缔结某一条约的同意，宪法之所以有此安排，是基于把内阁进行的外交活动置于国会的民主监督之下。[③] 根据我国《宪法》第 62 条、第 67 条和《立法法》第 7 条第 2~3 款，全国人民代表大会与全国人大常委会在立法权方面有具体的划分。条约规范的内容一般都是重要的制度，在一国法律体系中应具有高的位阶。因此有学者认为，批准条约本质上是一种立法行为，批准条约的权力应由全国人民代表大会来行使。[④] 如果将条约批准等同于立法行为，就会将条约的批准程序与我国现行的宪政体制、立法制度联系在一起。在法律的制定方面，全国人大常委会是全国人民代表大会的常设机关，它能制定和修改除应当由全国人民代表大会制定的法律以外的其他法律；全国人民代表大会可以改变或撤销全国人大常委会不适当的决定。在法律效力的位阶上，全国人民代表大会制定的基本法律要优于全国人大常委会制定的非基本法律。由于重要条约的批准机关是全国人大常委会，其效力本应等同于全国人大常委会制定的非基本法律，而全国人民代表大会制定的《民法通则》《民事诉讼法》等基本法律却规定了"条约优于法律"的原则，即条约的效力高于基本法律和非基本法律，这就是说经全国人大常委会批准的条约与现行立法体制下法律的位阶并不一致。即使将基本法律中"条约优

---

① ［日］三浦隆：《实践宪法学》，李力、白云海译，中国人民公安大学出版社 2002 年版，第 195 页。

② ［德］沃尔夫刚·格拉夫·魏智通：《国际法（第 2 版）》，吴越、毛晓飞译，法律出版社 2002 年版，第 151 - 152 页。

③ ［日］宫泽俊义：《日本国宪法精解》，董璠舆译，中国民主法制出版社 1990 年版，第 493 页。

④ 林彦、俞子清：《我国宪法对两个人权公约的应对》，见中国宪法学研究编：《宪法研究（第一卷）》，法律出版社 2002 年版，第 670 - 671 页。

先适用"的规定视为全国人民代表大会的授权或同意条约的约束，也不能轻易作出条约批准就是立法行为的判断。

从国内法来讲，国家对本国所缔结条约的批准，是国际条约产生域内效力的法律依据。批准条约既是一种履行条约的行为，也是国内法院和其他机关适用条约的条件。[①]《条约法公约》第26～27条规定了条约经批准后，国家必须"善意履行国际义务"，[②] 即一国的立法、行政、司法都应与条约保持一致。"一般的条约签字以后立即生效，但一些重要的条约签字以后还必须经过缔约国有关机关的批准，方能对本国生效，批准或核准条约的法律意义在于使条约发生拘束力，如果拒绝批准意味着，条约对拒绝批准国无效"。[③]

# 第二节　条约批准的效力

## 一、事前[④]审查功能

缔结条约权，本来在任何国家都是属于政府的专属权力，但在逐渐承认对外交事务需要民主监督的同时，变为服从国会的批准权了。但是，全部条约都需要议会批准，实际上不方便也是不必要的，所以许多国家的惯例是对那些有重要内容的条约，才会需要国会批准。[⑤] 国内法意义上的批准，就是对政府签署的条约予以确认，表示同意接受条约的拘束，如果条约签署国内并没有批准条约，条约在国内或国外都不会产生效力。[⑥] 批准条约是一个国家表示同意受条约拘束的最隆重的法律手续，国际上通常由最高立法机关

---

① 李玫："论国际条约的域内效力"，载《西北政法学院学报》1988年第1期，第88页。

② 《条约法公约》第26条规定"凡有效之条约对其各当事国有拘束力，必须由各该国善意履行"；第27条规定"当事国不得援引其国内法规定为理由而不履行条约"。

③ 王铁崖：《国际法》，法律出版社1981年版，第334－335页。

④ 此处的"事前"是指条约在缔约国生效至条约在国内适用之前。

⑤ ［日］宫泽俊义：《日本国宪法精解》，董璠舆译，中国民主法制出版社1990年版，第491页。

⑥ 王铁崖：《国际法》，法律出版社1995年版，第302页。

和国家元首行使该权力。一般来说，只有重要的条约才需经批准。① 条约的签署国对于其政府所签署的条约，有自由斟酌是否予以批准的权力，而并没有必须批准的义务，拒绝批准和附有保留的批准都是合法的，如果条约没有规定确定的批准期限，签署国可以依其自己认为适当的时间予以批准。② 条约签署后之所以需要批准，主要是因为：第一，审查和纠错。根据《宪法》第 67 条第（6）项和第 89 条第（13）项的规定，全国人大常委会和国务院都具有监督职权，通过这两个机关对已签署的条约的审查，可以避免由于谈判代表因主观上的错误而对条约进行的签署。第二，批准可能因为签署国内已经有这样的法律规定，③ 或者条约国内适用的条件依旧不成熟，如在条约直接适用的场合，为避免条约可能会改变国内法规定的情况，就必须对某类条约产生效力以前经最高立法机关的同意。④ 例如，《日本宪法》规定国会批准条约时可以部分批准，但不能对条约内容进行修改，以此对条约进行事前审查。日本国会在批准已缔结的条约时，原则上是批准全部或者拒绝批准，但如果该条约的某一部分具有可分属性时，只批准这一部分，不批准另一部分也是允许的。这样部分批准的场合，在要求事前批准时，内阁只限于对条约批准部分对日本有拘束力。这只限于条约的部分具有可分性质的情况，不能分割的条约不能够部分批准。此外，对于国会在批准条约时有无修改的权限？即国会可否变更条约原有的条款或者增加新的意见。因为缔结条约包括同外国进行缔约谈判的权限都是由内阁行使，而且代表日本参加制定条约约文的也是内阁，所以国会只有批准内阁与外国谈判制定的条约方案的权限，在批准时，不允许对原有条约文本进行变更或补充。⑤

---

① 钱其琛：《关于〈中华人民共和国缔结条约程序法〉（草案）的说明》，1990 年 8 月 30 日在第七届全国人民代表大会常务委员会第十五次会议的讲话。

② 李浩培：《条约法概论》，法律出版社 2002 年版，第 70 页。

③ 王铁崖：《国际法》，法律出版社 1995 年版，第 302 页。

④ 李兆杰："条约在我国国内法效力若干问题之探讨"，载《中国国际法年刊（1993）》，法律出版社 1994 年版，第 271 页。

⑤ ［日］宫泽俊义：《日本国宪法精解》，董璠舆译，中国民主法制出版社 1990 年版，第 493 页。

对一个已签署的条约拒绝批准，会对外交事务和国际事务的正常进行以及条约关系的稳定和安全造成不利影响。为了便利条约的缔结，新创了一种条约核准制度，以代替传统的条约批准。[①] 例如，20 世纪 30 年代之后，美国总统缔结了大量无须参议院同意的行政协定，这种非条约的形式在 1792 年出现后其数量远远超过了条约，"二战"后此种类型的条约占据了美国对外事务的主要地位。[②] 在核准的情况下，一个条约经签署后，无须立法机关的参与，由签署国的政府作出核准决定，条约即刻生效。因此，核准能避免立法机关作出决定时所发生的迟缓。[③] 如按照 1954 年 10 月 16 日全国人大常委会关于同外国缔结条约的批准手续的决定，中华人民共和国同外国缔结下列各种条约，应当依照 1954 年《宪法》第 31 条第（12）项和第 41 条的规定履行批准；凡不属于上述规定范围内的协定、议定书等由国务院核准。

条约的缔结必须有一定的程序。[④] 依据《条约法公约》第 9～10 条、第 12 条、第 14 条和第 16 条的规定，[⑤] 缔约程序包括条约谈判、签署、批准、交换批准书或交存批准书。[⑥] 条约批准是一个由宪法设定的条约生效程序，在分析议会对缔结条约是否有权参与决策时，一方面要从民主思想出发，另一方面要遵循议会的宪法监督功能，[⑦] 即立法机关通过行使批准来审查条约纳入宪法体系前的状况，如此设计一方面是为了避免国内法与条约的抵触，另一方面是保障议会对缔结条约的控制权，也是对政府缔约权行使的预防性监督，因而立法机关批准条约是必要的。首先，即使条约规定与已有的国内

① 李浩培：《条约法概论》，法律出版社 2002 年版，第 71 页。
② 徐泉："美国行政协定的合宪性分析"，载《现代法学》2010 年第 5 期，第 122 页。
③ 李浩培：《条约法概论》，法律出版社 2002 年版，第 71 页。
④ 王铁崖：《国际法》，法律出版社 1995 年版，第 300 页。
⑤ 《条约法公约》第 9 条规定了"约文之议定"；第 10 条规定了"约文之认证"；第 12 条规定了"以签署表示承受条约拘束之同意"；第 14 条规定了"以批准、接受或赞同表示承受条约拘束之同意"；第 16 条规定了"批准书、接受书、赞同书或加入书交换或交存"。参见白桂梅、李红云：《国际法参考资料》，北京大学出版社 2002 年版，第 219－220 页。
⑥ 根据《条约法公约》第 11～12 条的规定，条约有时一经谈判代表签署后立即生效，因而无须某一国家有权机关另行批准。本书所指的缔约程序包括需要有权机关批准的情况。
⑦ ［德］沃尔夫刚·格拉夫·魏智通：《国际法（第 2 版）》，吴越、毛晓飞译，法律出版社 2002 年版，第 154 页。

立法的内容性质相同，但两者的范围和具体规定是否一致还有待审查。其次，由于条约的内容可能会限制立法机关的立法范围，需要由立法机关的批准来实现预防性控制。最后，如果国内法与条约并行实施，则可能出现由司法机关选择法律适用的情况，如对个人权利的解释。国内法院对个人权利和自由的理解可能与国际人权保护机构的解释不一致，这种潜在的冲突也说明立法机关参与缔结条约过程的必要性。[1]

## 二、批准但附有保留

保留制度是在国际实践中逐步确定的，是指一国在签署、批准或加入某一条约时所发表的单方面说明，以排除或更改条约的部分条款在该国的适用。保留是基于国家之间的平等原则，是缔约国的一项权力，也是主权的体现。立法机关在审查条约是否作出批准决定时，往往在批准条约时附有保留。缔约国之所以提出保留，是希望通过保留来变更、具体化或者减少其承担的国际义务，也是为了避免国内法与条约规定的抵触。条约适用的效力需要有一定数量的成员方的承诺来保证，但缔约方又都不会签署、批准或加入与自己法律体系相抵触的条约，保留就成了条约适用中出现规则冲突的一种妥协。尽管保留会破坏条约的完整，但为了寻求条约适用的广泛性，更大范围内推广条约规则和内容，《条约法公约》对条约的保留问题作了明确规定，除条约条款明文禁止保留外，只要保留不违背条约的宗旨和目的，保留都应当允许。例如，两个国际人权公约对于缔约国是否有权提出保留及保留的法律效力都没有明确规定，因而未明文禁止保留意味着缔约国的保留是允许的。事实上很多国家在批准和加入国际人权的两个公约时都提出了保留。

日本、荷兰及我国都不承认罢工自由，对 ICESC 公约第 8 条关于罢工自由的规定提出了保留。阿尔及利亚、几内亚等国认为 ICESC 公约第 1 条

---

① ［德］沃尔夫刚·格拉夫·魏智通：《国际法（第 2 版）》，吴越、毛晓飞译，法律出版社 2002 年版，第 158 页。

和第 14 条关于维持一些领土的附属国地位的规定，违背了联合国的宗旨和原则，对该条款提出了保留。① 又如英国，它是坚守"二元论"的国家，虽然英国是很早一批签署《欧洲人权公约》的国家之一，考虑到公约可能对议会主权原则、宪政体制带来的影响，在如何将《欧洲人权公约》纳入国内法的问题上，从 20 世纪 60~90 年代末英国国内进行了长达 30 年的辩论。② 工党致力于推动英国的宪政改革，措施之一就是主张将公约纳入国内法体系，其竞选的承诺是"将权利带回家"（bringing rights home），直到1998 年《英国人权法》以条约的立法转化方式完成了英国条约签署后公约在国内适用的问题。但《英国人权法》并未将其全部条款纳入国内法，未纳入的条款可以看作英国的保留。这些条款包括：《欧洲人权公约》第 1 条和第 13 条，《公约》第四议定书第 1~4 条，《欧洲人权公约》第七议定书第 1~5 条。③

尽管保留是缔约国行使的一项权力，但它并不是无限制的，一般来说，保留的提出不能针对条约中具有核心地位的内容，也不能对条约的大多数条款提出保留。国际社会对美国批准重要的几个国际人权条约时提出的保留是否违反保留的限制规则一直有争论。美国为了解决长期不批准国际人权条约的情况，通过采取附有条件的批准的方式，调和了国内保守派反对批准条约和赞同派同意接纳条约的分歧，分别于 1988 年批准《防止及惩治灭绝种族罪公约》、1992 年批准 ICCPR 公约、1994 年批准 CAT 公约和《消除一切形式种族歧视国际公约》，并都附有条约生效的条件，这些条件包括保留（reservations）、谅解（understandings）和声明（declarations），美国国内将这些附带条件简称为"RUDs"，并分析提出"RUDs"的五个理由，④ 如表 1所示。

---

① 汪进元："论两个人权公约与中国人权立法的冲突与整合"，见中国宪法学研究编：《宪法研究（第一卷）》，法律出版社 2002 年版，第 630 - 631 页。

② 尤雪云："英国《1998 年人权法》"，载《人权》2002 年第 3 期，第 49 页。

③ 尤雪云："英国《1998 年人权法》"，载《人权》2002 年第 3 期，第 50 页。

④ Curtis A. Bradley, Jack L. Goldsmith, Treaties, Human Rights, and Conditional Consent, University of Pennsylvania Law Review, Vol. 149, No. 2, Dec. , 2000, pp. 399 – 468.

表1　条约附保留条款与美国宪法对应的规定

| 理　由 | 公约规定 | | 宪法规定 |
|---|---|---|---|
| 实质保留① | 《消除一切形式种族歧视国际公约》、ICCPR | 禁止恶意言论和战争宣传 | 宪法第一修正案和法律保护"言论自由"，包括恶意言论在内 |
| | | 犯罪惩罚、低于18岁的人免于死刑 | 与宪法第五、第八修正案和死刑的规定不符 |
| 解释条件② | ICCPR《消除一切形式种族歧视国际公约》、CAT公约 | 第2条（1）、第26条禁止歧视的用语"种族、性别、语言、宗教……" | 公约的"禁止歧视"是一种开放性的无限制的，本身不具有法律适用上的合理差别的可识别性<br>联邦宪法已经对公约禁止的歧视作了规定 |
| 非自动执行的声明 | 《防止及惩治灭绝种族罪公约》、ICCPR、《消除一切形式种族歧视国际公约》、CAT公约的实质条款 | | 美国国内法和救济制度能够充分满足人权公约所要求的义务<br>对于公民个人权利的保护必须有国会众议院的参与才具有正当性<br>公约的术语与美国法律的理解存在差异必须予以转化 |
| 联邦主义结构的理解 | ICCPR、《消除一切形式种族歧视国际公约》的条款应当由中央立法、行政、司法机关保证实施 | | 联邦宪法中关于联邦和各州的立法分权 |
| 国际法院管辖条款的保留 | 《防止及惩治灭绝种族罪公约》规定可以提起针对国家（美国）的诉讼 | | 在涉及美国为诉讼当事人的任何案件必须经过美国政府的同意 |

## 三、批准前修改或重新立法：国内法与条约相符

我国在批准 ICCPR 公约之前，有必要对现行国内法进行客观的评估，以便更有效地提出保留。从总体上看，我国宪法和法律的规定与公约多数

---

① 实质保留指的是条约规定与美国联邦宪法所保护的权利冲突，而且还与美国政治和政策有矛盾，因而成为美国批准条约时的保留内容。

② RUDs 指出了美国需要对条约的模糊条款及术语进行解释，借助此解释来理清美国同意适用条约内容的范围和程度。

内容是一致的，如都规定有法律面前一律平等，罪刑法定，禁止酷刑，禁止残忍、有辱人格、不人道的待遇等方面。在对妇女权利的保护方面甚至比公约的规定更为宽泛，如公约仅"对孕妇不执行死刑"，而我国刑法规定"审判时已怀孕的妇女，也不适用死刑"。现行法律与公约的差异主要表现在三个方面：一是公约规定的某些权利和自由我国宪法、法律未规定；二是公约的规定与我国宪法、法律内容相抵触；三是对权利实现的保障机制不同。如表2所示。

表2 条约规定的权利保护条款与我国宪法法律的对应

| 差异比较 | 公约 | | 宪法、法律 | |
|---|---|---|---|---|
| | 条款 | 内容 | 条款 | 内容 |
| 我国宪法、法律未规定的内容 | ICESC 公约第8条第1款（丁）项 | 罢工自由 | — | — |
| | ICCPR 公约第12条 | 迁徙自由 | — | — |
| | ICCPR 公约第18条 | 思想和良心自由 | — | — |
| 两者就同一内容相抵触的规定 | ICCPR 公约第6条第1款 | 人人皆有天赋之生存权，此种权利应受法律保障。任何人之生命不得无理剥夺 | 《宪法》第49条《人口与计划生育法》第17条《刑法》 | 夫妻双方有实行计划生育的义务。公民有生育的权利，也有依法实行计划生育的义务。死刑罪名过多，包括财产犯罪、经济犯罪 |
| | ICCPR 公约第8条第3款（甲）项 | 任何人不应被要求从事强迫或强制劳动 | 《宪法》第42条《劳动教养条例》 | 公民有劳动的权利和义务。劳动教养制度 |

| 差异比较 | 公约 | | 宪法、法律 | |
|---|---|---|---|---|
| | 条款 | 内容 | 条款 | 内容 |
| 对权利保护程度不同 | ICESC 公约第7条 | 人人享有公平与良好之工作条件中有关于升职权的规定 | 《劳动法》 | 仅有对工作条件一般性的规定 |
| | ICCPR 公约第9条第4款 | 任何人因逮捕或拘禁被剥夺自由时，有权向法院诉讼，以迅速决定其拘禁是否合法 | 《宪法》第37条 | 任何公民，非经人民检察院批准或决定或者人民法院决定，并由公安机关执行，不受逮捕 |
| | ICCPR 公约第14条第3款（庚）项 | 凡受刑事指控者均享有无罪推定、不得强迫自证其罪 | 《刑事诉讼法》 | 未达到符合公约规定的沉默权机制 |

　　针对我国宪法、法律与公约规定不一致的几种情况，可以作出的应对措施有：第一，提出保留。对于我国宪法、法律未有规定的权利和自由，如罢工自由（2001 年批准 ICESC 公约时已经提出了保留）、迁徙自由、死刑等，考虑提出保留。第二，修改现行立法。如对于死刑适用范围过大的情况，2007 年将死刑复核权收归最高人民法院，2008 年《刑法》第八修正案减少了经济犯罪的死刑罪名，逐步实现在司法上限制和减少死刑；2012 年经修订后的《刑事诉讼法》，重申了无罪推定原则，删除了"被告有如实供述的义务"条款。第三，适时建立宪法诉讼制度。确立被逮捕或被拘禁的人有向法院提出该强制是否合法的救济保障，确立法院有权对个案进行司法审查，最终建立宪法诉讼。

　　在修改现行立法方面，我国为了与条约保持一致作了诸多努力。《刑事诉讼法》的修订工作自 2003 年列入十届全国人大常委会的五年立法规划以来，刑事诉讼法的专家献计献策，其中有建议根据国际社会的通行表述，即改变 1996 年《刑事诉讼法》第 12 条——"未经法院判决，对任何人不得确定为有罪"的表述，而是直接吸纳"无罪"，将该条表述为"法院作出确定有罪的判决之前，任何人被推定为无罪"。[①] ICCPR 公约第 14 条第 3 款[②]中"不强迫自证其罪"的表述已经获得全世界绝大多数国家的认可，但在 1996 颁布的《刑事诉讼法》第 93 条[③]的规定与 ICCPR 公约中所规定的任何人"不强迫承认有罪"的精神不相吻合，"应当如实回答"成为被告人的法律义务，该条规定意味着强迫被告人作必须供述的法律依据。[④] 修订后的《刑事诉讼法》第 50 条[⑤]直接吸纳了国际人权公约的表述"不得强迫任何人证实自己有罪"，其中"任何人"主要包括刑事犯罪嫌疑人和被告人。在非法证据排除方面，联合国 CAT 公约强调那些通过刑讯获得的口供应当予以排除，修订后的《刑事诉讼法》中直接规定非法证据排除的规范共有五条[⑥]，而且将非法证据从刑讯获得的口供扩大到证人证言、被害人陈述、不符合法定程序的物证、书证。修订后的《刑事诉讼法》对"不强迫自证其罪"和"非法证据排除"两个条款的修改突出了国内法与国际人权公约保持一致的立场。

---

① 陈光中："《刑事诉讼法修改专家建议稿》重点问题概述"，载《人民检察》2006 年第 11 期（上），第 24 页。

② ICCPR 公约第 14 条第 3 款规定，在对任何人提出任何刑事指控时，人人完全平等地有资格享受以下最低限度的保证，其中第（庚）项规定，不得强迫被告自供或认罪。

③ 1996 年《刑事诉讼法》第 93 条规定："侦查人员在讯问犯罪嫌疑人的时候，应当首先讯问犯罪嫌疑人是否有犯罪行为，让他陈述有罪的情节或者无罪的辩解，然后向他提出问题。犯罪嫌疑人对侦查人员的提问，应当如实回答。"

④ 杨宇冠："《刑事诉讼法》修改凸显人权保障"，载《法学杂志》2012 年第 5 期，第 21 页。

⑤ 修订后的《刑事诉讼法》第 50 条规定："审判人员、检察人员、侦查人员必须依照法定程序，收集能够证实犯罪嫌疑人、被告人有罪或者无罪、犯罪情节轻重的各种证据。严禁刑讯逼供和以威胁、引诱、欺骗以及其他非法方法收集证据，不得强迫任何人证实自己有罪。必须保证一切与案件有关或者了解案情的公民，有客观地充分地提供证据的条件，除特殊情况外，可以吸收他们协助调查。"

⑥ 这五条包括第 54 条"言词证据的排除"、第 55 条"检察院在非法证据排除中的作用"、第 56 条"非法证据排除的法庭调查"、第 57 条"非法证据排除的证明责任"、第 58 条"非法证据排除的判定标准"。

# 第三节　条约批准的实践

## 一、宪法规定的条约批准的模式

在缔约权配置和条约批准方面，依据一些国家宪法的规定大致归纳为两种类型。

第一种类型是宪法中只对条约批准作出规定。条约是对国家主权利益的制约，通常国家宪法都会赋予某个机关审查条约的权力，经其同意或批准后条约才能生效，但仅规定条约批准而不以明示的方式表明缔约权配置的宪法是少之又少的。例如，《西班牙宪法》第 94 条规定，某些条约特定或协定须经总议会批准。①《荷兰宪法》第 91 条规定，任何条约必须经议会同意，才能对该国发生效力。非事先获得议会同意，荷兰王国不受任何条约的约束。②《丹麦宪法》第 19 条规定，由议会批准签订国际条约。③《葡萄牙宪法》第 138 条和第 164 条规定，总统有权批准经正式通过的国际条约，议会有权批准关于议会专有立法权的协定。④《意大利宪法》第 80 条、第 87 条第（7）项规定，议会两院经法律授权能对部分国际条约行使批准权力；总统经两院的事先授权也可以批准一些国际条约。⑤

---

① 1978 年《西班牙宪法》第 94 条第 1 款规定"需要由总议会批准的条约和协定有：政治性条约；军事性条约或协定；涉及国家领土完整或第一章中所规定的基本权利和义务之条约或协定；导致公共财政承担财政义务的条约或协定；意味着修改或废除某项法律或要求采取立法措施的条约和协定"。

② 1983 年《荷兰王国宪法》第 91 条规定"（一）非事先获得议会同意，荷兰王国不受任何条约的约束，也不得宣布废除条约……"

③ 1953 年《丹麦王国宪法》第 19 条规定"（一）非经议会同意，国王不得废止任何由议会批准签订的国际条约……"

④ 1982 年《葡萄牙共和国宪法》第 164 条规定"共和国议会有权：……（9）批准关于议会专有立法权的协定，关于葡萄牙参加国际组织及友好、和平、防卫、修改边界、军事等条约的协定和其他由政府提交的协定"；第 200 条规定"一、政府在行使政治职能时，得授权：……（3）批准不属于共和国议会批准权限或不向共和国议会提交的国际协定及条约……"

⑤ 1947 年《意大利宪法》第 80 条规定"两院按法律授权批准各种政治性国际条约，或规定仲裁或司法调整的国际条约，或引起领土改变、财政负担或修改法律的国际条约"；第 87 条第（7）项"总统任命和接受外交代表，必要时经两院事先授权，批准国际条约"。

第二种类型是宪法中既规定缔结条约的机关，又规定行使条约批准的机关。例如，《德国基本法》第 59 条规定，总统以联邦名义与外国缔结条约，但联邦立法的机构对于规定联邦政治关系或联邦立法事务的条约，必须经过它的同意或参与才能缔结。《美国宪法》第 2 条明确将缔约权授予总统，但须经参议院建议和同意。①《法国宪法》第 52 条和第 53 条规定，总统议定并且批准条约，但有些条约或协定只能由法律批准或认可。②《日本宪法》第 73 条规定，内阁缔结条约，但必须在事前，或根据情况获得国会的承认。《瑞典政府组织法》第 1 条和第 2 条规定，内阁缔结协定，某些特定条约必须经过议会的批准才能缔结。③《俄罗斯宪法》第 86 条规定，俄罗斯总统主持谈判并签署俄罗斯联邦国际条约，签署批准书。《比利时宪法》第 68 条规定，国王缔结和约、同盟条约和贸易条约，议会两院对特定的条约必须经其同意才能生效。④《阿根廷宪法》第 67 条和第 86 条规定，总统有权缔结条约；国会有权通过或废除条约及同罗马教廷签订的协定。⑤《韩国宪法》第 60 条和第 73 条规定，总统缔结及批准条约，国会对特定事项的条约有同意缔结和批准权。⑥

条约批准的不同类型说明，条约批准与缔约权是彼此独立的两个问题，即使宪法不以明示方式对缔约权配置作出规定，但各国宪法都无一例外地明

① 1787 年《美国宪法》第 2 条第 2 项规定"经过和根据参议院的建议和同意，并得到该院出席议员 2/3 的同意，总统享有缔结条约之权"。

② 1958 年《法国宪法》第 53 条规定"和约、商务条约、关于国际组织的条约或协定、涉及国家财政的条约或协定、有关修改立法性规定的条约或规定、关于个人身份的条约或协定、有关领土割让、交换或者合并的条约或协定，只能由法律予以批准或认可"。

③ 1974 年《瑞典政府组织法》第 1 条规定"与外国或国际组织的协定应由内阁缔结"；第 2 条规定"凡涉及法律的修改或废除、新法律的制定或者应由议会作出决定的其他事项并对王国具有约束力的国际协定，未经议会批准内阁不得缔结"。

④ 1831 年《比利时宪法》第 68 条规定"国王统率陆军和海军，宣战，缔结和约、同盟条约和贸易条约。贸易条约和加重国家负担或涉及对比利时国民限制的条约，非经两院同意，不得生效"。

⑤ 1994 年《阿根廷宪法》（修改）第 67 条规定"国会有下列职权：……（十九）通过或废除同其他国家缔结的条约，同罗马教廷签订的协定，在国权范围内行使国家的宗教推荐权"；第 86 条规定"国家总统有下列职权：……（十四）缔结和签订和平、贸易、航运、结盟、边界、中立和宗教条约。并为保持同外国的友好关系进行谈判，接受外国使节和领事"。

⑥ 1987 年《韩国宪法》第 60 条规定"（一）国会对有关相互援助或安全保障条约、有关重要国际组织条约、友好通商航海条约、有关限制主权的条约、媾和条约、构成国家或国民重大财政负担的条约及有关立法事项条约有同意缔结和批准权……"

确了条约批准的程序，而且从条约生效的意义上说，即使已经签署的条约未有批准条约不具有国内法上效力。根据 1982 年《宪法》第 67 条、第 81 条和第 89 条的规定，我国条约批准的权力配置情况，属于第二种类型。

## 二、美国条约批准的实践

### （一）总统和参议院分享批准权

美国批准条约的程序是完整的，其运作的实践主要包括：首先由总统或者总统的代表签署条约的草案，后由总统将条约文本提交给参议院，听取其同意与否的意见，如果条约获得出席议员的 2/3 多数票，参议院就会发出同意总统批准条约的意见书，而总统具有批准或不批准的最终决定权和裁量权，总统签署批准书后由秘书部密封。此时，条约还未对美国生效，因为批准书还必须由各方交换或者交存，双边条约需要交换批准书，多边条约需要交存批准书。[①] 在很多情况下，总统和参议院在批准条约时总会附带条件，缔约者为此使用若干不同的修辞，包括"修订"（amendment）、"保留""谅解""声明"和"但书"（proviso），其中最重要和最为常见的附带条件是"保留""谅解"和"声明"。《美国宪法》第 2 条将缔约权赋予总统，实际上也就赋予了他有作出对条约个别条款的同意权。如果总统没有在缔约谈判时提出意见的权力，或者没有对附带条件同意的权力，那么总统就没有谈判权，这就是美国建国伊始总统就拥有拒绝个别条约的原因。因此，在条约批准上，总统能够行使全权的裁量权。这就不难理解，即使在参议院作出同意与否的意见之后，总统仍然能够拒绝批准某一个条约。[②]

美国参议院总是太过于履行"建议权"而不同意条约的个别条款，而且它执行这一权力时，总是以不同的方法或者不同的理由。参议院在条约批准中的同意权，就是它通过限制批准的方式来阻却条约的生效。附带条件批准

①　Curtis A. Bradley, Jack L. Goldsmith, Treaties, Human Rights, and Conditional Consent, University of Pennsylvania Law Review, Vol. 149, No. 2, Dec. , 2000, p. 404.

②　LOUIS HENKIN, FOREIGN AFFAIRS AND THE UNITED STATES CONSTITUTION 184, 2d ed. 1996, "Once the Senate has consented, the President is free to make (or not to make) the treaty and the Senate has no further authority in respect of it".

的运作实践也是对《美国宪法》第 2 条关于参议院"建议权"消亡的回应，制宪者认为总统向参议院提出咨询的请求，应当在条约谈判和签署之前完成。① 在华盛顿总统时期，这个程序就没有广泛地运用，实际上总统根本未有将条约提交给参议院向其咨询，自那时起，参议院在缔约谈判中就没有发挥其"建议"功能。② 为了维护《美国宪法》中的"建议权"，参议院对经谈判后的条约发展并运用了有条件批准的实践。参议院最早作出的有条件同意的条约是杰伊条约，这个条约由美国谈判代表杰伊在 1794 年签署，该条约主要解决美国和英国之间有关补偿金、贸易和边界问题。由于华盛顿政府对该条约做了一些让步，参议院勉强以 2/3 多数同意了条约，但是附有条件，即对英国限制贸易的条款提出了保留意见，③ 英国政府同意了该保留。多年后，参议院以同样的方式同意了突尼西亚（Tunisia）条约，附带的条件是将该条约条款予以推迟，在其获得批准以前进行重新谈判。1800 年，在与法国缔结的条约时也碰到类似的情况。在此后的很长时间里，美国批准条约附带条件的做法一直沿用不变。④

（二）早期附条件批准条约的实践

美国在条约批准的实践中，逐渐了发展了一种条约即使批准也不产生国内效力的规则，具体说，就是条约只有经国会立法转化才发生国内效力的"非自动执行"原则，如美国现代条约批准的一个明显现象，就是对人权条约附带"非自动执行"的条件，而且不仅条约如此，一些联邦法律也被认为是非自动执行的。早在 19 世纪和 20 世纪初，就已经有了这种附带"非自动

---

① Ralston Hayden, The Senate and Treaties, 1789 – 1817, at 18 – 20（1920）; Arthur Bestor, "Advice" From the Very Beginning, "Consent" When the End Is Achieved, 83 AM. J. INT'L L. 718（1989）; Jack N. Rakove, Solving a Constitutional Puzzle: The Treaty making Clause as a Case Study, 1 PERSPS. IN AM. HIST. 233, 257, 1984.

② Restatement（Third）of the Foreign Relations Law of the United States, 303, reporters' note3, 1987.

③ The Senate stated that it was consenting to the treaty: on condition that there be added to the said treaty an article whereby it shall be agreed to suspend the operation of so much of the 12th article, as respects the trade which his said Majesty thereby consents may be carried on, between the United States and his islands in West Indies.

④ Curtis A. Bradley, Jack L. Goldsmith: Treaties, Human Rights, and Conditional Consent, University of Pennsylvania Law Review, Vol. 149, No. 2, Dec., 2000, pp. 406 – 407.

执行"条件的做法，缔约者在作出批准决定时，虽同意条约文本却附有条件，或者作出"条约的个别条款只有经国会通过执行性立法才具有国内效力"的声明。条约批准的附带条件本质上体现了对国际条约适用采取的是非自动执行的方法。但当时的附条件的条约条款与现代非自动执行原则是有区别的，因为没有国会的执行性立法，条约的个别条款对美国无效；而现代非自动执行原则仅阻却了条约条款在司法上的适用效力。然而，早期附条件的批准与现代条约的非自动执行原则实际上异曲同工，它们都将众议院纳入条约国内适用与实施的过程。现代非自动执行原则的实践最早源于1800年，当时美国明确向国会表达了对特定条约执行问题的保留意见。例如，1899年美国从西班牙获得波多黎各和菲律宾两地的权力时，美国缔约者称："对于已经割让给美国的领土，其边境地区的土著居民的公民权利和政治地位应由国会来决定。"[1] 同样地，参议院对于1920年与澳大利亚的条约提供的建议和同意的条件是，"美国未经国会的同意不会向国际机构派驻代表，或者参与该国际机构的活动"。[2]

　　美国之所以在批准条约时附带条件，是因为担心条约可能会对其联邦政府的结构带来不利影响。因此，美国的缔约机关一直适用附条件批准的权力来防止条约可能侵入州权力的机会。[3] 而且，在某些情况下，条约的效力取决于州法，[4] 或者缔约机关的缔约事项被严格限定在属于联邦政府有管辖权的领域。[5] 联邦主义原则的结构困难时缔约机关批准当代国际人权公约的附带条件，反映了美国联邦体制的传统。纵观美国历史，总统和参议院一直拥有附条件批准条约的权力，而且美国法院也未作出这些条件无效的判决，联

---

[1] Downes v. Bidwell, 182 U. S. 244, 340 – 341, 1901, (White, J., concurring); Dorr v. United States, 195 U. S. 138, 143, 1904.

[2] Treaty of Peace Between the United States and Austria, Aug. 24, 1921, U. S. – Aus., 42 Stat. 1946, 1949.

[3] Ralston Hayden: The States' Rights Doctrine and the Treaty – Making Power, 22 AM. HIST. REV. 566, 585, 1917.

[4] Consular Convention Between the United States of America and His Majesty the Emperor of the French, Feb. 23, 1853, U. S. – Fr., art. VII, 10 Stat. 992, 996.

[5] Louis Henkin: Foreign Affairs and the United States Constitution, 2d ed. 1996, p. 345.

邦最高法院在一些涉及附条件批准的案件中，也是持支持和肯定的态度。①

### 三、德国条约批准的实践

《德国基本法》规范条约关系的条款是第23～25条、第32条和第59条，其中第32条②和第59条③对缔约程序和条约批准作了规定。德国的条约批准程序包含两个方面：一是由联邦政府对条约作出的批准；二是由联邦议会对条约作出的批准。

第一种批准程序发生在德国基本法和州宪法赋予各州缔约资格的场合，即《德国基本法》第32条第2款，各州能够在自己的立法权范围内缔结条约。各州具有的缔约权是基于联邦主义原则，联邦和各州之间在立法领域的不同权限划分，而不是作为联邦政府缔结条约的例外情况。各州缔结条约的对象和领域如果不属于《德国基本法》第73条列举的联邦议会立法的事项和范围，也不属于《德国基本法》第74条和第75条规定的联邦与各州共享的立法领域，并且各州的立法事项不受《德国基本法》第72条的限制，那么各州就能够同外国缔结条约。总体上，各州在文化政策、社区事务、体育或者治安方面拥有同外国缔结条约的权力。但各州行使缔约权签署的条约，其生效必须获得联邦政府的批准，否则各州的缔约权将不能实现。经联邦政府批准的各州缔结的条约，其适用范围只能在本州宪法所规定的领域。④

第二种批准程序是联邦会议参与到了缔约过程，但此种批准并没有针对所有的条约，仅包括《德国基本法》第59条第2款中"调整联邦政治关系

---

① Curtis A. Bradley, Jack L. Goldsmith: Treaties, Human Rights, and Conditional Consent, University of Pennsylvania Law Review, Vol. 149, No. 2, Dec., 2000, p. 410.

② 《德国基本法》第32条规定："一、对外关系之维持为联邦之事务。二、涉及某邦特殊情况之条约，应于缔结前尽早谘商该邦。三、各邦在其立法权限内，经联邦政府之核可，得与外国缔结条约。"

③ 《德国基本法》第59条规定："一、联邦总统在联邦国际关系上代表联邦。联邦总统代表联邦与外国缔结条约。联邦总统派遣并接受使节。二、凡规范联邦政治关系或涉及联邦立法事项之条约，应以联邦法律形式，经是时联邦立法之主管机关同意或参与。行政协议适用有关联邦行政之规定。"

④ ［德］沃尔夫刚·格拉夫·魏智通：《国际法（第2版）》，吴越、毛晓飞译，法律出版社2002年版，第141－143页。

的或者与联邦立法有关的条约，应当要求在如何情况下制定相关联邦立法的机构以一部联邦法律的形式表示同意或者参与"，① 即涉及联邦政治关系或联邦立法事项的条约需要联邦议会批准。联邦议会作出的批准决定不包括条约的保留、谅解或解释性声明。但是单方面的加入声明符合批准的特征，而且如果一个已经生效条约规定需要缔结进一步的条约，以及条约的修改、修正则必须取得立法机关的批准。对"联邦政治关系或联邦立法事项的条约"的理解，早期的观点认为，条约不需要批准是一般原则，而这两类特殊的条约须经批准是一种例外情况。对这两类需要由联邦议会批准的条约的具体范围，沃尔夫刚教授进行了阐述。首先，鉴于"政治"自身概念的模糊性，属于"政治关系"的条约包括德国联邦宪法法院以"国家利益"为基础将其解释为"国家的存在、领土完整、独立及国际地位"的条约；涉及对国界的承认、放弃使用武力及友好合作条约；能够影响全面的经济法律关系的、涉及经济与发展政策的条约。"政治关系"的条约不包括向不发生内战或武装冲突的国家提供武器的条约，也不包括只涉及技术性规定的条约，如人权保护及少数民族保护的条约、关于建立或加入国际组织的条约。其次，关于"对象属于联邦立法范围"的条约包括德国负有直接的立法义务的条约，或者事实上和法律上需要相应的立法才能在国内实施的条约；内容、语词比较含糊，必须要立法加以转化的条约，如环境政策与环境法的条约；能够在国内直接适用的人权保护条约。② 由联邦议会同意或者批准条约的行为发挥着以下功能：确保了国会针对行政部门在政治条约方面，以及在其他要求执行性立法方面的条约缔结权具有的控制功能；促使立法机关在关涉国际协定生效以前适时地采取所有为履行条约义务的国内必须的实施措施；立法机关的同意法案还可以进一步授权联邦总统批准有关条约，并在有关条约对德国生效后规定将该条约融入国内法律体系。③

---

① ［德］彼得斯曼：《国际经济法的宪法功能与宪法问题》，何志鹏、孙璐、王彦志译，高等教育出版社 2004 年版，第 458 页。

② ［德］沃尔夫刚·格拉夫·魏智通：《国际法（第 2 版）》，吴越、毛晓飞译，法律出版社 2002 年版，第 155 - 157 页。

③ ［德］彼得斯曼：《国际经济法的宪法功能与宪法问题》，何志鹏、孙璐、王彦志译，高等教育出版社 2004 年版，第 458 - 459 页。

### 四、我国条约批准的实践

#### （一）全国人大常委会

《缔结条约程序法》对全国人大常委会作出批准决定的"条约和重要协定"的范围做了限定，具体包括六个方面：（1）友好合作条约、和平条约等政治性条约；（2）有关领土和划定边界的条约、协定；（3）有关司法协助、引渡的条约、协定；（4）同中华人民共和国法律有不同规定的条约、协定；（5）缔约各方议定须经批准的条约、协定；（6）其他须经批准的条约、协定。全国人大常委会决定对外缔结条约和协定的批准，通常以作出批准决定或加入决定的方式，履行条约批准的职权。如表3所示。

表3 《全国人民代表大会常务委员会公报》公布的多边条约的批准情况①

单位：件

| 决定批准方式 | | 1981~1990年(27) | 1991~2000年(34) | 2001~2005年(21) | 2006~2010年(15) |
|---|---|---|---|---|---|
| 批准 | 批准（不附带保留） | 4 | 14 | 6 | 5 |
| | 批准（附有保留） | 6 | 8 | 9 | 7 |
| 加入 | 加入（不附带保留） | 10 | 5 | 4 | — |
| | 加入（附带保留） | 7 | 7 | 2 | 3 |

#### （二）国家主席

根据《宪法》第81条和《缔结条约程序法》第7条第3款，国家主席进行国事活动，批准和废除同外国缔结的条约和重要协定。条约和重要协定的批准权在国家主席，但要根据全国人大常委会作出的决定批准。② 国家主

---

① 该数据的整理统计来源于全国人大常委会网公布的《全国人民代表大会常务委员会公报》(1981~2010年第4期)。

② 蔡定剑：《宪法精解》，法律出版社2004年版，第334页。

席在批准书上签名、盖章履行形式上条约和重要协定的批准手续。国家主席本无立法权，由其"批准和废除"的条约仅具有象征意义，条约不像法律那样由国家主席公布，而是经全国人大常委会决定批准或加入后在全国人大常委会公报上公布。① 批准书的内容包括，"根据中华人民共和第×届全国人民代表大会常务委员会第×次会议的决定，批准由中华人民共和国主席全权代表签署的条约或协定"，并在批准书上签字并加盖国印，以证明完全履行条约或协定规定的义务。

（三）国务院

除由全国人大常委会作出批准决定的"条约和重要协定"外，其他条约、协定都可以由国务院以一定方式作出核准，核准的方式主要是签署②、加入或接受、默认。在谈判和签署条约、协定方面，由国务院委派谈判和签署条约、协定的代表，并审核条约的建议或草案；国务院对条约和重要协定审核之后作出核准的决定。根据外交部公布的《多边条约一览表》，国务院核准条约的方式如表4所示。

表4 国务院核准条约、协定的方式③

单位：件

| 年份 | 签署（5） | 核准（4） | 加入（5） | 接受或默认④（40） |
|---|---|---|---|---|
| 2010 | 3 | — | — | 10 |
| 2009 | — | 2 | 1 | 9 |
| 2008 | — | — | 1 | 10 |
| 2007 | 1 | 2 | 1 | 10 |
| 2006 | 1 | — | 2 | 1 |

---

① 陈寒枫、周卫国、蒋豪："国际条约与国内法的关系及中国的实践"，载《政法论坛》2000年第2期，第120页。

② 根据《条约法公约》第12条的规定，签署也可以表示确定同意接受条约的拘束，外交部公布的《多边条约一览表》为一经国务院签署即生效的条约，文章将这种签署视作国务院核准条约的一种方式。

③ 该数据引自外交部：《多边条约一览表》（2006～2010年）。

④ 根据1990年《缔结条约程序法》第12条规定，接受多边条约和协定，由国务院决定。接受或默认一般是指国际社会对某些公约或议定书通过了修正案，该修正案中会有一个默认接受程序规定，因我国是公约或议定书的缔约国，如对修正案内容无任何反对意见，则国务院通过决定接受或者默认方式，该修正案就自动对我国产生效力。

除 2010 年签署的 3 件多边条约尚未生效外，其他各种方式核准的多边条约均已生效。

我国一些学者所主张的条约被一般地纳入国内法，在国内直接适用无须转变的观点，① 近年来已经倍受质疑。② 这一观点的确与实际不符，因为条约的"直接适用"与全国人大常委会"批准"或国务院"核准"条约、协定的规定是冲突的，这两个机关的批准、核准程序暗含了对条约直接适用的限制。根据王勇博士做的统计，截至 2004 年，最高人民法院对条约适用问题做了 29 个司法解释，其中在《关于处理涉外案件若干问题的规定》中，虽然有"当国内法以及某些内部规定同我国所承担的条约义务发生冲突时，应适用国际条约的有关规定"的条款，但在司法审判中，该规定无法真正发挥指导条约优先适用和直接适用的作用。在我国的法律体系中，全国人大及其常委会制定的法律的效力要高于最高人民法院的司法解释，而且这 29 个关于条约适用的司法解释数量有限，其涵盖的直接适用的条约范围也是有限的。③ 既然条约或协定需要全国人大常委会"批准"或国务院"核准"，是条约适用的暗含的条件，条约在国内直接适用而无须转化的观点不能成立。

---

① 王铁崖："条约在中国法律制度中的地位"，见《中国国际法年刊》，法律出版社 1995 年版，第 5－7 页。李浩培先生认为，我国法律规定中提及了条约适用的原则，如"优先适用""依照条约规定办理"，按照这些规定的原则，我国与外国所缔结的条约在生效时，就当然被纳入国际法，由我国主管机关予以适用，而无须另以法律予以转变为国内法。参见李浩培：《条约法概论》，法律出版社 1987 年版，第 128 页。赵建文教授认为，我国对涉及民商事性质的、私人权益的条约，通过法律规定"条约事项不再适用国内法的方式"及"条约与法律发生冲突时优先适用条约"的方式表明条约在法院的直接适用性。参见赵建文："国际条约在中国法律体系中的地位"，载《法学研究》2010 年第 6 期。持此观点的学者，还有李兆杰、黄列、朱晓青、梁淑英。

② 不少学者认为，我国在适用国际条约方面采取的是一种纳入适用与转化适用相结合的方式。参见江国青："国际法与国际条约的几个问题"，载《外交学院学报》2000 年第 3 期；与此相同的观点还有朱志晟、张亮、侯连琦、侯放、魏明杰、沈四宝等。越来越多的学者的研究更加务实不再拘泥于形式，认为在条约适用这一问题上，中国没有原则性的规定，既没有规定转变方式，也没有规定纳入方式，认为条约在国内的适用采取的是逐一立法的方式，某一条约是否被直接适用取决于是否存在允许直接适用该条约的国内法规定。参见陈寒枫、周卫国、蒋豪："国际条约与国内法的关系及中国的实践"，载《政法论坛》2000 年第 2 期；与此相同的观点还有余民才、车丕照、周忠海、刘永伟、张晓东、王勇等。

③ 王勇：《条约在中国适用之基本理论问题研究》，北京大学出版社 2007 年版，第 157－163 页。

# 第四章　条约的宪法地位

## 第一节　条约宪法地位的三种学说

### 一、条约和宪法关系的争论

条约和宪法之间的具体关系问题，即条约和宪法的效力孰高孰低？关于此问题，主要有以下两种解释。

第一种解释认为，在条约和宪法之间，宪法的效力优于条约，可以将其称之为"宪法优越说"。该学说认为，因为宪法是国家的最高法律，缔约权或者缔约程序都是由宪法规定，受宪法的控制与制约，所以虽然宪法规定条约的效力优于国内法律，但是条约不具有优越于宪法的效力。同时，条约的生效也是根据宪法而获得的，它不能违反宪法。日本学者宫泽俊义认为违反宪法的条约是无效的。[①]

第二种解释认为，在条约与宪法的关系上，条约优于宪法，可以将其称为"条约优越说"。该学说认为，在国际法和国内法的关系上，承认前者优先于后者是理所应当的，因为条约本来就是国际法的形式之一。比如，《日本宪法》第98条明确规定诚实遵守条约。为了有效地遵守条约，需要否定妨碍条约实施的国内法的效力，在此意义上，必须承认条约比一般的国内法的效力要高，因此，为了彻底地贯彻这一宗旨，就需要承认条约具有优越于宪

---

① ［日］宫泽俊义：《日本国宪法精解》，董璠舆译，中国民主法制出版社1990年版，第707页。

法的效力。日本学者宫泽俊义认为日本宪法正是考虑和采纳了这样的彻底立场。①

对于这一问题争论的意义，主要是它会影响到有权机关或者法院是否能够依据宪法对条约行使违宪审查权或者解释权。在日本，如果根据第一种解释，日本宪法不承认法院具有依据宪法对条约进行合宪性审查的权力，《日本宪法》第98条明确规定将"条约"从能够审查的列举中去除。但是，日本实践中仍旧坚持条约具有低于宪法的效力，不得违反宪法。一个在国际社会已经有效的条约，其内容违背宪法，即使宪法不承认法院具有对条约的合宪性审查权，实际上也不妨碍条约的实施，结果违反宪法的条约仍旧施行，宪法实际上被变更了。这跟明治宪法下与违反宪法的法律的情况相似。在明治宪法下法律的效力低于宪法，当时的法院没有法令审查权，纵使存在违宪的法律，但该法律是经议会同意和天皇正式公布的，能够被有效地施行，结果，宪法在这个范围内被变更。②

如果按照第二种解释，《日本宪法》第98条的"法律、命令"以下列举中没有"条约"，不是要把条约去除的意思，而是说"法律""诏敕"及"有关国务的其他行为"中也包括条约的宗旨，在与条约的关系上，宪法不是"最高法规"的意思。并且，法令审查权也扩大到条约，法院有权对条约是否违宪进行审查。即使宪法规定法令审查权的《日本宪法》第81条中没有提及条约，并不是要把条约去除的意思，因为《日本宪法》第98条所说的"法律""处分"中包括了条约的意思。

## 二、条约具有高于宪法的位阶

### （一）日本

条约在国内法律体系中具有优于宪法的地位，当两者发生冲突时以条约的规定为准。在日本，条约优于法律是毫无争议的，但条约与宪法的关

---

① ［日］宫泽俊义：《日本国宪法精解》，董璠舆译，中国民主法制出版社1990年版，第708页。

② ［日］宫泽俊义：《日本国宪法精解》，董璠舆译，中国民主法制出版社1990年版，第707页。

系却有不同的看法，具体有四种学说：条约优先说、宪法优先说、宪法同位说和宪法原则不可侵犯说（折中说）。根据《日本宪法》第73条第3项的规定内阁缔结条约"有必要在事前或根据不同情形事后经国会承认"，须经国会承认的条约，包括有实质意义的条约，如涉及法律事项、财政事项、政治上重要的条约。① 这一条款被认为是条约在国内法及国际法上有效成立的要件。从《日本宪法》序言和第98条第2款②的规定看，日本应属于条约至上或者条约效力高于宪法。③ 然而，关于经签署后或者经批准后而未得到国会认可的条约，其效力、地位有以下不同的观点：第一种观点认为，条约在法律上能够有效成立，但会发生内阁的政治责任；第二种观点认为，条约在国内法上虽然无效，但在国际法上应为有效；第三种观点认为，条约在国内法和国际法上均无效力；第四种观点认为，国会承认权的含义，如果理解为在外国也是"周知的"条件（外国也不认可条约的效力），那么条约在国际法上亦无效力。④ 以上四种学说表明，条约在日本宪法上的地位受到国会承认权的限制。一方面，部分条约未经国会同意、批准或认可不具有国内法上的效力；另一方面，即使经过签署或经批准后的条约的效力仍旧获得国会的认可，否则条约的地位不确定能优于宪法。《日本宪法》第98条第2项中"已确立的国际法规"，指现行有效的国际法规，不管是成文法还是不成文法；"必须诚实遵守"，在日本可以说是当然的事情。政府正式缔结的条约和业已确立的国际法规，对日本国家具有法律拘束力，所以必须遵守是不言自明的当然道理。只是，鉴于过去日本对条约的诚实遵守有遗憾之处，所以《日本宪法》第98条特别予以强调必须"诚实遵守"条约和国际法规。从以上宪法规定的目的看，日本缔结的条约和业已确立的国际法规，不需要以特殊的立法手续转化，当然地应作为国内法具有法律拘束力，因为它同《日本宪法》第7条规定的法律和政令

① ［日］芦部信喜：《宪法（第三版）》，林来梵译，北京大学出版社2006年版，第273－274页。
② 《日本宪法》第98条第2款规定"日本国缔结的条约及已确立的国际法规，必须诚实遵守之"。
③ ［日］畑中和夫："条约与国内法——国际人权条约的国内法效力"，见王家福、刘海年、李林编：《人权与21世纪》，中国法制出版社2000年版，105页。
④ ［日］芦部信喜：《宪法（第三版）》，林来梵译，北京大学出版社2006年版，第273－274页。

一样，都是由天皇公布。但是，如果自卫队受到外来的武力攻击时，为了防卫上的需要，根据《日本自卫队法》第76条规定，由内阁总理大臣发布出动命令时，虽然可以使用必要的武力，但自卫队法特别规定了"当使用武力时，如有应根据国际法规和国际惯例的场合必须遵守"的宗旨，这与宪法的精神相符合。①

为了理解日本宪法对条约的态度，有必要对明治宪法时代尤其是在其末期对条约的立场进行回顾。当时的日本，被指责破坏了很多国际条约，这些指责有一定事实根据，因而日本想要从军国主义带来的毁灭中站起来，首先必须维护和尊重国际信义的立场。从这个立场出发，日本同外国缔结的条约无论如何都是要诚实遵守的。如果把这一立场贯彻到底，就必须做到条约有效成立的程序由宪法规定，不履行宪法规定程序的条约不能成立。例如，得不到国会承认的条约就不能有效成立，即只要遵守宪法规定的手续，条约即告成立。但是，条约是国际法的形式，其效力应当优越于一切国内法律形式，也包括优越于宪法，如果其内容违反宪法，条约的效力也应当丝毫不受影响。② 事实却发生了转变，条约优于或者高于日本宪法仅是理论意义上的，实践中日本学界的学者并不当然地认可此观点。日本明治宪法至少在初期，受国际法和国内法关系"二元论"的影响，认为条约和国内法之间没有关联的看法广为流行。在实际运用上，采取"一元论"的学说而缔结的条约，由天皇按照法律和敕令一样予以公布，因此条约的生效惯例就是它作为国家法律在形式上予以施行。此时，条约与一般法令发生抵触哪一个为优先，即关于条约的形式效力问题，虽然没有特别规定，但条约的效力优于法律，这是因为条约同时是国家一致同意而成立的，如果认为它违反法律就按照日本的意志单方面否定条约的效力，这是不妥当的。③ 至于条约的效力是否优于宪法这样的问题，毫无疑问根据宪法的规定，缔结条约是根据宪法作出的，条约超越或者与违反宪法是不允许的。同时，在条约与国内法

① ［日］宫泽俊义：《日本国宪法精解》，董璠舆译，中国民主法制出版社1990年版，第701－702页。
② ［日］宫泽俊义：《日本国宪法精解》，董璠舆译，中国民主法制出版社1990年版，第709页。
③ ［日］宫泽俊义：《日本国宪法精解》，董璠舆译，中国民主法制出版社1990年版，第706页。

律之间的关系上，认为条约优于或者高于国内法律。因为日本宪法把条约和国内法按照一元论予以统一考量，承认条约具有国内法的法律形式的效力。这种条约优于国内法律的情况，不仅为明治宪法所认可，也能从日本现行宪法的规定中看出。

（二）荷兰

条约优于宪法的实践以荷兰最为典型。它的宪法通过四个条文保证条约的优先性。①《荷兰宪法》第 66 条肯定了一元论和条约的自动执行地位。《荷兰宪法》第 65 条包含以下几层意思：第一，该条中的"法律规定"包含着宪法，就意味着条约不仅优于法律，也优于宪法；第二，如果国内法是在条约之前制定，根据条约的自动执行性和新法优于旧法的原则，适用条约；如果国内法在条约之后制定，荷兰法院通常认为立法者不会制定违反条约义务的法律，并把法律解释得与条约相符；第三，法院有权审查国内法是否与条约相符，如果经审查发现国内法与条约抵触，则适用条约而非国内法。此外，荷兰通过宪法第 60 条第 3 款"法院不能依据宪法审查条约"以及第 63 条"条约在特定情况下能背离宪法"的规定进一步确认了条约的优先地位。对此，李浩培说："荷兰宪法规定了世界上最先进的宪法与条约关系的制度。"②根据现代宪政原则，从逻辑上看，严格说荷兰的成文宪法的现实是不可能承认条约优越于宪法的，除非确认经批准后的条约构成国内宪法的一部分。③

荷兰是一个笃信一元论的国家，它在条约适用中坚持直接适用的方式是其他国家无法企及的，这要归因于荷兰长期以来重视国际法的宪法传统，因而荷兰拥有"世界上最国际化的宪法"的美誉。④ 自 1848 年以来，荷兰宪法

---

① 《荷兰宪法》第 65 条规定"在荷兰国内施行的法律，如其适用将与该法律规定制定以前或以后按照第 66 条公布的协定相抵触，应不予适用"；第 66 条规定"公布协定的原则，应在法律中予以规定。协定经公布后对任何人都有拘束力"；第 60 条第 3 款规定"法院无权判定协定是否符合宪法"；第 63 条规定"协定的内容得背离本宪法的某些规定，如果国际法秩序的发展要求这样的话。在这种情况下，除非经两院各以三分之二多数表决通过，国会不得对协定予以认可"。李浩培：《条约法概论》，法律出版社 1987 年版，第 400－401 页。

② 李浩培：《条约法概论》，法律出版社 1987 年版，第 400－401 页。

③ 莫纪宏：《国际人权公约与中国》，世界知识出版社 2005 年版，第 213 页。

④ 程雪阳："荷兰为何拒绝违宪审查——基于历史的考察和反思"，载《环球法律评论》2012年第 4 期，第 31 页。

经历了数次修改，但条约在宪法上的地位及效力始终如一。条约之所以能够以直接适用的方式一直存续，宪法提供的两种保障手段功不可没。首先，宪法确立了条约与宪法一样都具有高级法的地位，条约的地位甚至高于宪法。其次，为了保证条约直接适用的效力，1953 年在宪法修改中增加了一个新条款①（第 94 条），确立了"违背条约的国内立法不得实施"的原则，就是说法院能够在个案裁判中通过审查国内立法是否与条约相符的方式，在司法实践中实现条约的优越地位。

### 三、条约具有等同于宪法的位阶

（一）美国

1. 联邦宪法中的"最高效力"条款

《美国宪法》第 6 条确认了条约具有"最高法"的地位。② 美国国内一些学者，如路易斯·亨金教授认为，条约的"最高法"地位表明条约优于联邦法律，因而它的适用并不要求立法机关的转化行动，行政机关无权单独作出阻碍条约地位的其他行为，如附加在条约批准中的非自动执行的声明，就是对宪法规定的条约制度的破坏，也违背了制宪者制宪时的宪法原意，③ 因为条约是否是自动执行的问题应该在与外国缔约谈判的过程中确定，不应当事后由总统和参议院以附加条件的方式作出单方面的声明。但在美国立法机关和司法机关的理解中，条约的"最高法"地位并不是等于宪法，而是低于宪法，跟联邦法律具有相同地位，高于各州的法律。④ 条约的"最高效力"条款并不意味着限制了缔约机关有控制条约国内效力的意图，相反，它仅表明

---

① 《荷兰宪法》第 94 条规定："如果荷兰王国的一项国内立法与对所有人都具有普遍拘束力的国际条约或者国际组织的决定相冲突，该项立法不得实施。"程雪阳："荷兰为何拒绝违宪审查——基于历史的考察和反思"，载《环球法律评论》2012 年第 4 期，第 22 页。

② 此处的分类是从宪法规范的层面，《美国宪法》第 6 条的立法原意和字面意思，都清楚地表明条约在美国具有等同于宪法的位阶，与之后的论述观点并不矛盾。

③ Louis Henkin, U. S. Ratification of Human Rights Conventions: The Ghost of Senator Bricker, The American Journal of International law, Vol. 89, No. 2, Apr., 1995, p. 346.

④ Curtis A. Bradley, Jack L. Goldsmith, Treaties, Human Rights, and Conditional Consent, University of Pennsylvania Law Review, Vol. 149, No. 2, Dec., 2000, p. 447.

制宪者希望通过政府行使缔约权来阻止美国各州违反条约的情况。[①] 条约
"最高效力"条款的真正含义，就是为了促使各州的立法行为或行政行为符
合联邦政府缔结的条约，这一条款不具有限制联邦政府决定国内法是否符
合条约的裁量权的功能。因此，条约在美国宪法中的地位取决于联邦政府
和参议院的意志，这属于政府可裁量的事项，不支持条约"最高效力"的
学者认为它没有违背美国联邦宪法。

　　缔约权必然地要受到国会和总统立法权限、范围以及各州立法、其他联
邦法律的影响，"最高效力"条款的运作仅是对联邦立法权的一种限制，[②] 它
并不因此具有真正的最高地位。柯蒂斯·布拉德利教授从三个方面证明"最
高效力"条款并不符合美国实际。一是按照"最高效力"条款，美国联邦法
律和条约一样都是美国的最高法，但国会通常作的解释是联邦法律不能优于
各州的法律；后法不能优于前法，后法不能使前法无效；联邦法律也不能为
个人权利保护创设救济的基本依据。二是尽管行政协定具有与条约相同的地
位，也被视为最高法，但普遍接受的观点是国会和总统有决定行政协定是自
动执行还是非自动执行的裁量权。[③] 三是并不是所有的条约都是自动执行
的。[④] 从 1829 年的"福斯特诉尼尔森"案以来，美国的司法实践习惯于将条
约区分为"自动执行"（self - executing）和"非自动执行"（non self -
executing）两种，只有自动执行条约才能在美国法院直接适用，而非自动执
行条约必须由国会的立法转化后才能在法院适用和执行。美国宪法最初的文
义和原意均主张一元论和条约的直接吸纳模式，但事实是它更加看重美国的
主权和独立，因而就有了背离条约最高法地位的做法，其国内法院又是此种
"违宪实践"的有力支持者。

　　① John C. Yoo, Treaty and Public Lawmaking: A Textual and Structural Defense of Non - Self -
Execution, Columbia Law Review, Vol. 99, No. 8, 1999, p. 2218.

　　② Curtis A. Bradley, The Juvenile Death Penalty and International Law, Duke Law Journal, Vol. 52,
No. 3, Dec., 2002, p. 545.

　　③ Curtis A. Bradley, Jack L. Goldsmith, Treaties, Human Rights, and Conditional Consent,
University of Pennsylvania Law Review, Vol. 149, No. 2, Dec., 2000, p. 447.

　　④ Terlinden v. Ames 184 U. S. 270, 288, 1902; Foster v. Neilson, 27 U. S. (2 Pet.) 253, 314,
1829.

条约在美国国内法中的地位一直是热议的话题。① 尽管有些观点认为，"国际条约是美国法的一部分"。② 1829 年 Foster v. Neilson 案的判决中，首席大法官马歇尔认为，条约本质上是国家间的契约，而不是立法，因而它不能自动地在国内产生普遍效力；条约需要国内有权机关加以转化适用。此外，1938 年 Erie Railroad Co. v. Tompkins 案的判决认为，联邦最高法院对哪些条约可以纳入联邦法律有权保留，实际上也是对"本国之法律"的观点提出质疑。在美国，条约不可能完全是"自动执行"的，也不可能完全纳入"本国之法律"并具有最高地位。条约适用中的多数情形是由国会制定执行性立法，而且条约不能撤销与其不一致的国会立法，③ 条约并不具有"最高法"的地位和效力。最近几年的法院判决也有所说明，包括联邦最高法院在 2004 年的 Sosa v. Alvarez-Machain 案认为在某些特定条件下，法院仅在狭窄的范围内承认国际规范构成联邦法律；④ 2008 年 Medellin v. Texas 案，似乎已经推翻了《美国宪法》第 6 条的字面含义。⑤ 正如路易斯·亨金教授所说，法律与条约相平等已不是立宪者实现的意图，因为在《美国宪法》第 6 条中，没有任何迹象表明立宪者认为条约与美国法律是平等的。⑥ 联邦最高法院已经在若干场合确认了与国际条约义务不符的国会立法，而国际条约的地位通常被认为低于宪法，它们被认为在美国法律中具有与国会立法的相同地位，并因此而优越于国会此前颁布的法律。因此，假设某一国际条约义务与某一法律发生冲突，无论是"后法优于前法"

① See, e. g., The supreme court, 2004 Term Comment: The Debate over Foreign Law in Roper v. Simmons, 119 HARV. L. REV. 103, 2005.

② The Paquete Habana, 175 U. S. 677, 700, 1900; see also Louis Henkin, International Law as Law in the United States, 82 MICH. L. REV. 1555－56, 1984.

③ John T. Parry. Congress, The Supremacy Clause, and the Implementation of Treaties. Fordham International Law Journal. 2008: 1322.

④ Federal Jurisdiction. Status of International Law. First Circuit Holds That Customary International Law Does Not Obligate the United States to Grant the Presidential Vote to Puerto Rican Residents. Igartúa－de la Rosa v. United States (Igartúa III), 417 F. 3d 145 (1st Cir. 2005) (En banc). Harvard Law Review, Vol. 119, No. 5, Mar., 2006, p. 1622.

⑤ Sarah Elizabeth Nokes: Redefining the Supremacy Clause in the Global Age: Reconciling Medellin With Original Intent. Publications Council of the College of William and Mary William & Mary Bill of Rights Journal. March, 2011: 829.

⑥ ［美］路易斯·亨金：《宪政·民主·对外事务》，邓正来译，三联书店 1996 年版，第 93 页。

还是"特别法优于普通法"的原则都可以视情况而适用。①

2. 非自动执行条约的宪法地位

在确定非自动执行条约宪法地位的问题上，Medellin 案是自"福斯特诉尼尔森案"之后一个具有标志性、典型性的判决，主要解决了国际法院判决（Internation Court of Justice Judgment，以下简称 ICJ 判决）能否在国内法院直接适用的问题。该案法官运用了不同于以往判例的方法——文本解释方法，首先否定了 ICJ 判决的直接适用性，其次又谈到了自动执行条约与非自动执行条约的区分方法。但是，该案判决对于非自动执行条约的宪法地位这个问题的解释是模糊不清的，同时，法院似乎明显不同意某些学者的观点，这种观点认为非自动执行条约没能提供私人诉讼权利的条款，因而只有在案件诉讼理由不充分的情况下，它才能被法院援引，例如，在犯罪案件中辩护时可以援引，或者当某一法律已经提供了普遍的诉讼理由时也可以援引。② Medellin 案的法官认为，非自动执行条约自身是不能在国内法院促使或者敦促联邦法律作为适用依据的。③ 然而，这一观点却没有回答以下两个问题：（1）是否能够简单地断定非自动执行条约不具有司法适用性；（2）是否能够认为非自动执行条约缺乏国内法的地位。这一观点有法院许多陈述意见的支持：在脚注中援引法院关于自动执行的论证时，将非自动执行条约与缺乏国内法地位等同；④ 而且包含着将非自动执行条约与缺乏国内司法适

---

① ［德］彼得斯曼：《国际经济法的宪法功能与宪法问题》，何志鹏等译，高等教育出版社 2004 年版，第 398 页。

② Compare Jogi v. Voges, 480 F. 3d 822, 7th Cir. 2007 (allowing the cause of action), with De Los Santos Mora v. New York, 524 F. 3d 183, 2d Cir. 2008 (not allowing the cause of action), and Cornejo v. County of San Diego, 504 F. 3d 853, 9th Cir. 2007 (same).

③ Medellín v. Texas, 128 S. Ct. 1346, 2008, at 1356.

④ Medellín v. Texas, 128 S. Ct. 1346, 2008, at 1356. ("This Court has long recognized the distinction between treaties that automatically have effect as domestic law, and those that while they constitute international law commitments? Do not by themselves function as binding federal law.") (emphasis added); ("What we mean by 'self - executing' is that the treaty has automatic domestic effect as federal law upon ratification. Conversely, a 'non - self - executing' treaty does not by itself give rise to domestically enforceable federal law."); at 1365 ("[T]he particular treaty obligations on which Medellin relies do not of their own force create domestic law.").

用等同；① 以及法院判断自动执行条约的标准集中于条约在"国内法院的直接效力"方面。② 法院不能很好地明确非自动执行条约的地位是可能的，因为从司法角度看，法院仅考虑国内法的司法适用。然而，非自动执行条约的地位在某些背景下是可以确定的，例如，行政机关采取措施执行非自动执行条约而无须宪法或者联邦法律的立法辅助。在 Medellin 案中，法官不允许行政机关（总统）采取措施建立对法院有拘束力的决定规则，因为行政机关是否可以执行或者遵守一个非自动执行条约仍然存在争论。

如果法院在 Medellin 案的判决中作一个更宽泛的解释，认为非自动执行条约不具有国内法上的地位，这将会引起与《美国宪法》第 6 条最高效力条款之间的不易调和的矛盾。在美国，并不是所有的最高法都具有司法适用性，在对待条约问题上，如果简单地认为条约是美国的最高法，或者条约非自动执行条约不具有国内法上的地位，这两个结论都是有缺陷的。此外，如果根据最高效力条款解释美国缔约者有权力缔结产生国际法律义务的条约，同时该条约可能不具有国内法上的适用效力，这类有争议的观点法院没有特别说明。不过，Medellin 案的判决还是对非自动执行条约的地位作了狭窄的解释。法院明确，不能排除总统采取措施执行非自动执行条约，只是在该案判决中不允许总统单独缔结对国内法院有拘束力的条约。③ 这个结论与福斯特案判决判断条约自动执行性的方法一致，即非自动执行条约经国会制定拘束法院的规则后，才能执行或者实施。④ 按照此种解释，非自动执行条约具有最高法的地位，但是它不能创建出对法院有拘束力的规则。与此类似，有些宪法性法律，包括行政机关或者财政拨款的授权立法等，也不具有司法适用性，

---

① Id. at 1356 （"Not all international law obligations automatically constitute binding federal law enforceable in United States courts?"）（emphasis added）；Id. （"The question we confront here is whether the Avena judgment has automatic domestic legal effect such that the judgment of its own force applies in state and federal courts. "）（emphasis at end added）；Id. at 1361 （"The pertinent international agreements, therefore, do not provide for imple mentation of ICJ judgments through direct enforcement in domestic courts······"）（emphasis added）.

② Id. at 1358 （stating that Article 94 of the UN Charter is not self - executing because it is not such a directive）.

③ Medellín v. Texas, 128 S. Ct. 1346, 2008, p. 1371.

④ Foster v. Neilson, 27 U. S. 253, 1829, p. 314.

不能直接在法院加以实施或者执行，但是它们仍旧是美国最高法的一部分。①

（二）英国

英国固守"二元论"，即宪法与条约是两个不同的法律体系，但这并没有影响在某些领域中条约的优先地位。尽管它没有成文宪法，在国内法与条约的关系上，仍旧可以通过议会立法来确定条约的宪法地位。如在适用欧盟法、《欧洲人权公约》问题上，1972 年《欧洲共同体法》肯定了共同体条约的直接效力和最高效力原则；1998 年《英国人权法》确认了法院能否依据条约审查议会法律的机制，就是说，议会立法必须与共同体条约、欧洲人权公约规定相符，如果两者抵触以条约为准。通过立法转化的方式，英国事实上确立了欧洲范围内的条约高于法律的实践，也因此获得了类似宪法的地位。在条约适用上，受二元论的影响，英国实践中坚守国际法与国内法是分离的两个法律体系。条约的缔结由内阁首相代表英国签订，根据议会主权原则，条约并不能直接纳入国内法。英国所缔结的条约仅具有国际法上的约束效力，而对于英国国内而言，条约既不能为议会、政府设定义务，个人也不能依照共同体条约提起诉讼。在英国加入欧共体之前，议会制定的法律优于条约，而且如果议会制定的法律与条约的内容相抵触，法院将适用议会的法律。②这种情况随着 1953 年《欧洲人权公约》和 1973 年《欧洲共同体条约》的生效，英国对条约适用及执行发生了转变。

1. 1972 年《欧洲共同体法》

按照英国的议会主权原则，议会立法具有绝对权威，但《欧洲共同体条约》的条款明文规定了条约在成员国具有直接效力，③后来欧洲法院通过案件判决④确立了共同体条约的最高效力。英国要加入欧共体，就必须接受欧

① Curtis A. Bradley, Intent, Presumptions, and Non – Self – Executing Treaties, The American Journal of International Law, Vol. 102, No. 3, Jul. , 2008, p. 550.

② ［英］W. Ivor. 詹宁斯：《法与宪法》，龚祥瑞、侯建译，生活·读书·新知三联书店 1997 年版，第 119 页。

③ 《欧共体条约》第 249 条（原第 189 条）规定：为了完成它们的任务并在本条约规定的条件下，欧洲议会应与理事会联合，理事会和委员会制定规则和发出指令，作出决定、提出建议或发表意见。规则，具有普遍适用性质，它具有总体约束力并直接适用于所有成员国。指令，所要达到的结果对任何被针对的成员国具有约束力，但在形式和方法方面则由各该本国机构选择。决定，对它所针对的各方具有总体约束力。建议和意见没有约束力。

④ Costav. ENEL [1964] CMLR 425, 6/64; Amministrazione delle Finanze dello Statov.

共体条约、规则、指令的直接效力和最高效力原则，议会立法也必须与共同体条约保持一致。从 20 世纪 60 年代初，英国就开始进行加入欧共体的谈判，为此英国于 1972 年制定了《欧洲共同体法》，1973 年 1 月 1 日英国正式成为欧共体成员国。英国通过议会立法明确"直接适用共同体法"的方式将欧共体条约纳入国内法律体系。《欧洲共同体法》第 2 条第 1 款规定，欧共体制定的全部法律在英国国内具有直接效力；同时，该法第 2 条第 4 款规定法院应尽可能将议会法律解释得与条约一致。归因于欧共体条约的适用，英国的二元论下"议会立法优于条约"的传统发生改变，既影响了英国议会立法的效力，也改变了英国的法律解释体制，法院能够依据条约解释法律。但加入欧共体的很多年里，法院一直回避审查议会立法，援引条约不被法官重视。例如，1979 年在 Malone v. Metropoltan Police Commissioner 案中，原告 Malone 被控犯有接赃罪，而警方在侦查中曾通过邮政局偷录了他的电话，于是 Malone 请求法院宣告警方的偷录电话行为违法，销毁记录，并赔偿损失。法院指出行政机关偷录电话无法律根据，也就是说它并不违法，判决原告败诉。在审理中，Malone 的律师援引 1950 年的《欧洲人权公约》，认为偷听电话触犯了公约第 8 条的规定，尽管公约还不是英国的法律，但英国已经签署了该公约，英国法院在解释议会立法的时候，应尽可能地将其解释得符合公约。而法院认为，原告 Malone 依据公约使权利获得救济，应当是欧洲人权委员会和欧洲人权法院的职责，不应由英国法院审理，因为英国法院只是执行英国的议会立法，法院有权解释一个目的在于使英国履行公约义务的议会立法，而《欧洲人权公约》并没有经议会立法的转化，它不会做这样的解释。① 直到 1990 年的 Factortame 案②，法院认为对原告申请在北海捕鱼资格进行限制的《商船条例》与欧共体条约的规定不一致，作出了有利于原告的判决，宣告《商船条例》不予适用。这个案件通过法院解释澄清了欧共体条约在英国

---

① 黄金鸿：《英国人权 60 案》，中国政法大学出版社 2011 年版，第 106 – 110 页。

② Factortame 是一家在英国登记的渔业公司，其股东和董事多数是西班牙人。根据英国 1894 年《商船管理条例》的规定，允许外国船只在英国登记，获得在英国海域捕捞的权利。到 20 世纪 90 年代，为了限制"外国"船只在英国海域捕捞，1988 年的《商船条例》则要求全部船只要重新进行登记，并改变登记条件，要求股东和管理层具备比原来高得多的英国身份。结果，西班牙船只一无符合条件。由此，几位西班牙的船主向英国地方法院提起诉讼。引自江国华、吴展："英国宪法的成文化与其司法审查的可能转型"，载《湖南科技大学学报（社会科学版）》2011 年第 5 期，第 128 页。

国内的宪法地位，即欧共体条约在英国国内的最高性得到了保障。同时，对于共同体机关制定的次级立法——指令，如果经欧洲法院的判决认为英国法律的某些条款规定没有履行欧共体的指令时，议会就必须根据该指令履行适当和及时修改议会立法的义务。法院通过个案适用和解释欧共体条约，欧共体条约被置于高于议会立法的地位，也就是说欧共体条约与宪法地位相同，法院也因此具有了类似美国、德国对法律进行审查的权力。

2. 1998 年《英国人权法》

1972 年《欧洲共同体法》是一个分水岭，尽管之前法院无权审查议会法律，但加入欧共体条约就是自愿接受条约的最高效力，而暗含了对议会主权的限制。通过 1972 年《欧洲共同体法》的立法转化，英国从总体上解决了欧共体条约与英国国内立法的关系，但《欧洲共同体法》没有明确规定法院是否有权审查议会立法，以及法院能否拒绝适用与欧共体法相抵触的法律的问题，而且由于共同体条约本身缺乏对人权的保障，也使英国没有完全解决条约的适用问题，条约在英国国内具有最高地位及司法适用的领域是狭窄的。在《欧洲人权公约》并入英国国内法体系之前，1998 年《欧洲人权公约》第 11 议定书的生效，使得英国政府成为欧洲人权法院被告的机会增多，大多数案件又都是政府败诉，① 这促使当时的布莱尔政府积极推进改革，希望将《欧洲人权公约》纳入本国制定的法律。这样的结果显而易见，英国公民能用本国法保护《欧洲人权公约》中规定的公民权利和自由，那将大大降低英国政府被诉的机会及败诉的可能性。2000 年 10 月 2 日《英国人权法》（1998）在英国正式生效，它将《欧洲人权公约》中的许多权利和自由的条款纳入该法，扩大了英国适用条约的领域和范围，进一步确认了法院"依据条约解释法律"的机制，并使法院审查议会立法的权力有所扩张。《英国人权法》的第 3 条②和第

---

① 截至 2000 年 6 月 30 日，欧洲人权法院共受理 115 个英国案件，其中判决 101 件违反了公约的有关条款。转引自尤雪云："英国《1998 年人权法》"，载《人权》2002 年第 3 期，第 49 页。

② 1998 年《英国人权法》第 4 条规定："（1）应尽可能将对基本法和附属法的解释和效力与公约规定的权利保持一致；（2）本条（a）适用于任何时候颁布的基本法之效力、继续适用或执行；（b）不影响任何附属法的效力、继续适用或执行；（c）不影响任何附属法的效力、继续适用或执行如果（不考虑任何废除的可能）基本法不禁止不一致的存在。"参见梁淑英、英列译："英国 1998 年人权法案"，载《环球法律评论》2002 年秋季号。

4 条①就是"法院依据条约解释法律"这一机制的有力说明。该法第 3 条要求法院在解释议会立法时尽可能地与《欧洲人权公约》规定保持一致，实际上赋予了法院审查议会立法的权力；该法第 4 条则规定如果通过解释议会法律仍旧不符合《欧洲人权公约》的要求，那么法院对议会立法可以作出"不一致宣告"②，这一规定意味着《英国人权法》具有了与宪法相同的位阶，《欧洲人权公约》的最高地位得以确立。依据《英国人权法》第 4 条，法院在作出"不一致宣告"后，议会可能会作出如下几种处理：一是议会修改法律。例如，2002 年联合王国政府诉伦敦东北区精神健康复审裁判所案、2003 年联合王国政府诉内政大臣案、2003 年贝林杰诉贝林杰案；③ 二是议会废除法律的某些相关条款。例如，2003 年联合王国政府诉内政大臣案法院作出"不一致宣告"后，议会就废除了《刑事司法法》的相关条款；三是议会在法院审理案件后作出"不一致宣告"前，主动废除相关法律条款。④ 1998 年《人权法》为英国建立了一种条约国内适用的司法解释规则，基于此项规定，法院获得了解释议会任何基本法律和附属法律的权力。该法第 3 条和第 4 条的重要意义在于，英国法院通过个案解释条约的路径，一方面促进了立法机关及时修改、废除及解释法律以便履行条约义务，另一方面破解了条约在国内司

---

① 1998 年《英国人权法》第 4 条规定："（1）第（2）款适用于法院在任何诉讼中确定一项基本立法的规定是否与公约权利一致。（2）如果法院确定该规定与公约权利不一致，它可以作出不一致的宣告。（3）第（4）款适用于法院在任何诉讼中确定一项根据基本立法所授权制定的附属立法的规定是否与公约权利一致。（4）如果法院确认以下情形，可以发表不一致的宣告：（a）某项规定与公约权利不一致，和（b）某项（不虑及任何废除的可能）基本立法禁止对不一致的废除。（5）本条所称'法院'意指：（a）上议院；（b）枢密院司法委员会；（c）军事法院的上诉法院；（d）苏格兰高等刑事法院（并非初级法院），或高等民事法院；（e）在英格兰、威尔士和北爱尔兰，高等法院或上诉法院；（6）本条中的宣告（'不一致宣告'）：（a）不影响法律规定的效力，得继续适用或执行；和（b）不拘束诉讼当事人。"参见芦雪峰：《英国 1998 年〈人权法案〉研究》，中国政法大学 2006 年博士学位论文，第 110 页。

② 国内对于《英国人权法》第 4 条中的"incompatibility declaration"的中文表述不尽一致，有的用"不一致声明"，有的用"不一致宣告"，有的用"抵触宣告"等。本文用"不一致宣告"。

③ R (on the application of H) v. London North and East Region Mental Health Review Tribunal（［2002］Q. B. 1.）；R (on the application of International Transport Roth Gmbh) v. Secretary of State for the Home Department,（［2003］Q. B. 728）；Bellinger v. Bellinger（［2003］2 A. C. 467）.

④ R (on the application of Anderson) v. Secretary of State for the Home Department, exparte Anderson,（［2003］1 W. L. R. 1315）；R (on the application of Wilkinson) v. Inland Revenue Commissioners（［2002］STC 347, ［2005］UKHI. 30, ［2005］1 WLR 1718 87, 11）.

法适用的难题。

## 四、条约具有低于宪法高于法律的位阶

采取这一立场的国家一般都更看重国家主权，认为宪法的效力是最高的，条约在宪法之下。按照《德国基本法》第25条①，条约构成联邦法的一部分，其效力优于国内法。为了保证条约在国内的适用，《德国基本法》第100条第2款②赋予联邦宪法法院在个案诉讼中，有权对条约的规定是否依据《德国基本法》第25条构成了联邦法的组成部分，以及是否为个人设定了权利和义务问题进行审查并作出裁决。《德国基本法》第25条规定了接纳条约的方式和立场，被认为是条约宪法地位的实体条款，而第100条第2款的规定被认为是"规范核实条款"或者"规范鉴别条款"，其作用是确定国际法规范是否能在国内适用，以及国际法规范是否能够成为联邦法的组成部分。③在确认国际法规范的效力方面，联邦宪法法院有权审查条约是否与基本法相符，如果经审查发现条约违反了基本法的规定，那么条约将被判定无效，不能在法院适用，④经联邦宪法法院的裁判，条约因而具有低于基本法、高于法律的地位。德国实践中没有单纯采纳一元论的模式，而是兼有二元论的立法转化模式。《德国基本法》第59条第2款规范了条约批准程序的意义，因为它有利于国内法的稳定性，经立法转化而发生效力的条约就与国内法具有相同地位。这样，《德国基本法》通过第59条第2款的条约批准程序将条约纳入符合"宪法秩序体系"的组成部分。⑤依据《德国基本法》第59条第2款经联邦议会同意的融入德国国内法的"调整联邦政治关系的或者与联邦立法有关的条约"，具有转化性法案具有的国内地位，即高于联邦议会的立法。

---

① 《德国基本法》第25条规定："国际法之一般规则构成联邦法律之一部分。此等规定之效力在法律上，并对联邦领土内居民直接发生权利义务。"

② 《德国基本法》第100条第2款规定："诉讼进行中如关于国际法规则是否构成联邦法律一部分及其是否对个人产生直接权利义务（本基本法第二十五条）发生疑义时，法院应请联邦宪法法院审判之"。

③ ［德］克劳斯·施莱希、斯特凡·科里奥特：《德国联邦宪法法院：地位、程序与裁判》，刘飞译，法律出版社2007年版，第184页。

④ 李浩培：《条约法概论》，法律出版社1987年版，第395页。

⑤ ［德］沃尔夫刚·格拉夫·魏智通：《国际法（第2版）》，吴越、毛晓飞译，法律出版社2002年版，第125页。

按照后法优于前法的原则，通过联邦议会立法转化的国际条约优越于此前存在的立法；它们也可能按照特别法优于普通法的原则优越于随后颁布的立法，因为按照基本法必须假定的是：立法者无意单方面推翻国际条约义务，也无意取消国际条约的国内效力。① 对于立法机关来说，立法活动只受宪法的制约，议会享有无限制的立法自由，这就是说理论上联邦议会立法权不受条约的影响，它可以制定与条约内容冲突的法律。但联邦各州的立法机关不具备此种权力，因为条约已经被转换成国内立法，如果州制定的法律违背了由条约转化的国内法，意味着州法自始无效。对于行政机关来说，不管是其执行内政事务还是外交事务，都要受到国际条约标准的约束。在内政事务方面，行政机关直接适用条约的规定，必须确保条约条款的可适用性②，如果不具备可适用性，则不能按照条约执行。此外，行政机关直接适用已经转化为国内法的条约，如果是干预性行政行为，要受到宪法保留的制约；③ 如果是给付行政行为则推定行政机关已得到了法律的授权。因此，对行政机关直接适用条约的宪法限制起到了过滤条约规范的作用，也进一步确认了条约的地位低于宪法。法院作为法律执行机关只服从于"法律和法"，因而法院既有权利也有义务适用条约，前提是条约必须具备可适用性。法院直接适用的条约的范围包括直接涉及基本人权的条约、国家利益的条约（如外交条约）以及国际法主体地位的条约。④

1958 年《法国宪法》中明文规定了条约的优位地位，其效力高于法律。⑤ 并且，条约经法律予以批准或核准后还能够修改国内法。条约的优先地位的确立具体地体现在解决条约与国内法律冲突的问题上。例如，《法国

---

① ［德］彼得斯曼：《国际经济法的宪法功能与宪法问题》，高等教育出版社 2004 年版，第460 页。

② 条约的可适用性指的是条约规范要有明确的内容，而且在内容上和结构上要适合国内法律适用。

③ 按照《德国基本法》第 2 条第 1 款，任何行政活动如果干预个人的行为自由，必须获得法律的授权。

④ ［德］沃尔夫刚·格拉夫·魏智通：《国际法（第 2 版）》，吴越、毛晓飞译，法律出版社2002 年版，第 189－193 页。

⑤ 《法国宪法》第 55 条规定"依法批准或通过的条约或协定一经公布，具有高于法律的效力，但对于每一条约或协定，但以他方适用各该协议或条约为条件"。

宪法》第55条仅规定了条约自公布后高于法律，但是并没有明确如果条约与公布之前或者公布之后的法律发生冲突的处理方法，也就是说，在发生旧法律与新条约或者新法律与旧条约之间的冲突，并没有规定以何种方法保证条约的优越地位。对于旧法律与新条约之间的冲突，按照新法优于旧法的原则，条约具有当然的优越地位；而对于新法律与旧条约之间的法律冲突，如果仍旧依照上述"新法优于旧法"的原则，那么将无法确保条约的优越地位。从字面上理解，《法国宪法》第55条只明确了条约优先于其公布之时业已有效的法律，但不含有旧条约优于新法律的意思。在宪法条文没有清楚地规定旧条约在任何时候优先于新法律的情况下，20世纪30～70年代，法国法院遵循马特尔检察长的意见，认为与旧条约有抵触的新法律都保留了条约条款的规定，没有妨碍条约的实施，这是采取了一种迂回的方式保证了条约的适用效力。①

条约具有低于宪法高于法律的位阶是目前许多国家的实践，虽然包括日本、美国在内确立了条约优于宪法或者等同于宪法，但却没有没有诸如实践。全球化的趋势和背景下，大多数国家接受的依旧是宪法之下的条约纳入、转化及适用。

## 第二节　条约宪法地位的不同层次：人权条约与非人权条约宪法地位的区分

### 一、人权条约的宪法地位：高于或者等同于宪法

宪法是人权的保障书，人权是宪法的终极价值，因而人权条约的宪法地位具有更高的层次性。就是说，人权条约在国内法上的地位应具有类似宪法的位阶。

第一，国际人权公约所保护的个人权利与宪法权利几乎是一一对应的。

---

① 栗烟涛："法国在司法审判中直接适用条约的问题和经验"，载《欧洲研究》2010年第3期，第137－138页。

人权的国内保护与国际保护，就是宪法规定的宪法权利与国际人权公约规定的个人权利，它们来自共同的人权思想，诸如英国、法国和美国的思想、人物以及他们在 18 世纪后半期的传播，《独立宣言》宣布"人人"都有某些不可转让的权利，宪法原则上保护所有人的这些权利，各国宪法将人权保护思想确立并付诸实践。19 世纪以后，人权思想有了国际化的趋势，法国的《人权和公民权宣言》、美国的《独立宣言》和《人权法案》先是影响了拉丁美洲的人权保护，又影响了 20 世纪中期之后《世界人权宣言》《欧洲人权公约》等多个国际人权公约。[①] 宪法权利与国际人权公约保护的个人权利的一一对应十分明显：美国联邦最高法院确认了宪法第八修正案所包含的"所有人不受酷刑和残忍的、不寻常的待遇或者处罚的权利"，《德国基本法》第 1 条规定"人的尊严及不可转让的权利"，直接地反映在《欧洲人权公约》第 3 条"任何人都不应受酷刑或者非人道的或者侮辱性的待遇和处罚"，ICCPR 公约第 7 条规定"任何人均不得加以酷刑或者施以残忍的、不人道的或者侮辱性的待遇或者刑罚"，以及包括 CAT 公约更详细地规定了防止及惩治"酷刑"的原则与程序。再如，美国宪法修正案的"平等保护"，《德国基本法》第 2 条和第 3 条"人人享有生命和自由权""法律面前的平等及不受歧视的权利"等规定，这些对人身自由的保护直接地被《世界人权宣言》第 10 条吸收，该条规定"人人完全平等地有权由一个独立而无偏倚的法庭进行公正的和公开的审讯，以确定他的权利和义务并判定对他提出的任何刑事指控"。《世界人权宣言》的这一规定被之后的 ICCPR 公约第 14 条（1）以及《欧洲人权公约》第 8 条、第 25 条吸收。尽管美国宪法中没有公民权、政治权和经济、社会、文化权利的划分，事实上美国宪法中"正当程序条款"就包含了 ICESC 公约中的"劳动权"，它属于自由权的范畴；美国宪法中的"结社自由"的规定包含了 ICESC 公约中的"加入工会的权利"。宪法权利和国际人权公约规定的个人权利的直接对应关系，反映了人权公约的宪法特征，主要是宪法的国际化、全球化的特征，两者的互动、交融为各国接纳国际人权公

---

① ［美］路易斯·亨金：《宪政与权利》，郑戈等译，三联书店 1996 年版，第 17 页。

约、确立它们具有类似宪法的地位奠定了直接基础。

第二，国际人权公约的人权保护义务直接约束缔约国政府，此种约束具有了宪法权利对抗公权力的特征。国家与个人之间就权利的法律限制及其对公民权利的反向限制，即个人权利保护与公权力限制是宪法固有的关系。国家对于个人权利的不同保障模式，体现在作为消极权利的公民权、政治权和作为积极权利的经济、社会、文化权利的划分方面，国际人权两公约完全按照宪法对权利的两种保障模式：ICCPR 公约是更多地从国家不作为的消极方面，要求缔约国政府履行人权保护义务的"即刻性"；ICESC 公约更多是要求国家积极作为，各国仍需根据国情、经济发展而决定履行人权保护义务的承诺，因而是一种"渐进的"公约义务。从更深层次的角度看，ICCPR 公约集中和完整地反映着宪法的人权保护价值观，借助于司法救济的模式，保护个人权利免受公权力的侵害。美国一直以来的宪法理论：成文宪法、人权法案、违宪审查和宪法原则、规范至上的思想只有存在独立于政治权威机构的保障，并且政治权威机构的行为还必须在接受审查的时候才是真实的。[①] 国际人权公约希望缔约国建立司法保障的权利救济模式的意图是明显的，ICCPR 公约第 2 条第 3 款（乙）规定"保证任何要求权利补救的人能由合格的司法判定……并发展司法补救的可能性"；依据《欧洲人权公约》而设立的欧洲人权法院是第一个专门为保障权利司法救济践行的国际人权保护模式。各国宪法实践建立的违宪审查制度与国际人权公约建立个人权利的司法救济意图相契合。无论是从宪法还是从 ICCPR 公约或者其他国际人权公约来看，制定者均认为个人权利的最大侵害来自公权力机关和政治权威，因而个人权利保护的一个基本内容就是反对绝对的民主和绝对的议会至上。[②] 美国的违宪审查存在于整个司法体系，它与一般司法管辖并无区分，无论何种性质的争议都以同样的程序由同一法院裁决，任何案件都可能出现宪法问题，却并无特殊对待；而欧陆国家的宪法争议，没有吸收美国模式，它们要么确立有"行政诉讼"，要么确立有"宪法诉讼"，把案件涉及的问题进行区分，诸如

---

① ［美］路易斯·亨金：《宪政与权利》，郑戈等译，三联书店 1996 年版，第 30 页。
② ［美］路易斯·亨金：《宪政与权利》，郑戈等译，三联书店 1996 年版，第 5 页。

区分行政的、刑事的、民事的、商事的、社会的案件，再由不同的法院分别审理和裁判，宪法问题由专门的法院裁决，德国、奥地利、意大利、西班牙、法国的普通法院无权裁决宪法争议。各国个人权利救济的形式各异，违宪审查制度都带有司法的案件性特征。

第三，有些国家法院能够依据人权公约审查国内立法，或者参照人权公约的规定解释国内法律。一些国家通过批准人权条约承认其与国内宪法具有相同地位，事实上提供了依据人权条约审查和解释国内立法的可能机会。根据 1983 年修订的《奥地利联邦宪法性法律》第 44 条第 1 款和第 50 条，通过任何宪法性法律或者普通法律所包含的条款，必须至少有半数的议员出席并获得 2/3 多数票同意，否则不能进行；如果内容涉及修改或增补法律的政治性的条约，必须经过国民议会的批准后才能签订。如果存在某政治性条约对宪法条款的修改，必须适用该法第 44 条第 1 款的规定。因此，在奥地利，批准政治性条约实际上属于修改宪法的行为，在此情况下，条约与宪法的地位等同。那么，经过奥地利议会批准的人权条约就与奥地利宪法具有相同的法律效力。人权条约在某些国家并不都是获得了类似于宪法的地位。某些国家为了突出人权条约在国内法律体系中的地位，它们虽然没有使人权条约获得与宪法相同的地位，但将人权条约置于低于宪法高于法律的位阶，如法国，其议会批准的人权条约必须经由宪法委员会事先进行合宪性审查。再如，挪威法律明文规定《欧洲人权公约》以及第一、第四、第六及第七任择议定书，ICCPR 公约第一与第二任择议定书，以及 ICESC 公约将作为挪威法律的一部分，在国内直接发生效力。[①]

此外，还包括长期奉行"议会至上"的英国。1953 年《欧洲人权条约》生效后，它并不是英国法律的一部分，公约确认的权利在英国也不具有强制执行的效力，加之英国宪法体制中不具有美国、德国或法国模式下的对议会法律的违宪审查制度，国内外对英国的权利保障饱受非议。1998 年之后，英国国内就宪政体制改革进行了长期而反复的辩论，确立了对议会立法的有限

---

① 莫纪宏：《国际人权公约与中国》，世界知识出版社 2005 年版，第 216－217 页。

审查制度。依据 1998 年《英国人权法》第三章、第四章的规定，法院应当尽量将议会立法解释得与公约权利相一致，如果通过解释国内立法仍旧与公约权利抵触，法院就可以对违反《欧洲人权公约》的国内立法发布抵触宣告，因而《英国人权法》实际获得了与宪法相同的地位。

## 二、区分人权条约与非人权条约宪法地位的意义

在司法适用的实践中，必须考虑人权条约条款与一般国际法不同的特殊性，它构成制宪、修宪的界限，应具有宪法相同或低于宪法高于法律的地位。据此，人权条约的人权保护义务条款的国内解释应有两种：依据条约解释法律、审查法律；依据宪法解释条约、审查条约。

区分两种条约的类型的意义在于说明人权条约具有更强的司法适用性，它有两个理论基础：一个是人权自身所具有的普遍性的本质，即它不是缔约国之间的权利义务的契约，本质上是一国政府承诺给予个人权利和自由的书面协议，目的是保护个人自由，而不论该个人是处在哪个政府或主权者的管辖之下。另一个是人权条约不同于一般的国际条约，它不属于一般性的经济和贸易条约，也不是一般的政治性条约，人权条约调整的是国家与其管辖之下的个人和团体之间的关系，主要是为了实现个人权利保护，而不像国际法大多数条约的内容在于保护缔约国之间的契约利益。①

人权条约较之于其他条约具有可在国内法院直接适用的特点，表现在：第一，司法适用的基础。人权条约不同于一般国际法，条约人权义务条款具有更强的个体性、强制性特征。国际法的主体理论的变化在于个人可以负担国际责任；个人权利的保护成为条约人权义务条款的核心，而且获得了更多的强制执行力的保障。第二，国内法上的地位。人权义务条款的强行性，使它成为缔约国制宪时必须考虑的因素；人权义务条款的内容与各国宪法基本权利的同一性，构成缔约国修宪时不能删减的内容。正是因为人权义务条款构成了缔约国制宪、修宪的界限，这些条款在国内法上至少具有高于法律的

---

① 李薇薇："《公民权利和政治权利国际公约》适用于香港的法理依据"，载《法学杂志》2012年第 4 期，第 105、109 页。

位阶。第三，司法实践中解释的运用。在人权义务条款的司法适用中，不管直接适用还是转化适用，都可能遇到国内法与条约、国内法与转化的立法之间产生的冲突，运用解释的方法进行选择判断是必要的。如果条约义务条款与宪法地位相同，就是依据条约或转化的立法解释其他立法、审查其他立法，欧盟、英国都属于这种情况；如果人权条约义务条款具有低于宪法高于法律的位阶，就是依据宪法解释条约、审查条约，我国属于此种情况。在解释的主体方面，既可以由司法机关作出解释，如法国、英国、美国；也可以由立法机关作出解释，如我国全国人大常委会作出解释。

# 第三节　条约在我国宪法中的地位

各国对条约适用不管采取的是一元论下的整体纳入方式，还是采取的二元论下的转化适用方式，大多数国家对于条约在国内法上的地位，会形成三种实际的状态：第一，与宪法具有相同地位；第二，低于宪法高于法律；第三，与国内法律地位相等。

## 一、目前学界的不同主张

### （一）20世纪80年代的研究

1980年朱奇武在《国际法与国内法的关系》一文中对国际法与国内法关系的理论率先进行了研究，他认为国际法在国内法上的地位包含着两个问题：一是国内法院是否执行国际法；二是如果国际法与国内法发生冲突，国内法如何选择适用判决依据。他介绍了国外对这一问题的三种学说：（1）国内法优先于国际法学说；（2）国内法与国际法是两个自成一体的平行的法律学说；（3）国际法优先于国内法学说。[1]黄炳坤提出宪法与国际法的关系实质上就是国内法与国际法的关系，归纳了两者关系的四种主张：（1）国内法在适用和效力上优先于国际法，即两者发生抵触时适用国内法；（2）国际法优

---

[1]　朱奇武："国际法与国内法的关系"，载《政法论坛》1980年第2期，第52－55页。

先于国内法，两者发生抵触时适用国际法；（3）国内法与国际法是两种不同的法律范畴，各自独立，不相干扰，效力对等，无所谓先后之分。发生问题时，本国法院自然适用国内法，但不排除本国法院在必要时根据一定程序"采用"或"转化"国际法的某些原则；（4）国内法与国际法应互相调剂，而不应互相排斥。① 孙昂、王丽玉认为国际法与国内法的关系主要存在三种学说：（1）优先适用国际法；（2）国际法和国内法具有同等的法律效力；（3）优先适用国内法。②

1982 年《宪法》对条约地位未作明文规定，但 1986 年《民法通则》第 142 条规定的"中华人民共和国缔结或参加的国际条约同本法有不同规定的适用国际条约"表明条约优于普通法律。学者开始注意条约是否优于宪法的问题，例如，孙昂、王丽玉认为《民法通则》所规定的条约在我国优于普通法律，这不意味着条约优于宪法，并解释了理由：首先，宪法是我国的根本法，规定的是我国社会制度和国家制度的根本问题，而条约的内容既有涉及重大原则问题的内容，也有只涉及具体权利义务的内容；其次，宪法是我国的最高法，如果条约优于宪法则损害了宪法的最高性；最后，宪法的修改程序比条约批准的程序严格，宪法的修改由全国人民代表大会以全体代表的 2/3 以上多数通过，而条约的批准只需由全国人大常委会以简单多数通过。③

（二）1990 年以来的研究

自 20 世纪 90 年代开始，学者们将条约的地位、效力作为条约适用的主要方面进行研究。王铁崖认为条约适用的一个基本问题是国际条约在国内法律体系中的地位、效力。④ 学者们首先从理论上比较和借鉴，主要考察了国外的研究情况。例如，李振华在其文章中就将各国的制度归纳为三类：（1）条约与国内法地位平等，如美国；⑤（2）国内法优于条约，如阿根廷规定条约的地

---

① 黄炳坤："我国宪法与国际事务"，载《法学评论》1983 年第 1 期，第 27 - 28 页。
② 孙昂、王丽玉："试论条约的国内法效力"，载《法学评论》1986 年第 5 期，第 80 页。
③ 孙昂、王丽玉："试论条约的国内法效力"，载《法学评论》1986 年第 5 期，第 82 页。
④ 刘爱文："国际法的适用与我国宪法的完善"，载《政治与法律》1996 年第 6 期，第 23 页。
⑤ 关于美国条约在国内的地位，根据对《美国宪法》第 6 条的理解，一些宪法学者认为条约不是与美国国内法地位相同，而是与宪法的地位相同。参见韩大元、林来梵、郑贤君：《宪法学专题研究》，中国人民大学出版社 2004 年版，第 223 页。

位低于宪法和法律；（3）条约优于国内法，如法国、德国、荷兰奉行条约的地位优于国内法的原则。① 万鄂湘、王磊、杨成铭、邓洪武编著的《国际条约法》中认为有四种情况：一是条约的效力高于国内法，如德国、法国；二是条约与国内法的效力相等，如美国；三是规定经过一定的国内立法程序后，条约与国内法具有同等效力；四是条约的效力与国内法的效力被独立看待，只有当在对某一问题的规定上国内法的规定与条约的规定相抵触时，才优先适用国际条约的规定。②

其次对于条约在我国法律体系中的地位、效力问题，尽管《宪法》只规定了全国人大常委会对条约和重要协定的决定批准和废除权（第67条）及国务院的缔约权（第89条），③ 而未规定条约与国内法的关系；但是国际法学者立足于现有的实践对这一问题展开了研究，形成了三种不同的观点：

第一种观点认为，国际条约优于国内法，这是一部分国际法学者所持有的观点。④ 龚瑜通过我国一些基本法律中规定国际条约的优先地位，以及一些专门性法律中"参照条约办理"的规定，认为国际条约优先于国内法。⑤ 赵建文认为在我国如此多的法律、法规规定了条约优先原则，而且如此多的司法解释也坚持条约优先原则，从未有过相反的立法和司法解释，所以完全可以归纳出我国实行条约优先的一般原则。条约具有低于宪法高于法律的效力地位，这是从我国法律中的几十个条约适用条款规定条约优于相关法律的事实及我国一贯的条约实践中得出的结论。⑥

---

① 李振华："论国际条约在国内的适用问题"，载《武汉大学学报（社会科学版）》1993年第5期，第114－115页。与此相似的观点还有刘爱文在其文中提到"对于国际条约，很多国家在宪法中确认它在适用中的效力高于国内法，如法国、日本、刚果、希腊、荷兰；另有一些国家认为，条约在国内适用中的效力与国内法相等，如美国"。参见刘爱文："国际法的适用与我国宪法的完善"，载《政治与法律》1996年第6期，第24页。万鄂湘、王磊、杨成铭、邓洪武：《国际条约法》，武汉大学出版社1998年版，第186－192页。

② 万鄂湘、王磊、杨成铭、邓洪武：《国际条约法》，武汉大学出版社1998年版，第186－192页。

③ 朱晓青："《公民权利和政治权利国际公约》的实施机制"，载《法学研究》2000年第2期，第111页。

④ 刘永伟："国际条约在中国适用新论"，载《法学家》2007年第2期，第145页。

⑤ 龚瑜："国际法与国内法关系的中国实践"，载《贵州警官职业学院学报》1997年第3期，第36－37页。

⑥ 赵建文："国际条约在中国法律体系中的地位"，载《法学研究》2010年6期，第202、205页。

第二种观点认为国际条约与国内法具有同等地位。王铁崖根据条约的批准和废除、法律的制定和修改都由全国人大常委会决定、国家主席执行公布，认为条约和法律在中国法律体系中具有同等的效力。[①] 黄瑶认为，我国缔结或参加的国际人权条约与我国法律在国内具有同等效力。[②] 朱晓青认为，我国缔结的条约在国内法上处于低于宪法，而与一般国内法同等的地位，从宪法、一般国内法和条约的批准程序可以推断确定。根据《宪法》第64条的规定，宪法的修改须经全国人民代表大会以全体代表的2/3以上的多数通过方为有效；《宪法》《缔结条约程序法》和《全国人民代表大会组织法》还规定了条约和重要协定签署后，报请国务院审核，以国务院议案的形式，提请全国人大常委会审议批准；而待批准的、以议案形式提出的条约和重要协定及制定法律的议案均由全国人民代表大会或其常委会以全体代表或全体组成人员的过半数通过。这就表明，条约在中国国内法上的地位应该低于宪法，而与一般国内法等同。[③]

第三种观点认为国际条约的效力取决于批准或核准机关的层级。例如，张乃根认为国际条约在法律的效力等级上可分为：第一，凡由全国人大常委会决定批准的，均具有与"法律"同等的效力——低于宪法和全国人大制定的法律；第二，凡由国务院缔结的，而不需要全国人大常委会决定批准的，均具有行政法规的效力——低于宪法、全国人大制定的法律和全国人大常委会制定的法律。[④] 陈寒枫、车丕照等学者从条约的缔结程序和法律的制定程序基本相同的角度，依据国内法的位阶来比照国际条约在我国的效力地位，即把国内法的制定机关和条约的批准机关相比照，把立法权限和缔约权限相比照，推断出条约在我国法律体系中的地位。[⑤] 他们认为条约的效力等级有：

---

① 王铁崖："条约在中国法律制度中的地位"，见《中国国际法年刊》，法律出版社1994年版，第5-6页。

② 黄瑶："国际人权法与国内法的关系"，载《外国法译评》1999年第3期，第76-77页。

③ 朱晓青："《公民权利和政治权利国际公约》的实施机制"，载《法学研究》2000年第2期，第111、112页。持有这一观点的还有田军、陶蕾："宪法与《经济、社会和文化权权利国际公约》的实施机制"，见中国法学会宪法学研究会编：《宪法研究》，法律出版社2002年版，第637页。

④ 张乃根："重视国际法与国内法关系的研究"，载《政治与法律》1999年第3期，第12页。

⑤ 赵建文："国际条约在中国法律体系中的地位"，载《法学研究》2010年6期，第202页。

第一，我国所缔结与参加的任何条约的效力都在宪法的效力之下，任何条约条款都不得与宪法规定相冲突。第二，全国人大常委会批准的"条约和重要协定"与全国人大及全国人大常委会制定的法律具有同等效力。第三，我国对外缔结的不须经全国人大常委会批准而须经国务院核准生效的条约和协定，与国务院制定的行政法规具有同等效力。第四，以我国政府部门的名义对外缔结的协定与国务院部委规章具有同等效力。①

宪法学者对这一问题也有相似的研究，他们以宪法制定或修改程序的严格程度与条约批准程序做比较，依此确定条约在国内法律体系中的效力等级关系。徐秀义、韩大元主编的《现代宪法学基本原理》中认为，如果一个国家批准条约的程序比制定或修改宪法的程序更加严格、要求更高，应当视条约具有高于宪法的效力；如果一个国家批准条约的程序与制定或修改宪法的程序一致，那么条约应当具有与宪法一样的法律效力；如果一个国家制定或修改宪法的程序严格于批准条约的程序，宪法就具有高于条约的效力。在各国批准条约和制定或修改宪法的实践中，条约与宪法两者之间有三种逻辑关系：（1）条约优于宪法，如日本、比利时、荷兰；（2）条约与宪法地位相同，如奥地利；（3）条约低于宪法，多数国家属于这种情况。我国宪法没有明确规定条约、协定与宪法和一般法律的关系，从制定宪法、法律和批准条约即协定的程序看，条约和协定一旦经有关部门批准后，其在国内的地位应当低于宪法。同时，与上述国际法学者的第三种观点吻合，认为如果是全国人大或全国人大常委会批准的条约或协定，其效力应当与法律相等；如果是国务院批准的条约或协定，其地位只能相当于国务院制定的行政法规。②

---

　　① 车丕照："论条约在我国的适用"，载《法学杂志》2005 年第 3 期，第 96 - 97 页。持这一看法的论文还有几篇，陈寒枫、周卫国、蒋豪："国际条约与国内法的关系及中国的实践"，载《政法论坛》2000 年第 2 期，第 122 - 123 页。有学者同意这一观点，认为"与我国宪政制度等权力配置相吻合"，肖冰："论我国条约适用法律制度的构建"，见陈安：《国际经济法论丛（第 5 卷）》，法律出版社 2002 年版，第 46 页。陈永胜："论条约的适用"，载《陕西省经济管理干部学院学报》2006 年第 2 期，第 71 页。朱鹏飞："解决国际条约与国内法冲突问题的新思考——以《宪法》和《缔结条约程序法》为依据"，载《江南社会学院学报》2005 年第 2 期，第 60 页。

　　② 徐秀义、韩大元：《现代宪法学基本原理》，中国人民公安大学出版社 2003 年版，第 559 - 563 页。

## 二、人权条约在我国宪法上的地位

### (一) 人权条约国内地位的厘清

我国已经批准了 ICESC 公约，签署了 ICCPR 公约，作为国际人权法上单独以"盟约"（covenant）命名且针对的是最根本、最重要的人权予以规范的两公约，它们在我国是否仅具有低于宪法高于法律的地位？如果按照条约具有与法律等同地位的主张，发生条约与法律的冲突，是否适用"新法优于旧法""特别法优于普通法"的原则？如果立法者将来制定了与两公约保障的人权相抵触的法律，效力应如何判断？更重要的是，两公约所保障的人权与我国宪法保护的基本权利并无二致，只是公约在内容上更加完整详尽，那么两公约的人权条款是否应当具有与宪法相同或者至少高于法律的地位？各级法院在适用法律时，能否参照或者适用两公约关于人权保障之规定？这些问题均涉及两公约在宪法上的地位，必须予以厘清。

然而，我国学界在研究条约地位问题上的一个突出特点是研究的反复性、趋同性，这固然符合研究的连续性和继承性要求，但学者们对同一命题的多个不同观点反复争论、莫衷一是的研究做法，并没有促进和推动我国条约适用理论与实践的发展。20 世纪 90 年代以后，在条约的地位及效力方面，学者们有的认为条约与国内法地位等同，有的认为条约优于国内法；在条约适用的方式选择上，有的认为是"纳入"，有的认为是"转化"，还有的认为是两者混合的方式，并对这些问题和观点一直重复辩驳。据此学者们得出的结论是，我国条约适用实践运作混乱的根本原因在于缺乏宪法条文的原则性规定，[1] 并认为有必要在宪法或宪法性法律中对国际法在我国法律体系中的地位进行规定。[2] 笔者认为，条约在我国的地位及适用的原则是可以确定的，即从多个法律、法规、司法解释、政府讲话中可以判断条约一般地纳入我国国内法的体系，而且许多部门法、单行法律、法规中有"条约优先适用"的

---

[1] 王勇：《条约在中国适用之基本理论问题研究》，北京大学出版社 2007 年版，第 222 页。
[2] 秦晓程："条约的国内适用——中国国内立法中的状况分析及思考"，见朱晓青、黄列主编：《国际条约与国内法的关系》，世界知识出版社 2000 年版，第 159 页。

条款，条约在我国具有优于国内法律低于宪法的地位应是一个普遍原则。而司法实践中的条约执行及适用，到底是直接适用还是间接适用不能简单地得出结论。既然全国人大常委会是我国唯一有资格解释宪法的机关，可以考虑通过宪法解释的方式使得在审查批准条约的同时决定条约如何在司法实践中执行或适用，例如，全国人大常委会在审查后作出批准决定时可以规定由司法机关直接适用，或者在作出批准决定的同时通过立法将条约内容转化。[①]

建议修改宪法的学者提出了需要增加的具体条文内容，例如，《宪法》应该明确规定"对我国生效的条约是我国法律的重要组成部分""中华人民共和国遵守国际法和信守条约""对我国生效的条约具有高于法律的效力"以及"我国实行'自动执行条约'和'非自动执行条约'的制度"。[②] 对条约在国内法上的地位及适用由宪法作出规定显然是一劳永逸的事，但这一规定的作出必须要考虑社会、经济、文化、政治等各个领域已经缔结和将要缔结的条约所承担的条约义务以及各国的司法现状等若干因素，否则，即使宪法中有相关规定，也不能完全解决条约的国内适用问题。以美国为例，依《美国宪法》第6条的明确规定，条约是国家最高法律的一部分，应当可以在美国国内直接适用，然而，司法审判实践中法院实际上区分了"自动执行条约"和"非自动执行条约"，前者可以在国内直接适用，后者须经转化才能在国内适用。表明条约的国内适用问题不一定必须由宪法来指明，它的适用实践更多时候是依靠立法机关或司法机关进行具体处理的。那些试图通过修改宪法的方式在宪法条文中明确规定条约在国内法上的地位以解决条约的适用问题的建议，并不是一种可行的方法。[③]

（二）人权条约的个别条款具有宪法的位阶

国际人权公约的人权条款，学界通常认为它们具有国际强行法的性质，

---

① 田军、陶蕾："宪法与《经济、社会和文化权权利国际公约》的实施机制"，见中国法学会宪法学研究会编：《宪法研究》，法律出版社2002年版，第638页。

② 王勇：《条约在中国适用之基本理论问题研究》，北京大学出版社2007年版，第223页。

③ 田军、陶蕾："宪法与《经济、社会和文化权权利国际公约》的实施机制"，见中国法学会宪法学研究会编：《宪法研究》，法律出版社2002年版，第638页。

例如，禁止奴隶贩卖（slave trade）、海盗（piracy）、种族灭绝（genocide）、侵略战争（aggressive wars）以及国际法上所禁止的刑事罪行：反人道罪（crimes against humanity）与战争罪行（war crimes）。此外，包括对人权的尊重（observance of human rights）、国家平等原则（equality of states）以及民族自决原则（principle of self - determination），包括国际人权法中人权条款构成国家的普遍遵守的义务，也被一些学者认为是当代国际强行法的内容。① 国际强行法在内国法律秩序下，不能简单地将其与各国合意缔结的条约等同，因为强行法要求各个主权均有必须遵守的义务，此种绝对性的义务同时会指向主权下的内国法律秩序。因此，国际强行法或绝对法在国内法律体系中的地位不同于一般国际条约，它在内国的规范位阶为：在成文法国家，应当等同于宪法，并且其内容构成宪法制定及修改的界限；在不成文宪法国家，则应当具有高于一般法律的位阶。②

关于国际人权两公约的人权保护条款是否具有国际强行法的特征，有如下几个方面的分析：首先，已经十分确定属于国际强行法的条款。两公约第1条规定的民族自决原则，ICCPR 公约第 2 条和 ICESC 公约第 2 条第 2 项规定国家平等尊重人权，ICCPR 公约第 8 条禁止奴隶贩卖，这些条款均应有等同于宪法或者高于法律的地位。③ 其次，经由越来越多的实践证明应属于国际强行法的条款。ICCPR 公约第 7 条禁止酷刑、残忍或不人道的处罚，第 6 条第 5 项禁止对未成年人判处死刑，第 8 条第 2 项禁止强迫劳动；ICESC 公约第 10 条禁止童工，这些条款已有越来越多的学者主张和法院判决认为它们属于国际强行法。最后，ICCPR 公约第 4 条提供了国际强行法存在的证据。这是针对 ICCPR 公约第 4 条第 2 项的规定，即不得克减的权利，属于逐渐发展的国际强行法。在国家面临紧急状态亦不能克减的权利（non - derogable rights），包括第 6 条生命权，第 7 条禁止酷刑、残忍或不人道的处罚，第 8

---

① IAN. D. Seiderman, Hierarchy in International Law: The Human Rights Dimension, Intersentia (2001), pp. 123 - 145, 284 - 289; Curtis A. Bradley, The Juvenile Death Penalty and International Law, 52 Duck L. J. 485, 536, 2002.

② 张文贞：《国际人权法与内国宪法的汇流：台湾施行两大人权公约之后》，本文首次发表于"台湾法学会 2009 年学术研讨会"，台湾法学会主办，2009 年 12 月 19 日。

③ 张文贞：《国际人权法与内国宪法的汇流：台湾施行两大人权公约之后》，本文首次发表于"台湾法学会 2009 年学术研讨会"，台湾法学会主办，2009 年 12 月 19 日。

条第1项禁止奴隶及第2项禁止强迫劳动，第11条禁止因契约不履行而受监禁，第15条罪刑法定原则，第16条法律人格的承认，第18条思想自由、信仰及宗教自由的保障。[①] 关于 ICCPR 第4条的规定是否属于国际强行法的问题，2001 年人权事务委员会在第29号一般意见（general comment）中作了详细解释。委员会认为，这些不得克减的权利，虽然不能直接认为等同于国际强行法，但与国际强行法有密切关联，而且 ICCPR 公约第4条既然将这些权利定为不可克减的权利，也有助于这些权利被认定为国际强行法内容的规范，尤其是第6条关于生命权及死刑、第7条关于禁止酷刑的规定。尽管人权事务委员会的意见中措辞谨慎，但它有将不得克减的权利定位为国际强行法的意图，特别是关于生命权和酷刑禁止的规定。ICCPR 公约第4条具有此种证明国际强行法存在的证据功能，使得缔约国不能对公约第4条列举的不得克减的权利施加限制，而且，即使是那些不属于第4条中不得克减的权利条款，如果它们构成国际强行法，缔约国也不能对其进行限制。例如，违反国际人道主义中的劫持人质罪（crime of hostage taking）、禁止集体惩罚（collective punishment）、禁止人权的恣意侵害（arbitrary deprivation of liberty）、禁止违反受公平审判权利保障的核心原则——无罪推定原则（deviating from fundamental principles of fair trial）。[②]

因此，根据台湾学者张文贞的观点，针对目前国际社会对于强行法内涵的共识、人权事务委员会的解释，国际强行法的内容至少应包括禁止发动侵略战争，禁止奴隶、海盗、种族灭绝，以及其他国际法上禁止的国际罪行。此外，包括国家尊重人权的义务，国家平等原则，人民自决原则，生命权，禁止酷刑、残忍或不人道处罚，禁止强迫劳动，禁止童工，禁止集体惩罚，禁止人权恣意侵害，禁止违反无罪推定原则，对于这些人权条款的内容，因为其具有的国际强行法的性质，即使缔约国通过批准两公约而赋予它们国内法上的效力，它们也应当具有等同于宪法的地位，任何法律均不得抵触。[③]

---

① ICCPR 公约第4条。
② 2001 年 8 月 31 日，人权事务委员会第29号一般性意见。
③ 张文贞：《国际人权法与内国宪法的汇流：台湾施行两大人权公约之后》，本文首次发表于"台湾法学会 2009 年学术研讨会"，台湾法学会主办，2009 年 12 月 19 日。

（三）人权条约在我国具有宪法位阶的理由

人权条款提供了人权宪法化、人权条约具有类似宪法地位的解释规则或者原则。[①] 国际人权两公约下的义务直接针对的是缔约国政府，而要使政府能够有效地承担起各项人权保护的责任，必须有宪法上的依据。[②] 2004 年我国宪法进行了第四次修改，其中第 24 条修正案——"国家尊重和保障人权"成为《宪法》第 33 条第 3 款。不管"人权条款"是否具有宪法基本权利规范的作用，它都承载着人之为人、维护人性尊严的功能。作为宪法的原则，人权条款承担了引领整个宪法权利体系，并以间接的方法为新的宪法权利推定及未列举权利保护提供了规范依据和基础。[③] 《宪法》第 33 条第 3 款中"尊重"和"保障"，是课加给国家的一种义务方式，"尊重"意味着国家是消极的不作为，避免侵害公民权利和自由；"保障"意味着国家必须积极的作为，促成公民权利和自由提供必要的辅助措施。作为尊重和保障义务主体的国家，不是抽象意义上的国家，而是指国家立法机关、司法机关、行政机关，在特定条件下，还包括政党、社会团体、企业等主体。[④] "人权条款"的入宪表明，我国宪法具有了融入、接受世界法治发展趋势的姿态，将人权以一种明示、概括性保护的方式纳入宪法规范。[⑤] 人权是否需要有统一的和一体化的模式和约束机制方面，国际人权公约的缔约国之间的意见和实践是不一致的，[⑥] 因为各国实施人权条约义务的国内机关之间的关系有差异。我国政府与立法机关的关系就比较特殊，它们不是一种平行的、互不隶属的关系，

---

[①] 韩大元："宪法文本中'人权条款'的规范分析"，载《法学家》2004 年第 4 期，第 11－12 页。

[②] 莫纪宏：《国际人权公约与中国》，世界知识出版社 2005 年版，第 284 页。

[③] 林来梵、季彦敏："人权保障：作为原则的意义"，载《法商研究》2005 年第 2 期；张薇薇："'人权条款'：宪法未列举权利的'安身之所'"，载《法学评论》2011 年第 1 期，第 16 页。但有些学者提到，我国的人权条款与其他国家宪法中的"为列举权利保护"条款的性质与功能不同，不能简单做类比。人权条约可以解释为基本权利保障的概括性条款，同时也为宪法未列举权利的保护起到补充作用。参见韩大元："宪法文本中'人权条款'的规范分析"，载《法学家》2004 年第 4 期，第 11 页。

[④] 韩大元："宪法文本中'人权条款'的规范分析"，载《法学家》2004 年第 4 期，第 12 页。

[⑤] 张薇薇："'人权条款'：宪法未列举权利的'安身之所'"，载《法学评论》2011 年第 1 期，第 10 页。

[⑥] 韩大元："宪法文本中'人权条款'的规范分析"，载《法学家》2004 年第 4 期，第 12 页。

而是行政机关由立法机关产生、受其监督。人权条约不能直接地对政府产生拘束力，必须通过全国人大及其常委会制定转化或者吸收条约内容的法律，然后再由政府执行这些法律，这与行政机关、立法机关分权、相互独立关系的国家在履行人权条约义务方面有所不同。① 按照国际人权公约，直接履行人权条约义务的应是政府，但我国，特殊的宪法结构设计使得政府必须服从于立法机关，但"人权条款"指明了"国家"是尊重和保障人权的主体，其中必然包含政府，依据"人权条款"所具有的判断或解释功能，可以将该条款解释为政府能够直接履行人权条约的义务，人权条约拘束政府也获得了宪法上的依据。

人权条约规定的权利和自由，从我国已有的批准实践、立法实践看，采取的是二元论的转化适用方法。对于人权条约的个别条款具有类似宪法地位的结论，国内有不同的看法和认识。例如，认为人权条约中的各项权利及自由在国内法上的目标是要进一步落实到缔约国宪法之中，但在此过程中，除少数国家外，人权条约中的权利及自由应当从属于缔约国的宪法权利；而且人权条约所保护的权利及自由应当与缔约国法律所保护的权利一致。② 可以从以下两个方面分析人权条约实际具有高于法律、类似宪法的位阶。

一是在基本法律和一般法律的制定或者修改中考虑、吸收条约的规定，或者根据条约及宪法规定的权利，单独制定保护基本权利的法律。例如，我国参照公约以及直接依据宪法基本权利条款制定的法律、行政法规，如表5所示。

**表5 我国参照公约以及直接依据宪法基本权利条款制定的法律、行政法规**

| 人权条约 | 宪法条款 | 法律 | | 行政法规 | |
|---|---|---|---|---|---|
| ICCPR | 第35条 | 1989年 | 《集会游行示威法》 | 2001年 | 《新闻出版条例》 |
| ICESC | 第42条 | 2009年 | 《劳动法》 | — | — |
| | | 2001年 | 《职业病防治法》 | — | — |

① 莫纪宏：《国际人权公约与中国》，世界知识出版社2005年版，第284页。
② 莫纪宏：《国际人权公约与中国》，世界知识出版社2005年版，第282页。

续表

| 人权条约 | 宪法条款 | 法律 | | 行政法规 | |
|---|---|---|---|---|---|
| CEDAW① | 第45条 | 2005年 | 《妇女权益保障法》 | 1999 | 《城市居民最低生活保障条例》 |
| CRPD② | | 2008年 | 《残疾人保障法》 | | |
| | | 2009年 | 《老年人权益保障法》 | 2006 | 《农村五保供养工作条例》 |
| CRC③ | 第46条第2款 | 1999年 | 《未成年人犯罪法》 | — | — |
| | 第46条、第49条 | 2006年 | 《未成年人保护法》 | — | — |

　　人权公约与宪法会对同一性质的权利作出规定，例如，2006年12月13日联合国大会通过的《残疾人权利公约》④，其序言第十句提到："确认必须促进和保护所有残疾人的人权，包括需要加强支持和帮助的残疾人的人权"，与我国《宪法》第45条第3款"国家和社会帮助安排盲、聋、哑和其他有残疾的公民的劳动、生活和教育"的内涵及目标是一致的。2008年全国人大常委会在修改残疾人保障的法律时，考虑了公约和宪法的规定，全国人大常委会副主任委员张柏林在关于《残疾人保障法》修改情况的汇报中提到，修订草案第3条第3款规定："禁止歧视、侮辱、侵害残疾人。禁止通过大众传播媒介或者其他方式贬低损害残疾人人格"，其中的"禁止歧视"有专家建议应修改为"禁止基于残疾的歧视"，主要理由是我国政府已签署联合国《残疾人权利公约》，该公约明确规定"缔约国应该禁止一切基于残疾的歧视"，其内涵不限于教育、就业等歧视，还包括拒绝为残疾人提供合理便利等情形。法律委员会同内务司法委员会、国务院法制办、民政部、中国残联一同建议将该款修改为："禁止基于残疾的歧视。禁止侮辱、侵害残疾人。

---

　　① 《消除对妇女一切形式歧视公约》（Convention on the Elimination of all Forms of Discrimination against Women）的英文缩写。

　　② 《残疾人权利公约》（Convention on the Rights of Persons with Disabilities）的英文缩写。

　　③ 联合国《儿童权利公约》（Convention on the Rights of the Child）的英文缩写。

　　④ 《残疾人权利公约》于2007年3月30日开放供签字，我国于2008年6月26日经由十一届全国人大常委会第三次会议审议批准。

禁止通过大众传播媒介或者其他方式贬低损害残疾人人格。"①

《残疾人保障法》的修订、考虑和参照公约的规定是非常明显的，这说明我国制定或者修订法律须与加入、批准的公约规定保持一致，而不会有意制定或者修改与公约抵触的法律条款。同时，表中的法律文本的第 1 条都有"依据宪法，制定本法"的措辞，而且它们都对应着我国已加入、批准的人权公约，加之在制定或修改这些法律时都"考虑""参照"了公约规定，就是将人权条约置于高于国内法律的位阶。制定或者修改与公约对应的法律时，"考虑""参照"同"依据宪法"具有了同一内涵，因而应将这些人权公约置于宪法的位阶。

二是重新制定单独的、总括性的类似《英国人权法》来吸纳公约的规定，在国际人权的适用方面，我国与英国"二元论"的做法类似，联合国通过的国际人权公约都不能在国内直接生效，而是需要立法机关的立法转化，所以英国于 1998 年通过《英国人权法》将 ICCPR 公约、《欧洲人权公约》的内容转化为普通法后加以实施。缔约国遵守国际人权条约并不是要将条约规定逐字逐句地写入宪法，而是要将人权条约所规定的义务通过国内法律予以执行。即使宪法中已经明确规定条约地位的国家，如美国和德国，它们认为国内的人权保障已然符合甚至超越了国际人权公约的标准，② 实践中人权公约并没有达到该国宪法所规定的条约应具有的位阶。我国宪法未规定国际人权公约的宪法地位及具体实施问题，现有国际人权条约的生效和实施都是通过立法机关的转化，即全国人大及其常委会通过修订已有法律或者"逐个立法"的方式，考虑或者参照国际人权公约来修改国内法律，或单独立法使加入、批准的国际人权公约在国内生效。③ 通过各国执行人权条约的情况可以

① 张柏林："全国人大法律委员会关于《中华人民共和国残疾人保障法》（修订草案）修改情况的汇报"，载《全国人民代表大会常务委员会公报》2008 年第 4 期，第 468 页。
② 何海岚："《经济、社会和文化权利国际公约》实施问题研究"，载《政法论坛》2012 年第 1 期，第 80 页。
③ 赵珊珊："从惩罚走向预防——中国政府加入《禁止酷刑公约任择议定书》相关问题研究"，载《政法论坛》2012 年第 3 期，第 114 页。

看出，国际人权公约通常只是在普通的法律层次上得到实施。①

"人权法案"是由议会制定的法律，但是它不同于一般的普通法实施条约，适用"新法优于旧法""特别法优于普通法"的原则，并以此将条约置于国内普通法律同样的位阶。相反，"人权法案"通常规定有授权规范，授予法院具有解释国内法律是否与人权公约规定相符的职权，通过法院的个案审查、解释，实际上是将人权公约置于高于普通法律或者类似宪法的地位，因为法院解释国内法律的参照标准和直接依据是人权公约，解释的目标就是为了履行人权公约义务，使内法律能够与公约保持一致。例如，英国制定《英国人权法》的目的就是要将《欧洲人权公约》转化为国内法加以实施，由于《欧洲人权公约》具有高于英国其他国内法律的位阶，这就要求《英国人权法》的地位实际上必须高于其他国内法律。② 我国在执行、适用某一国际人权公约时，通常是逐个修改相关国内法律来吸收公约的规定，直至国内法律与人权公约达到一致，③ 事实上也已经将人权条约置于高于法律的地位。但是由于人权公约涉及多个法律部门，"逐个立法"很难完成人权公约确立的标准：依据《世界人权宣言》、ICCPR 公约、ICESC 公约、CAT 公约等，我国学者归纳出人身权保护的国际标准是一个综合的权利体系，④ 其中直接与人身权保护相关的权利包括不受任意逮捕或者拘禁、不受酷刑、死刑的例外适用（孕妇和未成年人绝对不适用死刑及对新生婴儿的母亲或者已患精神病者不得执行死刑）、犯罪嫌疑人与已判决有罪的罪犯分别关押以及少年犯与成年罪犯分别关押、不因无力履行契约而被监禁、确立无罪推定原则，即现代国际人权公约对于以生命权、健康权、自由权和人格、名誉权为核心的人身权的保护内容作出了完整而详

---

① 何海岚："《经济、社会和文化权利国际公约》实施问题研究"，载《政法论坛》2012 年第 1 期，第 80 页。

② 林峰："齐案'批复'的废止与中国宪法适用的未来"，载《法学》2009 年第 3 期，第 31 页。

③ 赵珊珊："从惩罚走向预防——中国政府加入《禁止酷刑公约任择议定书》相关问题研究"，载《政法论坛》2012 年第 3 期，第 114 页。

④ 王世洲："国际人权标准与我国刑法人身权保护的发展方向"，载《法学家》2006 年第 2 期，第 72 页。

尽的规定。这在国内法中需要以宪法为基础，以刑法、民法、行政法律、法规相互衔接综合性的法律体系，而我国的人身权保护目前正处于向符合国际人权公约规定的人身权保护标准的方向发展的过程之中，[①]离国际人权公约所保护人身权的标准尚有差距。

在"逐个立法"难以完成人权公约义务转化的情况下，考虑制定一个综合性、总括性的"人权法案"是可行的。我国已有这方面的类似实践，根据《外交特权与豁免条例》《领事特权与豁免条例》的立法经验，制定具有补充立法性质的人权法案，既可以避开修宪与否的争论，也可以避免制定具体法律或者"逐个立法"所带来的立法困难。[②]正如有的学者提到的，"在制定单行法律来实施宪法中的基本权利尚存在制定度性障碍情况下，以2004年宪法修正案的'人权条款'为基础，通过制定一个总括性的人权保护法案来实施国际人权两公约，并以此来落实我国宪法规定的基本权利，这种思路在法理上是有积极意义的"。[③]

### 三、非人权条约的宪法地位：条约低于宪法高于法律

#### （一）条约国内地位两种观点的评析

条约在国内法的地位，在以宪法为根本法和最高规范的法律体系中，主要是指条约的宪法地位，即它应否具有高于宪法、等同于宪法或者低于宪法高于法律的位阶。关于条约法律地位的观点，归结我国学界的观点主要有两种：一种是将条约参照国内法的位阶序列，认为条约和协定应按照其批准或者核准的机关地位高低决定条约的法律地位，例如，由全国人大常委会批准和废除的条约和重要协定与国内一般法律具有同等法律效力，但低于根本大法——《宪法》；由国务院核准的条约和协定，其法律效力与国内行政法规等同；而无须全国人大常委会批准或国务院核准的协定，其法律效力与国内

---

① 王世洲："国际人权标准与我国刑法人身权保护的发展方向"，载《法学家》2006年第2期，第72、80页。

② 龚刃韧："国际人权公约与中国法"，见夏勇编：《公法（第一卷）》，法律出版社1999年版，第296页；朱晓青等编：《国际条约与国内法的关系》，世界知识出版社2000年版，第18页。

③ 莫纪宏：《国际人权公约与中国》，世界知识出版社2005年版，第284页。

规章等同。① 另一种是不区分条约在国内法的位阶序列，条约整体地成为国内法，其地位要么等同于法律，要么高于法律低于宪法。

按照第一种观点，条约在我国国内法中的效力位阶是"宪法→条约、基本法律、一般法律→协定、行政法规→规章"。② 此种观点从表面上看，能够很好地解决条约在国内地位的这一问题，但在逻辑上难于使人信服。首先，该观点同意宪法具有优越于条约的地位，接着认为协定的地位低于条约和法律，实际上就是将条约和协定区分为条约的两种类型，与国际法、宪法中的条约概念中条约、协定效力相同的原则相悖。其次，将缔约权与立法权混为一谈。条约是主权之间的"契约"，是国家之间为了互惠利益而达成的承诺。将缔约权赋予立法机关与行政机关，体现的是权力的分工与制衡原则，即行政机关进行条约谈判、签署条约，立法机关有提出建议和审查批准条约的权力。相较之条约主要拘束国家，立法权的目的在于制定社会行为规则，包括个人与国家之间关系的行为规则，该规则直接对个人产生拘束力。而按照条约的位阶理论，《缔结条约程序法》第7条第2款规定的"条约"，因为它们须经全国人大常委会的批准，因而具有与基本法律、一般法律同样的地位；由国务院核准的协定，就具有与行政法规相同的地位。这种看法的基础就是将缔约权归为立法权，缔约权却具有"契约"属性，此种认识在理论上是不妥当的。最后，此种观点会造成条约适用与法律适用冲突的混乱。如果条约与基本法律、一般法律具有同一位阶，《民法通则》等基本法律规定有条约优先的条款，说明条约优越于这些基本法律，但是当条约与未规定"条约优先条款"的基本法律、一般法律冲突，那么条约优先原则就不能够成立。此外，既然经全国人大常委会批准的条约具有法律的位阶，又有一个问题：它

---

① 吴慧："香港的缔约权以及条约在香港的法律地位"，载《政治与法律》2007年第6期，第5页。

② 按照条约有位阶划分的观点，我国国内法及条约的位阶序列是：宪法→法律（包括基本法律和一般法律）→法规（包括行政法规和地方性法规）→规章。相应地，条约在我国的位阶序列为：宪法→基本法律（有的基本法律规定相应的条约优先）→全国人大常委会批准的条约和重要协定及其制定的一般法律→国务院核准的条约和协定及其制定的法规→各部委缔结的无须批准或核准的协定及其制定的规章。参见吴慧："香港的缔约权以及条约在香港的法律地位"，载《政治与法律》2007年第6期，第5页。

能否适用前法优于后法、特别法优于普通法的原则？如果适用意味着新法优越于旧条约，即国内法律能够推翻条约的条款，条约将失去存在的空间，潜在地使条约无效违背了缔约的基础和目的。而且，我国学界对于全国人大和全国人大常委会的地位看法不一，本身存在基本法律和一般法律效力位阶的不同认识，这样将条约列入法律的位阶，必将造成更多的困难和混乱。

第二种观点不对条约和协定作效力上的区分，它包括了两种看法：一是认为条约与法律等同；二是认为条约低于宪法高于法律。认为条约与法律具有相同地位的看法就与第一种观点相似，因"前法优于后法""特别法优于普通法"的原则，在条约成为后法、普通法时，其条款会被法律消解，这样做的结果是破坏了国家之间互惠利益的基础，不符合缔约的真实目的，客观上不能反映国内法与国际法之间互动、国内法吸纳国际法的趋势。当代世界不同于以往，国与国之间的交流已经不限于依托国家实体进行的外交、军事、同盟、关税、进出口贸易等宏观领域，国际规则更多地转向调整国家内部事务的微观层面，主要是以政府为对象，对其施加国际义务，建立专门的国际和国内机构督促缔约国政府保障个人的权利。国际法的这种转向突出地表现为国际人权条约，缔约国政府不仅受到来自公约机构的约束，而且许多缔约国建立了独立的国家人权保障机构履行公约承诺，人权条约的此种规定实际上具有了类似宪法的价值，即限制政府权力以保障公民权利，也由此出现了所谓"宪法国际化""宪法全球化"的现象，我国学界在多个文献中表达了当下国内法与国际法交融互动的趋势。[①] 受这一趋势的影响，我国国内法在对待条约国内地位的问题，有了一些初步的看法，不再是绝对地适用国内法，立法中考虑或参考条约的情况多处可见，特别是在国内法与条约冲突或者我国法律、法规未有规定的场合，直接适用条约是确定的。本着开放、互动的精神，同时考虑到主权利益，将条约地位定位为低于宪法高于法律的位阶是适宜的选择。

---

① 陈弘毅："公法与国际人权法的互动：香港特别行政区的个案"，载《中外法学》2011年第1期；李晓兵、张卫东：《台湾批准两个人权公约的实践及其相关法律问题分析》，"第三届中德宪法论坛——宪法与国际法、法律关系的研讨会"，2012年9月15日；王玉婷：《WTO宪政理论研究》，法律出版社2010年版，第38－55页。

但学界讨论较多的有关条约国内法律地位，主要是从一些国内法律、法规中涉及国内法与条约在选择适用的关系中导出条约应具有的位阶，即条约具有优于国内法律的位阶，主要的依据是《民法通则》《民事诉讼法》等多部法律中"法律与条约规定不一致或条约另有规定时，适用条约的规定""在相关事项上直接适用条约或按照对等原则办理或按照国内法的规定办理"等条款①。此种由国内法律、法规中针对涉外关系可能出现的国内法与条约的抵触，推导出"条约优先"的看法，在宪法没有明文规定的情况下，将条约国内适用冲突时的法律选择规范②视同条约国内地位规范，事实上就是将条约的国内适用等同于条约的国内法地位，此种推演看似合理却往往不能涵盖许多条约涉及领域，但没有法律选择规范的条款，包括刑法、刑事诉讼法、行政立法等基本法律、法规。而且，此推演过程和方法的简单化，使得本应当能够清楚地得出条约国内法地位的结论，却变得复杂而浮躁，无论在学界还是在实务部门都难以形成共识。

（二）非人权条约低于宪法高于法律的判断方法

我国条约宪法地位遭受质疑的主要原因在于学术研究与条约适用的实践脱节，加之政府立场摇摆不定以及条约司法适用实践的缺失，都无法支援与回应条约低于宪法高于法律的结论。基于我国学界过去在条约宪法地位推演方法的不当，使得条约具有低于宪法高于法律的位阶长期受到各方面的质疑，因此，进一步找出适当、合理的证据以证明条约应具有的位阶是非常必要的。

第一，确定条约宪法地位的方法不能完全依凭法律、法规中规定的冲突规范来判定。冲突规范是涉外民商事法律关系领域的特有规范，它主要解决针对同一问题因各国实体法律有不同规定，而产生的法院适用选择上的困难，即法院是选择适用法院地法还是适用外国法。冲突规范的特殊性在于，它不具有一般法律规范的逻辑结构设计——假定、处理和制裁，其规范结构由

① 王勇博士将我国法律、法规中涉及条约适用的条款作了详尽地统计，他将此种包含有直接适用条约条款的法律、法规分作四种类型，以此说明我国对待条约适用是存在一元论的直接适用方法的。

② 国内法的这些规范属于国际私法规范，也称为"冲突规范"或者"法律选择规范""法律适用规范"。

"范围＋系属"构成，该规范本身不构成确定当事人权利义务的行为准则，仅起到命令、指引的作用。而且，冲突规范只适用于处理涉外民商事法律冲突的场合，这一场合具有实际的案件性，它指令或者授权法院在处理涉外民商事案件时应当如何进行法律选择，或者允许法院在冲突规范规定的条件之下选择对本案适用的法律。冲突规范的这些特点表明，国际民商事法律冲突的发生和解决是该规范的全部意义，条约纳入或者转化为国内法时必然会与国内法发生抵触，按照我国诸多立法的规定可以看出，立法者有意将民商事领域的条约与国内法的冲突视为国际民商事法律冲突。因此，纵观我国所有的关于条约适用问题的法律、法规条款，都只是考虑解决国际民商事法律冲突，条约在国内适用的规范事实上就是我国处理涉外民商事法律关系的冲突规范。冲突规范一方面通过解决涉外法律的抵触，来确定可适用的法律以及确定当事人的权利义务；另一方面如果是国内法与条约规定不一致或者国内法没有规定时，通过适用条约的规定，反映了私法领域的合作更少地涉及主权因素，在主权利益所能接受的范围内，条约规定成为解决它与国内法冲突的"准据法"①。在这个意义上，冲突规范能够确定条约在个别领域内的国内法地位。相较私法领域，公法领域更多地触及主权利益，对待公法领域的条约与国内法的关系，一般不会在立法条款中规定"国内法与条约不一致时，适用条约的规定"，即不是采取一元论下的直接适用方法，而是采取二元论的立场，或者批准时附带保留，或者通过修改、重新立法将条约的条款转化为国内法，或者只是签署不作批准，如此做法在司法实践中的结果是法院绝对地适用国内法解决案件，条约条款的影响是间接的。在条约间接适用的情况下如何确定它们的法律地位需要从宪法结构和司法实践中来确定。据此，仅依凭民商事法律、法规中的冲突规范，就仓促地得出一般条约在我国优于国内法的结论，此种方法没有反映国内法律体系中私法与公法的属性特征，是不妥当的。

---

① 准据法是国际私法中的一个特有概念，它是指经冲突规范指引用来确定国际民事关系的当事人的权利义务关系的具体实体法规则。准据法指的是具体的实体法，它必须与冲突规范结合才能起到解决涉外民商事法律冲突的作用，例如，"合同方式适用合同缔结地法"这一冲突规范，如果合同的缔结地是英国，准据法即为英国的实体法；如果合同缔结地为中国，准据法即为中国的实体法。

纵观世界各国成文宪法国家确定条约国内法位阶的方法，主要包含两个要素：一是宪法中的原则性条款。如《美国宪法》第 6 条规定，"本宪法和依照本宪法制定的合众国法律，以及合众国已经缔结或者将缔结的一切条约，都是全国的最高法律；每个州法院的法官都应当受其约束。上述参议院和众议院的议员，各州议会议员，以及合众国和各州所有的行政官员和司法官员，都应当宣誓或者代誓宣言拥护宪法"，该条明确指出条约与联邦宪法、联邦法律同属于美国法的一部分，并具有最高法的地位。此外，《日本宪法》第 98 条、《荷兰宪法》第 53 条、《德国基本法》第 25 条和第 59 条、《法国宪法》第 53 条等宪法中都有条约地位的一般性规定，尽管有的规定措辞含糊，但还是为条约适用实践中最终确定条约地位指引了方向。二是司法实践的支持与回应。众所周知且具有典型意义的是美国 1829 年的"福斯特诉尼尔森"案，从该案以及后来的判例看出，美国并没有真实地将条约视同具有联邦宪法的位阶，而是将其置于与联邦法律相同的地位，即新的联邦法律能够推翻旧的条约规定。美国的司法实践有力地回应了《美国宪法》第 6 条，但这种回应不是简单地否定条约具有与宪法相同的位阶，而是配合宪法的一般条款，在司法适用中通过个案解释宪法条款的含义，即使得出与宪法一般规定相反的结论，一个确定的、完全的条约国内地位的结论是显而易见的。

第二，条约具有低于宪法具有高于法律的位阶，符合我国宪法结构设计的特点。我国宪法关于宪法地位的规定是最为全面、最为完整的。[①] 宪法序言最后一段"宪法以法律的形式规定了国家的根本制度和根本任务，是国家的根本法，具有最高的法律效力"，宣誓和强调了宪法的根本法地位，宪法在我国具有最高位阶。同时，《宪法》总纲部分第 5 条"一切法律、行政法规和地方性法规都不得同宪法相抵触"的措辞，使它与《宪法》序言最后一段相结合构成了宪法实施保障制度。[②] 这两处的规定明显确定了宪法的至上地位和宪法的最高效力。其中总纲第 5 条中"不得与宪法抵触"的下位法中，没有提到条约，就是说，一方面宪法与法律的位阶层级是非常清晰的，

---

① 胡锦光：《违宪审查论》，海南出版社 2007 年版，第 70 页。
② 谢维雁："论宪法序言"，载《社会科学研究》2004 年第 5 期，第 77 页。

另一方面宪法与条约的位阶关系是空缺的。条约是对国家有拘束力的契约，国家要么通过吸纳，要么通过转化将条约变为国内法律的一部分来实施，国内法律的一部分可以是立法机关制定的"法律"，也可以是行政机关制定的"行政法规"，条约与国内法的互动以及国家承诺的条约义务，国内"法律""行政法规"中都包含条约的内容，如根据《联合国货物买卖合同公约》制定了《中华人民共和国合同法》、根据《联合国海洋法公约》制定了《中华人民共和国领海及毗连区法》和《中华人民共和国专属经济区和大陆架法》、根据《条约法公约》制定了《缔结条约程序法》、根据《维也纳外交关系公约》制定了《中华人民共和国外交特权与豁免条例》。这种根据条约制定法律、行政法规的做法，就是指明法律、行政法规不得与条约规定抵触，同时也指明了条约的内容包含在法律、行政法规之中。既然宪法与法律、行政法规在位阶上具有高低的差异，就暗含了宪法不仅高于法律，也应高于条约，而条约又高于法律。

# 第五章　条约国内适用与宪法体制

## 第一节　条约适用理论和适用方法

### 一、条约适用理论：一元论和二元论

条约是国际法的法律形式之一。因此，关于条约与宪法的关系问题，原则上完全适用国际法与国内法的关系。[①] 关于国际法与国内法关系的学说最早出现在英国，1737 年塔尔伯特提出国际法是普通法的部分。真正对现代条约适用理论产生影响的是罗马法建立的"二元论"和"一元论"学说。[②] 国际法与国内法关系的学说，学界有过种种考虑，大致可以分为两类学说。

第一类是二元论。该学说认为，国际法与国内法是两个不同的法律体系，是彼此独立存在的，是一种互不隶属的关系，即把国际法和国内法分别看成完全具有不同性质的两个体系。国际法是规定国家义务的，但它不直接影响国内法。国际法使国家承担某项义务，国家为了履行该义务，就有必要采取进一步的必要的国内立法措施。如果国内不采取此种立法程序，仅因为是国际法已经生效，国内法并不会因此产生与国际法相同的变动。在个别情况下，即使某项国际法已经合法确立，为了履行由此产生的国家义务而进行的国内立法却不能成立，这种情况属于例外。通常，国际法是规范国家的对外义务

---

①　[日] 宫泽俊义：《日本国宪法精解》，董璠舆译，中国民主法制出版社 1990 年版，第 705 页。

②　[德] 沃尔夫刚·格拉夫·魏智通：《国际法（第 2 版）》，吴越、毛晓飞译，法律出版社 2002 年版，第 125 页。

的，国内法既然和它的立场有所区别，产生国内立法转化的情况是不可避免的。① 按照二元论，国际法要产生国内法上的效力，在国内实施和适用，就必须有国内立法机关的转化行为，将国际法规范转换为国内法规范。此种理论以尊重主权为基础，各个主权具有平等性，国际法不能凌驾于主权之上，因而当国内法与国际法发生冲突，二元论认为国内法优于国际法。

第二类是一元论。该学说认为，法律是一个统一的秩序，两者有着共同的适用基础，即不论国际法和国内法都应看作属于同一个法律秩序。二元论认为国家的法律秩序是宪法的法律秩序，在这个意义上，它就把国家主权看作法律秩序的最终根据，与此相反，一元论认为当今人类社会生活既然不是最终的，以国家主权或国家的立法权（也包括宪法制定权）为国家法秩序的最终根据是不妥当的。按照一元论的看法，当今人类的社会绝不可能是单一的，而是多样、多元的，与此相适应，调整人们之间关系的法律秩序也是多元的。但是，这些多元的法律秩序不是相互无关、立场不同的，在调整人们之间的关系这一立场上，他们必须被看作一元的，具有同一性质。国际法和国内法也是在这个意义上，被看作具有同一立场，两者的关系具有一元性。② 因此，国际法和国内法都是统一法律秩序的组成部分，国际法无须国内立法机关的转化能够在该国直接适用。根据国际法与国内法发生冲突的解决方法，一元论又有国际法优先和国内法优先两个学说。前一种观点，是说将国际法置于高于国内法的地位，当国内法与国际法相抵触时，国际法优越于国内法；后一种观点则恰好与之相反。

二元论和一元论从国际法是法律且国际法对缔约国有拘束力这一前提出发，试图为条约适用实践找出一种可行的办法，认为国家必然地会将国际法融入其国内法律体系，尽管融入的方法和融入的程度不同，却进一步确证了国际法的效力。两种学说同时得出了国际法能够在国内适用的结论，可谓殊途同归。但是，从现实的角度看，两种学说的观点非此即彼，过于僵化而没有弹性，在实践中会出现两种理论与实际的法律现实相脱节的现象。例如，

---

① ［日］宫泽俊义：《日本国宪法精解》，董璠舆译，中国民主法制出版社1990年版，第702页。

② ［日］宫泽俊义：《日本国宪法精解》，董璠舆译，中国民主法制出版社1990年版，第702－703页。

国家之间并没有完全按照这两种学说行事，因为国家法律中一般不会明确规定国内法承认二元论或者一元论的国际法优先学说，或者承认一元论的国内法优先学说；国家一般也不会明确承认抵触国际法的国内法无效。实际的情况是：国家在国际法融入国内法律体系的设计上，总是对自己留有余地，①有时即使宪法明确规定了国际法的"最高法"地位，也可能会在司法适用中通过其他办法（法院解释）减弱这一规定的效力。所以，理论之争的意义已经在各国条约适用的实践中大大降低。尤其是在当下，"二战"后国际社会对人权法律秩序的重建已表明了倾向于一元论的立场，尽管它也需要完善，但如果依旧固守二元论，认为国内法体系与国际法体系是两个分离的体系，显然与国际法、国内法密切互动的关系的现实格格不入。

如果非要从以上两种学说中选择其一，那么一元论的观点更为靠近现实，它也是目前学术界的通说。过去国际交往稀少，每个人社会生活的大部分不超出该国家生活之外自不待言。在当今时代，由于交通、通信工具非常发达加之其他因素的影响，世界的距离日益缩小，国际社会和国家绝不可能是互不关联的，作为法学理论采用已经不允许了。②

## 二、条约适用方法："转化""执行"和"吸纳"

国际法对缔约国生效，就意味着国家已经确定了适用国际法的方法，此方法通常指的就是"转化"和"吸纳"。如果国家赞同二元论，理论上会采取由立法机关将国际法规范转化为国内法的方式，这就是"转化"的方法；如果经立法同意或批准只是规定条约的"执行"，即仅是赋予条约在国内的效力，而不产生相应的国内立法，这就是"执行"的方法。"转化"和"执行"的区别在于条约在国内的地位不同：按照"转化"的方法，经过立法转化的条约规范与立法机关自己制定的国内法规范具有相同地位，此时条约与国内的一般法律规范共同构成一般的法律渊源，两者发生冲突，同样适用特别法优于普通法、后法优于前法的原则；按照"执行"的方法，条约规范并

---

① ［德］沃尔夫刚·格拉夫·魏智通：《国际法（第2版）》，吴越、毛晓飞译，法律出版社2002年版，第125页。

② ［日］官泽俊义：《日本国宪法精解》，董璠舆译，中国民主法制出版社1990年版，第703页。

不属于国内法规范，经批准在国内得以实施的条约规范相对于国内法规范具有特别地位，意味着条约规范可能高于国内法规范，如国际人权条约被认为高于一般的法律，具有与宪法相同的地位。① 如果国家赞同一元论的观点，那么通常是其宪法或国内法以条文的方式宣告，生效的条约可以直接在国内适用，这就是"吸纳"的方法。从理论上说，"转化""吸纳"和"执行"方法的共同结果是将国际法规范纳入国内法，纳入的内容可能是全部国际法规范，或者可能是经过过滤后而纳入，或者可能是附有条件。

英国和意大利是奉行二元论下转化模式的典型国家。根据英国的宪法实践，条约缔约权是属于英王的特权，条约一经签订和批准，便对英国有拘束力，但条约只有经过议会的立法程序，并转化为国内法后才能在国内法院适用。② 国际法在英国的适用是以国内法的形式产生效力，而且从其遵从议会至上的原则就能够确定条约在英国国内法体系中的地位：条约经议会立法转化形成的成文法，与议会制定的其他法律地位相同。③《意大利宪法》规定国际条约须以国内法形式在国内适用，此种"国内法形式"要么是立法机关的立法行为，要么是行政机关的行政行为。

美国、德国、荷兰、波兰、瑞士等国采取的是一元论的方法。《美国宪法》第2条第2项规定美国总统有权缔结条约，但必须取得出席参议院议员的2/3多数赞成下的建议或同意；《美国宪法》第6条第2项规定，"依照本宪法制定之合众国法律及经合众国授权已经缔结或将来缔结之条约均为本国之最高法"。《德国基本法》第25条规定，"国际法之一般规则构成联邦法律之一部分。此等规定之效力在法律上，并对联邦领土内居民直接发生权利义务"。《法国宪法》第55条规定，"经依法批准或核准的条约或协定，在公布后，具有法律的权威"。《日本宪法》第98条规定，"日本国缔结的条约及已确立的国际法规，必须诚实遵守之"。在立法上采取一元论的纳入方法，条

---

① ［德］沃尔夫刚·格拉夫·魏智通：《国际法（第2版）》，吴越、毛晓飞译，法律出版社2002年版，第164页。

② 王虎华：《国际公法》，浙江大学出版社2007年版，第32页。

③ ［德］沃尔夫刚·格拉夫·魏智通：《国际法（第2版）》，吴越、毛晓飞译，法律出版社2002年版，第125页。

约一旦在国际法上发生效力，即直接纳入国内法律体系，无须其他的辅助程序，这样简便易行，能够较好地完成国家履行国际条约义务的承诺。

实践中，一元论的"吸纳"方法和二元论的"转化""执行"方法也不是一一对应的。二元论有时并不追究国家对国际法规范不采取国内措施或者违反国际义务的法律后果；而且一元论有时也会承认对于某些抽象、原则性的国际法规范需要国家立法机关的转化。"吸纳"和"转化""执行"的区分并不是绝对的，国家往往对这两种方法交叉使用。此外，国际法规范自身的多样性也决定了国家选择条约适用方法的综合性。各国法律秩序在处理条约适用的问题时都是根据国际法规范的类型灵活地采取不同的方法。首先，国家可以在其宪法中直接地或间接地规定条约适用的不同方法；也可以在普通法律中直接规定如何纳入国际法。其次，国家在选择采纳国际法规范的方法之前，需要将国际法规范类型化，就是说针对不同的国际法规范采用不同的纳入方法。例如，按照条约的性质、内容、范围、对象、渊源等作出不同的处理。国际法中有些是直接调整个人权利的规范，有些是针对和约束国家不涉及个人的规范；因此，在适用方法的选择上，就有必要作区分：对于国际法调整个人权利的规范可以将其作为法院裁判案件的渊源或者是参照；对于仅是拘束国家的国际法规范一般考虑经议会立法转化的间接适用方式。

## 第二节　条约直接适用与间接适用的实践

条约的适用包括两个层面：一是在国际法意义上，由国际条约的制定机构监督缔约国实施条约义务；二是在国内法意义上，条约在缔约国国内的实施。本章所说的条约适用仅指第二个层面。各国对其签署、批准或加入的条约如何在国内实施，取决于该国宪法的规定及对条约的态度。宪法作为国家的根本法，在条约的适用中有着不可替代的作用，条约在国内法上的地位离不开宪法的规定和解释。

## 一、条约的直接适用：欧洲法院

按照《罗马条约》① 的规定，欧共体法包括基础条约和次级法律。基础条约是指最初建立三个共同体的条约，以及包括其附件和后来经补充和修正的条约；次级法律是指欧共体的机构基于基础条约赋予的权力而制定的立法，包括条例（regulations）、指令（directives）和决定（decisions）。除此之外，欧洲法院的判决也构成共同体法的一部分。

欧共体法与成员国法律体系之间的关系，可以通过它的两个适用原则来说明：一是直接效力原则，是指欧共体法为包括个人的主体直接创设了权利和义务。该原则最早经 1963 年的 Van Gend en Loos 案②确立，该案表达了一个重要事实：欧共体法只要其内容清楚、含义准确，不需要各成员国另行采取进一步的立法措施，在欧共体法适用的领域内等同于成员国国内法。欧共体法的直接效力不仅针对基础条约，还适用于欧共体次级立法中的条例、指令和决定。欧共体成员的公民可以直接援引欧共体法向国内法院主张自己的权利，而成员国法院必须为欧共体法提供充分的司法救济措施，它的运作与国内司法机关审查立法和行政行为的程序基本相同。直接效力原则具有深远的意义，无论过去还是未来它都是欧共体法对成员国统一适用的有力武器。

二是最高效力原则，即欧共体法优于成员国的国内法。该原则也是由欧洲法院的判决确立的，最早确立最高效力原则的案例是 1964 年的 Costa 案③，

---

① 1957 年 3 月 25 日，在欧洲煤钢共同体的基础上，法国、联邦德国、意大利、荷兰、比利时和卢森堡六国政府首脑和外长在罗马签署《欧洲经济合作条约》和《欧洲原子能共同体条约》，后来将这两条约称为《罗马条约》。同年 7 月 19 日到 12 月 4 日，六国议会先后批准了该条约，条约于1958 年 1 月 1 日生效，其生效标志着欧洲联盟的前身——欧洲经济共同体的正式成立。

② 龚刃韧："国际人权公约与中国法"，见夏勇编：《公法（第一卷）》，法律出版社 1999 年版，第 296 页。

③ 案情：1962 年意大利对电力的生产和分配实行国有化，并将原电力公司的业务交由一个新的国有公司 ENEL 管理。国有化的结果就是 Costa 作为爱迪逊·瓦特的股票持有人，但他丧失了获得分红的权利，由此他拒付 1926 里拉的电费。该案在米兰法院审理时，Costa 辩称国有化违反了欧洲经济共同体条约的规定，米兰法院将案件适用共同体条约的问题交由欧洲法院解释。引自张锡盛："欧共体法律在英国的实施"，载《云南法学》1999 年第 2 期，第 105 页。

该案的判决提到"欧洲共同体具有在国际事务中的代表能力，因为它有自己的机构、人格、立法权力，并通过对成员国主权的限制或转让而获得的真正的独立权力，由此，成员国的主权受到共同体的制约，在一定的领域内，共同体创立了一种对成员国国民以及成员国均具有约束力的法律"。① 几年之后，欧洲法院又通过 International Handelsgesellschaft 案再次肯定了欧共体法优先于成员国宪法的原则，就是判决中提到的"由于各成员国将共同体条约创设的权利和义务从本国法律体系移转给共同体法律体系，这样共同体就永久地限制了成员国的主权权力，因而成员国也就不可能再将自己制定的法律凌驾于共同体法律体系之上"。②

直接效力原则和最高效力原则被认为是欧共体法的两个最基本的条约适用原则。这两个原则结合起来阐释了欧共体法与成员国国内法的关系。根据国内法解决同一层次法律的冲突问题时，有"后法优于前法"和"特别法优于一般法"两种方法，即使一国宪法或立法中规定有条约在国内法上地位的条款，在发生条约的某些条款和与国内法冲突的场合，这两个方法也不能成为选择适用的准则，因为从实体到程序条约与国内立法毕竟有很大的差异。事实上，缔约国国内的立法机关想要推翻某一个被纳入国内法律体系的条约是非常困难的，如果它的立法机关通过了一个与之相冲突的法律，即使条约无法在国内产生实际效力，但却违背了"条约必须信守"的国际法义务，而且还违背了道义义务。而在欧共体，即使发生了成员国法与欧共体法的冲突，依欧共体法的直接效力原则，欧共体法本身就是成员国国内法的一部分，并依其最高效力原则，欧共体法又优先于国内法，因而"这两条原则的结合意味着，产生直接效力的欧共体法不仅是国内法，更是成员国的'高级法'（higher law）"。③

---

① Case6/64, Costa v ENEL［1964］ECR, pp. 593 – 594.

② Internationale Handelsgesellschaft mbH v Einfuhr – und Vorratsstelle für Getreide und Futtermittel.［1970］ECR, 1125.

③ J. H. H. Weiler, The Constitution of Europe："Do the New Clothes Have an Emperor?" and other Essays On European Integration, Cambridge University Press, 1999, p. 22.

## 二、条约的间接适用：我国香港地区、加拿大

### （一）我国香港地区

关于条约与香港地区法律的关系，《香港基本法》未有规定，根据《香港基本法》第39条规定，两个国际人权公约和国际劳工公约通过香港特区法律予以实施。据此，这些公约就不能直接适用于香港，而必须经由香港本地立法加以转化。香港本地立法对条约与香港法律的关系也未作出明确规定。从香港特区适用国际条约的实践来看，条约在香港特区政府立法施行之前，不算是香港本地法律的一部分。但并非完全没有任何效力，它仍可影响普通法的发展。例如，香港法院可引用某一条约，来帮助解释香港法例。香港特区适用双边条约时按其性质不同，采用不同的适用方法：移交逃犯协定、刑事司法协助协定被列为法例的范围，在香港特区实施前，必须根据香港法例第503章"逃犯条例"和第525章"刑事事宜相互法律协助条例"的规定，以附件形式载于由行政长官会同行政会议、经立法会批准后发出的命令中。该命令将会指明香港与相关国家签订的"移交逃犯协定"或"刑事司法协助协定"适用于香港，并同时指明协定适用于香港的具体日期，或者指明从保安局长由宪报公告指定的日期开始适用于香港。在处理民用航空运输、促进以及保护投资、移交被判刑人这三类协定时，惯常的做法是在交换有关照会、确认协定时，在宪报刊载，刊登后才可以适用。对于多边条约，往往需要香港本地立法加以转化。因此，香港适用条约的方式，是一种间接的方法，即条约不能在香港直接适用，必须经过本地立法转化成为香港法律的一部分，才能在香港适用。至于转化的方式，根据条约性质，或者是在公报上刊载，或者是由行政长官会同行政会议发出命令，或者是由香港本地立法。①

### （二）加拿大

加拿大加入了包括国际人权公约在内的国际条约，并不意味着这些条约就可以在加拿大国内直接实施。按照加拿大的法律规定，条约只有在联邦或者省政府或者采取了有关的立法转化行动之后才能在国内得以适用和

---

① 袁古洁："条约在中国内地与港澳台适用之比较"，载《法学评论》2002年第5期，第132页。

实施。此外，加拿大政府在签署国际人权条约之前，必须跟联邦政府及省政府协商后并取得它们的同意。关于人权条约在加拿大国内的适用，有以下特点：第一，联邦政府有权代表加拿大批准国际条约。根据惯例，在批准人权条约或其他涉及各省或者地区管辖权范围内的事项的条约以前，联邦政府及各省、地区进行协商并获得它们的同意和支持，这样经过批准的国际人权公约就适用于加拿大的所有区域。第二，联邦政府批准的条约并不能自动地成为加拿大法律的一部分。对于那些影响公民个人权利和义务的条约通常是通过国内立法转化实施的。从某种程度上说，人权条约是通过国内宪法包括适用于所有地区的《加拿大权利和自由宪章》来实施，但是，人权条约主要的还是通过国内立法转化和行政措施来实施。根据惯例，加拿大各个政府不会通过一个单独的法律将某个人权条约吸纳到国内法中（1949 年《保护战争受害者的日内瓦公约》除外），而是通过重新制定联邦、各省、各地区的法律和政策来实现加拿大所应当履行的国际义务。第三，在批准某一个人权条约之前，加拿大各个政府都会检查其立法是否会与条约内容抵触。如果抵触，加拿大会修改现行法律或者实施新的法律，以确保国内法律体系跟条约保持一致。在条约批准后，加拿大在制定新的法律时，会考虑其所负担的条约义务。第四，根据《加拿大权利和自由宪章》，该国各个政府所采取的措施都要经过审查，这种审查可以确保其国内所有领土范围内对公民权利和政治权利保护的连续性和一致性。并且，它还能确保在该国的所有政府所采取的经济、社会措施及有关儿童或其他履行条约事项的措施符合《加拿大权利和自由宪章》中的"禁止歧视与合法程序"等标准。①

### 三、折中模式：美国

#### （一）区分自动执行和非自动执行

条约在国内法上的地位由宪法作出明确规定是一劳永逸的事，但这一

---

① ［加］道格拉斯·桑德拉："国际人权公约在加拿大的实施"，见王家福、刘海年、李林编：《人权与 21 世纪》，中国法制出版社 2000 年版，第 179 - 180 页。

规定的作出不得不综合考虑各种因素，即使宪法对条约在国内的地位作了明文规定，也会出现偏离规范的可能。以美国为例，《美国宪法》第 6 条①规定条约是"美国法"的一部分，可以在美国国内直接适用而无须国会的立法加以转化。例如，Van Alstine 教授认为美国缔结的条约有直接适用的效力，宪法为条约提供了一个强有力的法律适用机制。② 经批准的条约，它的实质条款既优于与其冲突的州法，也优于前法（条约生效前的联邦法律）。③《美国宪法》也没有对第 6 条作出任何限定，即条约与宪法、联邦法律的地位相同。此外，《美国宪法》第 3 条中的司法权确立的审理案件依据既包括宪法和联邦法律，还包括条约，意图就是将条约置于同国会制定法律的同等地位。④ 柳约翰教授从联邦主义原则出发，不同意条约优于州法而没有限制，如果《美国宪法》没有进一步的立法转化措施，其结构将排除条约的司法适用。⑤ 在法律确定私人权利原则的条件下，除非法律明确规定了个人行为的规则，否则，联邦法院将拒绝原告的诉讼请求。法院严格审查私人权利的行为规则表明，甚至一些联邦法律都不能在法院适用。⑥ 而且，在司法实践中，法院又将条约区分为"自动执行"和"非自动执行"两类，前者无须国会立法而直接适用，而后者必须由国会立法转化后才能适用。因而宪法未规定条约适用的规则，并不是条约适用实践的主要制约因素，因为宪法的概括性和稳定性使它不可能预见或详尽无疑地规定条约适用的方式、条件。反之，条约的适用规则可以由立法机关或司法机关依照具体情况来处理。

---

① 《美国宪法》第 6 条规定："本宪法和根据本宪法所制定的合众国法律，以及根据合众国的授权缔结或将缔结的条约，应为国家的最高法律；每一州的法官都应受本宪法的约束，即使本宪法与任何州的宪法或法律中的任何规定相抵触。"

② Michael P. Van Alstine, The Judicial Power and Treaty Delegation, California Law Review, Vol. 90, No. 4, Jul., 2002, p. 1265.

③ Whitney v. Robertson, 24 U. S. 190, 194, 1888; Breard v. Greene, 523 U. S. 371, 376, 1998.

④ Michael P. Van Alstine, The Judicial Power and Treaty Delegation, California Law Review, Vol. 90, No. 4, Jul., 2002, p. 1270.

⑤ John C. Yoo, Globalism and the Constitution: Treaties, Non‐Self‐Execution, and the Original Understanding, Columbia Law Review, Vol. 99, 1999. p. 1955.

⑥ John C. Yoo, Treaties and Public Lawmaking: A Textual and Structural Defense of Non‐Self‐Execution, Columbia Law Review, Vol. 99, No. 8, Dec., 1999, p. 2244.

以上是美国学界对《美国宪法》第 6 条的不同认识，在其国内形成了关于条约如何在国内适用的两种学说：一个被称为"国际主义"①；另一个被称为"保守主义"或者"国家主义"②，这两种不同的认识主要集中于两个问题的争论：条约是否是美国的最高法？条约能否在美国法院直接适用？如果作出肯定回答的就是持"国际主义"观点的学者，以路易斯·亨金教授为代表，他们得出的结论是，所有的美国缔结的条约都是自动执行的，可以在国内直接适用。如果对以上两个问题予以否定，就是以柳约翰教授为代表的"保守主义"观点，认为并不是所有的条约都能自动执行，坚持条约的自动执行性会给公法制定程序带来不利。③"二战"后，美国对待国际人权公约包括其他涉及美国国家利益的条约越来越保守，20 世纪 90 年代才批准了四个人权公约，对于诸如 ICESC 公约、《国际刑事法院规约》及《京都议定书》的不批准的态度非常坚定。由此不难发现，美国的国家实践包括司法机关审判判例实践，更倾向于"国家主义"或"保守主义"的观点。以下在论证该国的条约适用实践时，就从"保守主义"的立场进行分析。

柳约翰教授认为，Vázquez 教授依据《美国宪法》第 6 条的"最高效力"条款而得出的结论——"条约与宪法和联邦法律的地位一样，都优越于州法"——过于简单，没有真正理解宪法中该条的语义。因为《美国宪法》第 6 条没有规定条约如何实现它的最高效力，也没有明示规定条约在国内法院具有直接地司法适用性。为了维护国家主权，按照制宪者关于对行政权和缔约权区分的理论，有必要在实践中明晰和维持这一划分。针对"国际主义"的条约具有自动执行性的观点，柳约翰教授提出了两个规则进行回应：第一，

---

① Including Louis Henkin, Foreign Affairs and the Constitution, 2d ed. 1996, Lori F. Damrosch, The Role of the United States Senate Concerning "Self – Executing" and "Non – Self – Executing" Treaties, 67 Chic. – Kent L. Rev. 515, 530, 1991; Gerald L. Neuman, The Global Dimensions of RFRA, 14 Const. Commentary 33, 34, 46 – 47, 1997; Carlos Vazquez, Laughing at Treaties, 99 Colum. L. Rev. 2154, 1999; Martin S. Flaherty, The Most Dangerous Branch, 105 Yale LJ. 1725, 1750 – 51, 1996.

② Including John C. Yoo, Globalism and the Constitution: Treaties, Non – Self – Execution, and the Original Understanding, Columbia Law Review, Vol. 99, No. 8, Dec., 1999, pp. 1955 – 2094.

③ John C. Yoo, Treaties and Public Lawmaking: A Textual and Structural Defense of Non – Self – Execution, Columbia Law Review, Vol. 99, No. 8, Dec., 1999, p. 2219.

"硬性规则"，即对宪法中规定的条约直接适用性进行解读①。条约的缔约范围是有限制的，不能在法院实施那些涉及《美国宪法》第 1 条第 8 项列举的国会立法事项的条约，否则，就会允许具有行政权性质的缔约权优于立法权。② 如果条约所要调整的事项是属于州立法的范围，那么该条约是自动执行的，因为根据《美国宪法》的限定，州法不能与国会的立法权相抵触，州法的效力低于联邦法律。第二，根据"软法规则"，通过缔约者在签署条约时作出的"自动执行"的声明，这样就可以方便法院确认宪法的文本、结构及对宪法的目的作出合理解释。此外，条约非自动执行原则赋予行政机关享有更多的自由裁量空间，它可以对国家如何实现条约义务作出具体规定，并使法院免受外交政策的不利影响。

柳约翰为坚持条约的非自动执行性的观点，补充说明了他对缔约权性质的理解，《美国宪法》第 2 条第 2 项列举了宣战、执行法律本质上具有行政性质的权力，该条没有创设出一种新的立法权，因而缔约权明显是行政权。③ 如果条约是自动执行的，他认为 Vázquez 教授及其他"国际主义"的学者实际上创造出潜在的限制立法权的规则。④ 因为自动执行条约意味着缔约者无须借助《美国宪法》关于立法机关制定法律的规定，并且条约自身也无须国会的立法审查及批准程序，这就导致缔约者在缔结条约时会不顾及分权原则而任意行为。⑤ "国际主义"主张的条约的自动执行原则表明，缔约者的缔约

---

① John C. Yoo, Treaties and Public Lawmaking: A Textual and Structural Defense of Non - Self - Execution, Columbia Law Review, Vol. 99, No. 8, Dec. , 1999, p. 2220.

② 柳约翰教授对于条约非自动执行属性的论证，包含的一个观点是，缔约权的实质是行政权。此外，他还认为，总统缔结的大量的行政协定在他看来也只是行政立法的形式，总统在对外关系中具有优势，他可以单方面地终止条约，而且在条约的解释中，行政机关的解释要优越于司法机关。因此，他不同意制宪之父如杰伊和汉密尔顿在《联邦党人文集》第 64 篇和第 75 篇中提到的观点，即不同意"缔约权性质，既不是行政权也不是立法权"的阐述。

③ John C. Yoo, Treaties and Public Lawmaking: A Textual and Structural Defense of Non - Self - Execution, Columbia Law Review, Vol. 99, No. 8, Dec. , 1999, p. 2234.

④ "国际主义"的学者认为，条约是自动执行的，因而缔约者可以缔结《美国宪法》第 1 条第 8 项属于国会立法范围内的任何事项，比如，宪法将州际商业贸易的立法权利赋予了国会，但如果条约是自动执行的话，它就能自由的建立新的商业和环境规则，并且缔约者在这方面缔结条约，无须求助于立法转化。这种缔约事项不受限制的观点，柳约翰教授持反对意见。

⑤ John C. Yoo, Treaties and Public Lawmaking: A Textual and Structural Defense of Non - Self - Execution, Columbia Law Review, Vol. 99, No. 8, Dec. , 1999, p. 2237.

行为可以不受联邦主义原则的制约，即总统和参议院能够在对外的任何事项上制定政策，不必顾忌联邦列举的权力及宪法第十修正案的限制。柳约翰教授认为，如果按照 Vázquez 教授的观点，条约具有与联邦法律的相同地位，它们自动地优越于与之抵触的州法，并且它们能立即在州法院和联邦法院适用，这就意味着缔约权在任何领域都拥有独立的立法权，与其具有行政性质不符。① 因为宪法第十修正案的条款针对的是州与国会立法之间的关系，联邦主义的限制原则不适用于条约。② 《美国宪法》第 1 条将立法权赋予国会，当政府对个人制定行为规则时，这些规则应由代表人民的立法机关作出。因此，在柳约翰教授看来，非自动执行条约更能促进政府在制定立法程序的民主，即通过众议院的同意，然后国家才能在国内履行条约义务。这种通过由众议院的实施立法来参与缔约程序，实际上建立了另一种对普遍主权原则的防护机制。此外，如果出现联邦法律与条约冲突，新建立的规则优于前规则，即后法优于前法的规则也适用于两者发生冲突的场合，而且允许联邦法律和条约之间相互替代。③

（二）两种条约适用方式的判断标准

在如何判定条约是否具有自动执行的特性方面，美国法院的判例实践发展了两个重要标准：一是多重因素的考量标准；二是文本解释的标准。当然，如果条约条款明确规定需要国内立法的转化实施，或者条约调整的事项属于立法机关专属的领域，如拨款，那么该条约具有非自动执行的特征。根据法院的一些判例，判断条约的条款是否具有自动执行性，首先必须要考虑条约条款的语义和缔约背景。④ 例如，在福斯特案中，在美国和西班牙之间缔结的条约条款提到，"条约经批准和确认之后……西班牙移转土

---

① John C. Yoo, Treaties and Public Lawmaking: A Textual and Structural Defense of Non – Self – Execution, Columbia Law Review, Vol. 99, No. 8, Dec. , 1999, p. 2239.

② Curtis A. Bradley, The Treaty Power and American Federalism, Michigan Law Review, Vol. 97, No. 2, Nov. , 1998, pp. 433 –450.

③ John C. Yoo, Treaties and Public Lawmaking: A Textual and Structural Defense of Non – Self – Execution, Columbia Law Review, Vol. 99, No. 8, Dec. , 1999, pp. 2242 –2243.

④ Curtis A. Bradley, Intent, Presumptions, and Non – Self – Executing Treaties, The American Journal of International Law, Vol. 102, No. 3, Jul. , 2008, p. 541.

地……"的措辞表明该条约是非自动执行的，因为条约的条款用了"契约的语言"。① 在 Medellín 案中，法院更注重解释条约的文本来决定条约是否具有自动执行性。《联合国宪章》第 94 条第 1 款中用的是"可以"（may）或者"不可以"（may not），而不是"必须"（must）或者"应该"（shall）的命令语词，法院认为宪章条款的此种表述没有使美国承担"必须"或者"应该"符合 ICJ 判决的义务，也意味着参议院在批准《联合国宪章》时没有赋予 ICJ 判决以国内法院适用效力的意图。法院补充提到，"依照宪章第 94 条，ICJ 判决不能在国内法院具有自动执行的效力"。② 在法院判断条约的自动执行属性方面，虽然 Medellín 案没有偏离之前的先例，但该案采用文本的方法在某种意义上说已经与 20 世纪 70 年代的下级法院确立的判例规则有区别。

在 Medellín 案之前，下级法院采用多重因素考量的方法来判断条约是否具有自动执行性，③ 多重标准包含的因素有：条约的目的和缔约者的目的、既有的国内执行程序、合适的直接执行条约义务的机构、能否获得具有可选择性的执行方法、自动执行或者非自动执行后的短期或者长期后果。④ 而 Medellín 案的法官没有采用以上这些方法，而是以"实际的、上下文的特定背景"为基础来决定条约的自动执行属性。⑤ 多重考量因素的标准和 Medellín 案采用的文本标准的差别也不能过分夸大，因为即使在 Medellín 案没有考虑到的因素，如缔约事项、条约条款的明确程度、政治部门的立场等都可能在其他案件中成为相关的、主要的判定标准。⑥ 实际上，尽管 Medellín 案更注

---

① Foster v. Neilson, 27 U. S. 253, 1829, p. 315.

② Medellín v. Texas, 128 S. Ct. 1346, 2008, pp. 1358 – 1359.

③ Frolova v. Union of Soviet Socialist Republics, 761 F. 2d 370, 373, 7th Cir. 1985; United States v. Postal, 589 F. 2d 862, 877, 5th Cir. 979; People of Saipan v. U. S. Dep't of Interior, 502 F. 2d 90, 97, 9th Cir. 1974.

④ United States v. Postal, 589 F. 2d 862, 877, 5th Cir. 979, quoting Saipan, at 97.

⑤ Medellín v. Texas, 128 S. Ct. 1346, 2008, p. 1382 (Breyer, J., dissentin).

⑥ Curtis A. Bradley, Intent, Presumptions, and Non – Self – Executing Treaties, The American Journal of International Law, Vol. 102, No. 3, Jul., 2008, p. 543. Cf. F. Hoffmann – La Roche Ltd. v. Empagran S. A., 542 U. S. 155, 168 –69, 2004, (rejecting case – by – case approach to determining whether comity factors supported the application of U. S. antitrust law to independent foreign injury).

重解释条约的文本，但是它也没有纯粹地只采用文本方法，而是辅助地运用了目的方法，正如法院所说"条约传递了自动执行的意图"。① Medellín 案在判断条约的自动执行特性时采纳了《美国对外关系法重述》（以下简称《重述》）的观点，《重述》中提到"条约的自动执行属性主要涉及条约的国内执行方法，对这一问题应由每个缔约国自己决定"，② 有可能某些条约在这个国家是自动执行的能在国内法院直接适用，而在别的国家又是非自动执行的条约必须转换适用。具体到 Medellín 案的文本方法，法院指出，"通过条约'由总统谈判签署、参议院同意'的措辞可知条约具有国内效力"，同时，法院认为，如果条约文本包含"总统和参议院有使国际协定产生国内效力"的意图，就可以据此判断条约具有自动执行性。③ Medellín 案判决的文本解释方法对于法院判断条约的自动执行属性其有重要意义。按照以上的阐述，就自动执行条约来说，法院判定的一个条件是条约"传递了产生国内效力的意图"。但是，法院强调该判断方法不一定对美国的每一个条约的适用都有明显帮助。的确，即使 ICJ 判决在美国国内不是自动执行的，但判决依据的基础条约有可能会发生直接效力，成为自动执行条约。

同时，"国际主义"的学者坚持法院应该适用一种倾向于自动执行条约的更具说服力的标准，他们提出了以《美国宪法》的最高效力条款为基础的两个具体结论。第一个结论是，强调"所有经美国主权之下缔结的条约，都应是美国的最高法"，"最高效力"条款似乎不允许非自动执行条约的存在。根据这一标准，福斯特案中存在最高效力条款与条约的狭窄适用之间的紧张关系。第二个结论是，如果条约具有自动执行属性，那么美国就会更有效地遵守条约义务，而且最高效力原则本身体现了《美国宪法》强烈的服从条约承诺的精神。④ 但是，"保守主义"的学者，如柳约翰教授，他对上述"国际主义"的结论持不同看法。柳约翰教授从宪法条文的原旨主义和历史背景出

① Medellín v. Texas, 128 S. Ct. 1346, 2008, p. 1356 (quoting Igartua – De la Rosa v. United States, 417 F. 3d 145, 150 1st Cir. 2005).

② Restatement (Third) of the Foreign Relations Law of the United States 111 cmt. h, 1987.

③ Medellín v. Texas, 128 S. Ct. 1346, 2008, pp. 1364 – 1366.

④ Curtis A. Bradley, Intent, Presumptions, and Non – Self – Executing Treaties, The American Journal of International Law, Vol. 102, No. 3, Jul. , 2008, p. 545.

发，来反驳条约具有自动执行性的观点，他指出全球化的一个结果就是缔约范围越来越同国会立法事项相重叠，这种情况下，条约就不能是自动执行的；而非自动执行条约，通过众议院参与立法转化程序能够促进民主价值。① 柳约翰教授的结论是所有与《美国宪法》第 1 条第 8 项所列举的国会立法范围重叠的条约事项，都不能是自动执行的，条约在国内法院不能直接适用，他因此支持国会—行政协定的大量运用。② 而联邦最高法院在 Medellín 案中拒绝了"国际主义"持有的观点——条约具有自动执行性，但它又没有支持"保守主义"的方法，即考察宪法文本的立法原意，而是审查了条约的文本、结构和批准的历史，以此来分辨条约的自动执行性。③

### 四、我国条约国内适用的困难

（一）条约直接适用的司法实践十分匮乏

龚刃韧教授将我国涉及条约国内适用的法律分为两类。第一个类型的法律有类似条约直接适用的规定，也是之前提到的适用于涉外关系领域的冲突规范。它又包括三种规范方式：一是以《民法通则》第 142 条第 2 款规定的"中华人民共和国缔结或者参加的国际条约同中华人民共和国民事法律有不同规定的，适用国际条约的规定……"为代表，包括民商事、经济领域的法律在处理涉外关系争议的章节中的规定；二是以《外国人出入境管理法》第 32 条"同中国毗邻国家的外国人，居住在两国边境接壤地区的，临时入中国国境、出中国国境，有两国之间协议的按照协议执行，没有协议的按照中国政府的规定执行"为典型，包括涉及边境地区往来、边境地区卫生检疫和涉外财产继承领域的法律中的类似规定；三是《刑法》第 9 条规定的"对于中华人民共和国缔结或者参加的国际条约所规定的罪行，中华人民共和国在所承担条约义务的范围内行使刑事管辖权的，适用

---

① John C. Yoo, Treaties and Public Lawmaking: A Textual and Structural Defense of Non - Self - Execution, Columbia Law Review, Vol. 99, No. 8, Dec. , 1999, pp. 2223, 2240.

② John C. Yoo, Treaties and Public Lawmaking: A Textual and Structural Defense of Non - Self - Execution, Columbia Law Review, Vol. 99, No. 8, Dec. , 1999, pp. 2254 - 2257.

③ Curtis A. Bradley, Intent, Presumptions, and Non - Self - Executing Treaties, The American Journal of International Law, Vol. 102, No. 3, Jul. , 2008, p. 546.

本法"和《刑事诉讼法》第 17 条规定的"根据中华人民共和国缔结或者参加的国际条约，或者按照互惠原则，我国司法机关和外国司法机关可以相互请求刑事司法协助"，也直接包含直接适用条约的内容。[1] 第二个类型的法律是转化适用的情况，即这些条款中不直接包含条约适用的规定，但它都能找到与其对应的条约。此类型以《中华人民共和国领海及毗连区法》和《中华人民共和国专属经济区和大陆架法》为代表，它的对应的条约是《联合国海洋法公约》。此外，在民用航空、合同、劳动保障、妇女权益、义务教育、儿童权利、残疾人权利保护等领域都是将条约条款转化为国内立法，因为我国法院更倾向于适用国内法的规定，一般不会适用或者参照相关的国际条约裁判案件。

条约的直接适用应有两个判断标准：一是宪法中有关于条约地位的一般规定，或者国内法律中有涉及条约适用的直接规范；二是条约的规定能够被法院在个案审判中援引、参照或者解释。条约适用不以国内法律吸纳或转化条约，或者应该通过修改宪法的方式确立条约的地位，而是法院是不是能够在个案审理中援引条约、解释条约。我国香港地区继承了英国普通法的传统，对待条约尽管需要立法转化，但根据 ICCPR 公约转化后的《香港人权法案条例》肩负起了由法院适用公约的实践，即法院大量地、广泛地采用或参考国际人权公约的判例和文献进行判决。[2] 反观我国，不管条约是通过第一个类型由法律条款直接规定的方式，还是通过第二个类型由法律将条约规定转化的方式，直接的结果都是条约对我国生效，条约的条款也直接地成为国内法的一部分，我国法律基本上采取的是一元论的直接适用方法，依此法院理应能够依据包含有条约内容的法律、法规作出个案判决。但是，我国学术界长期争论的问题集中于确定我国采纳的条约适用理论是一元论还是二元论，条约是直接适用还是综合直接、间接两种适用方式，此种讨论仅停留在国内法

---

① 龚刃韧："国际人权公约与中国法"，见夏勇编：《公法（第一卷）》，法律出版社 1999 年版，第 288 – 289 页。

② 陈弘毅："公法与国际人权法的互动：香港特别行政区的个案"，载《中外法学》2011 年第 1 期，第 80 页。

律、官方解释或者声明①的层面，即使根据上述第一个类型和官方的解释确定了条约的直接适用规定，但由于司法审判中直接援引或者参考条约的个案极其匮乏，就决定了我国鲜有存在法院适用条约解决个案纠纷的实践。正如一些学者所说，尽管我国《宪法》没有规定条约的法律地位的一般条款，但能够从一些法律适用条约的直接规定中得出我国条约具有优于法律的地位的结论。② 同时，涉及在人权公约的适用方面，又不能轻易得出"国际条约能够在我国法院直接适用"的结论，③ 因为法院在判决中直接适用或者参考了国际条约的判决是少之又少的。④

（二）人权公约转化为宪法或法律的困难

我国由全国人大常委会决定批准重要条约及协定，重要条约及协定的批准权本质上具有"造法"的功能；同时，全国人大常委会还具有解释宪法的权力。全国人大常委会在审查批准重要条约及协定并作出决定的过程中，也可以同时对条约适用的条件、方式作出规定，即或者规定由司法机关直接适用，或者规定须由立法机关转化后适用。⑤ 而且，有关条约的适用既有直接适用的实践，又有转化适用的实践。1994 年 4 月 27 日，我国代表在禁止酷刑委员会审议我国政府提交的执行 CAT 公约报告中提到"我国政府承担相应义务，不再为此另行制定国内法进行转换"，表明了 CAT 公约可以在我国直接适用，只是法院还未有直接援引该条约作出判决的案例。在转化

---

① 例如，经常被学者引用的是中国政府代表在 1990 年 4 月 27 日向联合国禁止酷刑委员会作的解释。其中提到："根据中国的法律制度，有关的国际条约一经中国政府批准或者加入并对中国生效后，中国政府就承担了相应的义务，不再为此另行制定国内法进行转换，也就是说 CAT 公约已在中国生效，公约所定义的酷刑行为在中国法律中均受到严厉禁止。"

② 赵建文："国际条约在中国法律体系中的地位"，载《法学研究》2010 年第 6 期，第 202 页。

③ 龚刃韧："国际人权公约与中国法"，见夏勇编：《公法（第一卷）》，法律出版社 1999 年版，第 293 页。

④ 例如，1986 年哈尔滨市中级人民法院审理的苏联公民奥格雷劫机案和 1990 年北京市中级人民法院审理的张振海劫机案，除适用我国刑法外，也都适用或者参照了关于制止非法劫持航空器的东京公约或蒙特利尔公约的规定。但是上述两个司法判决，一个被告是苏联公民，另一个被告是从日本引渡回国的我国公民，在案情上都带有涉外因素。因此，这两个判决都不能作为国际条约能在我国法院直接适用的补充证据。引自龚刃韧："国际人权公约与中国法"，见夏勇编：《公法（第一卷）》，法律出版社 1999 年版，第 294 页。

⑤ 田军、陶蕾："宪法与《经济、社会和文化权利国际公约》的实施机制"，见中国宪法学研究会编：《宪法研究（第一卷）》，法律出版社 2002 年版，第 638 页。

适用方面，以人权公约为例，例如，《香港基本法》第 39 条第 1 款规定：
"《公民权利和政治权利国际公约》《经济、社会与文化权利国际公约》和
国际劳工公约适用于香港的有关规定继续有效，通过香港特别行政区的法
律予以实施。"另外，1992 年 4 月 3 日第七届全国人民代表大会第五次会
议通过了《中华人民共和国妇女权益保护法》，该法将 1980 年 11 月 4 日批
准的并于同年 12 月 4 日对我国生效的 CEADW 公约所确认的有关权利纳入
其中。①

　　国际人权两公约保护的权利性质不尽相同，ICCPR 公约保护的是不需要
国家太多干预的消极权利，ICESC 公约保护的是必须由国家给付或者提供条
件的积极权利；与此同时，ICCPR 公约对缔约国政府来说是"立即"执行的
义务，ICESC 公约无须即刻履行，它只要求缔约国"逐渐履行"公约的承
诺。鉴于国际人权两公约的重要意义，不管是学者还是官方的意见都赞同我
国应采用立法转化方式适用人权条约。国际人权公约以"天赋人权"、自然
法为思想基础，但我国强调主权高于人权，两者在基础观念上的差异使得我
国只能选择转化适用的方式。比照一般条约，人权公约更加重视宪法基础，
它的适用不仅要在普通法的层面进行，还必须有宪法层面的回应。这决定了
人权条约需要通过两个层面的转化实施：一是宪法转化。将人权条约的部分
权利内容转化为宪法基本权利，为其适用获得最高法的效力保障。2004 年我
国《宪法》修改中增加"国家尊重和保障人权"的条款，通过宪法确认人权
原则，是接纳"国际人权公约"中人权概念的重要步骤；二是普通法转化。
即人权条约的内容通过立法机关制定普通法律的方式获得在国内法上的适用。
这种经立法转化的条约适用是各国的普遍做法。普通法的转化适用方式需要
具备一定条件，才能使条约的适用效力得以保障。首先，转化的普通法具有
司法适用的可能性。例如，《中华人民共和国妇女权益保护法》（依据《消除
对妇女一切形式歧视公约》转化制定）、《中华人民共和国未成年人权益保护
法》（依据《儿童权利公约》转化制定）等法律，其规范条款多属于倡导

---

　　① 田军、陶蕾："宪法与《经济、社会和文化权利国际公约》的实施机制"，见中国宪法学研
究编：《宪法研究（第一卷）》，法律出版社 2002 年版，第 640 - 641 页。

性、建议性，对于损害后果、救济保障的程序规定操作性不强，未能成为具有实效性的司法适用的依据。其次，普通法转化条约的具体性。条约适用的效力保障要求国内应法转化具体明确，但这一条件又具有相对性。由于普通法在将人权条约转化过程中可能存在一定程度的异化，会导致法律与条约、法律与法律之间产生冲突，而且经济社会的发展日新月异，过于精确具体的立法转化总是落后于实践中出现的新的权利需求，新的权利主张如果依据普通法律，显然不能获得有效保障。对于人权条约来说，仅有普通法的立法转化，而宪法没有对条约内容进行概括规定，会直接影响人权条约的适用效果。因此，人权条约的转化既需要普通法的具体转化，更需要宪法的弹性转化。

# 第三节 条约适用与宪法体制

## 一、宪法体制的保守性

条约国内适用的实践受宪法体制的影响与制约。宪法的保守性表现为宪法体制的非开放性，宪法体制的非开放性决定着条约国内适用的程度与效果，一定意义上，若没有宪法对条约适用作出明示或默示的规定，就不会有实效性的条约融入国内法律体系的适用实践。近年来，国际法的"宪法化"和"国际宪政"思潮逐渐兴起，国际规则的"宪法化"意味着在国际法领域有必要建立一系列法律规则，形成一个体系化的规范整体。国际规则"宪法化"的过程必然地会涉及国与国之间、国家与国际规则之间因不同法律体系的逐渐融合。WTO 规则的宪法化是当今世界最富活力的国际法部门，对它的宪政含义研究成为国际法"宪法化"的主要内容。WTO 建立了一整套关于多边贸易体制的管理和运作规则，这些规则突出地表现出对个人贸易权利的保护和关注。与 WTO 规则相比，国际人权公约的发展却不是那么顺畅，尽管国际人权两公约得到了越来越多的国家的认同，有一百四十多个国家成为该公约的缔约国，但是对于人权概念、人权内容、人权义务、人权义务执行等方面各国存在较大的差异与分歧，造成了公约执行的困难。① 差异与分歧的原因是缔约国国内体制与国际人权执行体制的不同，即使像美国这样民主、法治完善的西方国家，在对待人权公约的态度上仍然表现出极大的保守性。国际规则"宪法化"的实现，没有缔约国国内的宪法、法律的配合难以完成，但各国的宪法在与国际法规则互动的过程中，不是一味地开放和包容，而是具有很强的非开放性，甚至予以排斥。国际规则"宪法化"的理想远大、意义深远，随着全球化的深入，它是否形成不可逆的趋势不敢轻言，而国际条约对国内法的影响却是有目共睹的，如何拉近国内法与国际规则的距离，是各国宪法体制必须思考和调整的问题。以美国为例，它是举世公认的发达的法治国家，在对待条约的态度上却生涩、保守，尽管有《美国宪法》第 6 条和第 3 条的保驾护航，宪法中规定的条约地位仍没能付诸实践。美国对待条约的态度表明，并不是法治越发达其宪法体制就越开放，相反，美国的宪法体制相对保守，这一结论可以从美国国内学界的研究分析中获得。

　　1787 年的《美国宪法》设置的条约批准程序是条约由总统签署但须经参议院的同意或建议后发生效力，生效的条约在美国国内具有"最高法"的地位。《美国宪法》如此作设计反映了当时国际交往的历史背景，即在 18 世纪后期，当时的条约主要还是围绕贸易及和平关系的双边协议，国家之间通过此种双边关系实现各自的互惠利益。现代国家之间的关系发生了很大变化，条约不再局限于调整国家间的互惠利益，而是成为一种面向所有国家开放的多边机制，条约的多边机制就是让国家尊重这种安排，典型的是国际人权条约。人权条约的多边机制对美国宪法体制的诸多方面提出了挑战。② 这些挑战主要有：一是在实体方面，人权条约的规定与宪法已有的权利保护规定相冲突，如《美国宪法》第一修正案和死刑的适用范

---

① 王玉婷：《WTO 宪政理论研究》，法律出版社 2010 年版，第 51、56 页。

② Curtis A. Bradley, Jack L. Goldsmith, Treaties, Human Rights, and Conditional Consent, University of Pennsylvania Law Review, Vol. 149, No. 2, Dec. , 2000, p. 400.

围。二是在范围、程度方面，人权条约的规定不仅有对国家提出要求，而且它的适用范围几乎涵盖了公民权利、政治权利和文化权利的各个领域。此外，条约的语言非常模糊又极具开放性，如果通过吸纳的方法将其作为国内法的一部分，那么必然地会出现适用法律的不确定性以及如何确定更多的法律的效力、地位问题。三是在结构方面，根据《美国宪法》的分权原则，有关保护和尊重个人权利的联邦立法应当有国会众议院的参与，而且联邦主义原则要求对于涉及州立法事项的条约内容不应由联邦法律或联邦政府的法规来调整。这三个方面的挑战，是美国自"二战"后的几十年里不同意批准国际人权条约的主要原因。

美国在国际人权体制的初创时期扮演了重要角色，直接参与了多个国际人权文书的起草工作。然而，到了20世纪50年代对于是否加入人权公约美国国内争论很大，主要是对国家是否应该参加国际人权体制存在分歧，因为担心批准国际人权公约后会对国内法产生消极影响。例如，对《联合国宪章》的人权条款须有国会制定公民权利的法律，有些人认为此规定超出了宪法。联邦最高法院对 Missouri v. Holland 案的判决认为国会为执行条约而进行的立法不必考虑联邦主义的原则，《联合国宪章》也优于州法。这个判决貌似合理，但实际上只有加利福尼亚州初等法院和联邦最高法院的四个法官在分析该州《外国人土地所有权法》的效力时，同意该判决的结果。① 在"冷战"时期，很多人对《联合国宪章》潜在的自动执行属性表示担忧，因为它普遍地规定了一些激进的条款，包括经济、社会和文化方面的权利。另一个引起美国国内各界关注的是1948年《防止及惩治灭绝种族罪公约》②，当时杜鲁门总统将该条约提交参议院批准时，参议员普遍地表示担忧。尽管美国是该公约的起草者，但很多参议员对该公约批准后的国内效果极不信任。首先，认为灭绝种族罪自身定义模糊。其次，担心公约的确定条款可能会与美

---

① Oyama v. California, 332 U. S. 633, 649, 1948（Black, J., concurring, joined by Douglas, J.）; id. p. 673（Murphy, J., concurring, joined by Rutledge, J.）; Sei Fujii v. State, 217 P. 2d 481, 487, Cal. Dist. Ct. App. 1950, vacated, 242 P. 2d 617, Cal. 1952.

② the Convention on the Prevention and Punishment of the Crime of Genocide.

国宪法第一修正案抵触，他们根据公约拥有潜在的保护机制，就是能够对美国海外军队官员起诉，而且会认为美国对待非洲裔美国人或者土著美国人的政策构成种族歧视。最后，更为普遍的担心是考虑该公约会侵犯美国的主权和独立。① 这些各种各样的担心导致 20 世纪 50 年代参议员 Bricker 提出宪法的修改意见，以此来限制美国的缔约权。Bricker 提出修改意见的意图就是排除自动执行条约，并且条约不具有超越各州拥有的保留权力，甚至对总统单独缔结行政决定的效力也表示质疑。为了击败"Bricker 改意见"，艾森豪威尔政府作出的承诺就是美国不会成为国际人权公约的成员国。此后的几十年里，美国总统都没有向参议院提交批准条约的提案。

20 世纪 70 年代，卡特政府改变了对待人权公约的消极立场。自他以后的每一任总统都会向参议院递交批准条约的提案，到 20 世纪 80 ~ 90 年代初，参议院最终对四个国际人权公约作出了意见，批准时附带了条件。批准附有条件的原因就是为了获得条约在国内生效，因而缔约机关构想出一条既能让美国国家批准国际人权公约，又能使条约纳入国内法的方法，这就是通过附带条件的批准方法。这些条件包括保留（reservations）、谅解（understandings）和声明（declarations），它们是美国在批准条约时提出的附带条件，统称为 RUDs。针对条约批准后的实施困难，缔约者倾向于不接受对美国有实质影响的条约条款；针对条约可能引起的程度和结构困难，缔约者声称条约是非自动执行的，只有经国会立法转化后才能在国内法院适用；针对联邦主义的结构困难，缔约者作出"谅解"，即条约的某些条款可以由各州及其地方政府实施，而不是必须由联邦政府执行条约。美国国内学界很多学者对 RUDs 的效力、合理性提出了不同的看法，形成反对和支持的两种立场。反对的意见主要是一些"国际主义"的学者，他们对RUDs 的效力表示质疑，指出 RUDs 既在法律上是无效的，而且也是一个不

---

① Curtis A. Bradley, Jack L. Goldsmith, Treaties, Human Rights, and Conditional Consent, University of Pennsylvania Law Review, Vol. 149, No. 2, Dec. , 2000, p. 412.

明智的政治决策。① 在法律效力方面，他们认为：第一，保留违反了国际法对条约附有条件行为进行限制的原则；第二，非自动执行条约的声明不符合《美国宪法》第 6 条——条约具有最高法地位；第三，根据国内法以及国际法，联邦主义的谅解或解释不符合条约由联邦政府实施的责任。从政策目标方面看，"国际主义"的学者认为缔约者不尊重国际法，正如路易斯·亨金教授所说："RUDs 破坏了半个多世纪以来建立国际人权标准的努力。"②

接受 RUDs 批准条约方式的一些学者则认为，RUDs 是一个明智的选择，因为它不仅调和了国内法与国际法之间的紧张，而且 RUDs 在"国际主义"和"保守主义"的争论③方面起到了桥梁和纽带的作用。此外，更为重要的是，RUDs 的方式解决了"二战"以来发展变化中的国际法与宪法体制相容、衔接的问题。不管从国际法还是从国内法的角度看，RUDs 毫无疑问是

---

① M. Cherif Bassiouni, Reflections on the Ratification of the International Covenant on Civil and Political Rights by the United States, 42 DEPAUL L. REV. 1169, 1173, 1993; Lori Fisler Damrosch, The Role of the United States Senate Concerning "Self – Executing" and "Non – Self – Executing" Treaties, 67 CHI. – KENTL. REV. 515, 532, 1991; Malvina Halberstam, United States Ratification of the Convention on the Elimination of All Forms of Discrimination Against Women, 31 GEO. WASH. J. INT'L L. & ECON. 49, 50, 1997; Louis Henkin, U. S. Ratification of Human Rights Treaties: The Ghost of Senator Bricker, 89 AM. J. INT'L L. 341, 342 – 50, 1995; Ved P. Nanda, The United States Reservation to the Ban on the Death Penalty for Juvenile Offenders: An Appraisal Under the International Covenant on Civil and Political Rights, 42 DEPAUL L. REV. 1311, 1335, 1993; Jordan J. Paust, Avoiding "Fraudulent" Executive Policy: Analysis of Non – Self – Execution of the Covenant on Civil and Political Rights, 42 DEPAUL L. REV. 1257, 1283, 1993; John Quigley, The International Covenant on Civil and Political Rights and the Supremacy Clause, 42 DEPAUL L. REV. 1287, 1302 – 03, 1993; Stefan A. Riesenfeld & Frederick M. Abbott, The Scope of U. S. Senate Control Over the Conclusion and Operation of Treaties, 67 CHI. – KENT L. REV. 571, 643, 1991; William A. Schabas, Invalid Reservations to the International Covenant on Civil and Political Rights: Is the United States Still a Party?, 21 BROOK. J. INT'L L. 277, 285, 1995; David Weissbrodt, United States Ratification of the Human Rights Covenants, 63 MINN. L. REV. 35, 77, 1978; Charles H. Dearborn, III, Note, The Domestic Legal Effect of Declara-tions That Treaty Provisions Are Not Self – Executing, 57 TEX. L. REV. 233, 238, 1979; Louis N. Schulze, Jr. , Note, The United States'Detention of Refugees: Evidence of the Senate's Flawed Ratification of the International Covenant on Civil and Political Rights, 23 NEW ENG. J. ON CRIM. & CIV. CONFINEMENT 641, 1997.

② Louis Henkin, U. S. Ratification of Human Rights Conventions: The Ghost of Senator Bricker, 89 AM. J. INT'L L. 341, 349, 1995.

③ 持有"国际主义"观点的是那些希望美国更多地参与国际组织或国际机构的学者；持有"保守主义"观点的是那些想要维护美国国家的主权和特权的学者。他们在美国参与国际关系问题上的长期的分歧与矛盾，对美国在"二战"后参与国际人权体制带来很大的消极影响。

有效的。① 在美国国内，RUDs 的效力得到了法院的判例支持，具有典型意义的是内华达州死刑案。② 在该案中，内华达州判处多明格斯（Michael Domingues）死刑，因为他在 16 岁时将两个人杀死。联邦最高法院认为，《美国宪法》第八修正案并不禁止对 16 岁的罪犯执行死刑，但多明格斯在内华达州法院对其死刑判决提出质疑，理由是它不符合国际人权公约的规定，美国政府在 1992 年就已经批准了 ICCPR 公约，该公约禁止低于 18 岁的人被判处死刑。内华达州辩称，美国政府在批准 ICCPR 公约时，附带有保留该条款的声明，公约禁止不满 18 岁的人适用死刑的规定不在美国生效，而且声明还提到这个公约是非自动执行条约。之后，多明格斯提出美国政府的这些附带条件是无效的，法院对此问题未作出回应。

## 二、人权条约与英国宪法体制的"危机"

英国是一个信奉议会至上的国家，议会立法具有高于条约的效力。《欧共体条约》第 189 条对其直接适用作了规定，后又通过欧洲法院的解释确立了欧共体法直接效力和最高效力。③ 欧洲法院认为，因为任何成为欧共体成员的国家，在加入时就已经将部分立法权转移给了欧共体，这是国家加入欧共体的条件；根据欧共体条约制定的法律，是一个独立的法律渊源，由于它固有的一些特点，不能被成员国的法律所超越，且任何成员国的法院在欧共体法的范围内必须适用欧共体的法律，如果成员国有与之相冲突的法律必须被宣告无效，无论该法是在欧共体法律生效之前或生效之后。英国要加入欧共体条约，就必须使欧共体法融入英国国内法体系，这就不可避免地产生一个问题：当欧共体法与一部议会立法不一致并且两者对同一案件都可以适用时，法院将如何应对？尤其在对待《欧洲人权公约》的问题上，1998 年《英

---

① Curtis A. Bradley, Jack L. Goldsmith, Treaties, Human Rights, and Conditional Consent, University of Pennsylvania Law Review, Vol. 149, No. 2, Dec., 2000, p. 402.

② Domingues v. State, 961 P. 2d p. 1279.

③ 直接效力参见 Van Gend en Loosv. Nederlandse Administratie der Belastingen ［1963］ECR1，26/62。优先效力参见 Costav. ENEL ［1964］ CMLR 425，6/64；Amministrazione delleFinanze dello Statov. Simmenthal Spa（no. 2）［1978］3 CMLR 263，106/77。转引自何海波："没有宪法的违宪审查——英国故事"，载《中国社会科学》2005 年第 2 期，第 114 页。

国人权法》是否破坏了英国长期以来的议会主权原则，其国内从正反两个方面进行了辩论。在实践中，经 1972 年《欧共体法》到 1998 年《英国人权法》，英国的条约适用体制发生了转型，通过法院依据条约解释、审查议会立法，开辟了一条既符合本国的宪政体制，又使条约融入国内法律体系的新路径。

（一）质疑《英国人权法》违反议会主权的观点

众所周知，戴雪对议会主权理论的阐述，在英国是不可动摇的真理。议会主权是理解英国宪法的钥匙，议会主权的内容包括两个方面的要素：在积极方面，议会作为一个法律实体，它能够制定它想要通过的任何法律；在消极方面，经议会通过的法律，其他任何机关如法院都不能提出质疑或挑战，一旦议会的法律被宣布为有效立法，法院只能解释和适用法律。英国一些学者认为《欧洲人权公约》下的人权保护机制与英国宪政体制不相容。他们认为，如果允许司法机关推翻立法意味着质疑和挑战立法机关制定法律程序的民主性，因此保证议会主权和多数人民主的方式就是法院无权推翻立法。1998 年《英国人权法》不同于人权的其他宪法保护，它赋予法院推翻侵犯人权的法律条款的权力，像美国、德国都有这样的保护机制，它是一种对人权的"刚性"保护而不是"柔性"防御，刚性保护建立了基本人权的防御功能：除非进行宪法修改否则基本人权不可能被法律否定或侵犯，而且此种保护基本人权的宪法修改比制定法律的程序更严格而不易完成。但在英国，有学者坚持认为这样的人权保护既不可能也不可行，因为它要求国家宪法体制的改变，就是否定议会主权原则。这些学者认为《英国人权法》有三个方面与戴雪理论相抵触：第一，除《英国人权法》第 3 条、第 4 条法院有权依照公约解释法律和有权对违反公约的议会法律作出"不一致宣告"外，第 19 条建立了一种新的手段和方式设定了议会制定有效法律的条件，如果议会立法未遵照第 19 条规定的程序，法院就会宣告该法律无效，依照戴雪的理论议会不能拘束它的继任者，在《英国人权法》之后的议会法律因违背第 19 条规定而被宣告无效，这是前法（前议会）拘束后法（下届议会）的典型例子；第 10 条赋予国王的一个内阁大臣可以通过"授权令"修改议会法律，这就构成了对议会主权原则的直接挑战。① 第二，1998 年《英国人权法》的性质是宪法性法律，具体说《英国人权法》不同于其他法律，在对待和处理该法的效力上，它不受默示废止原则的约束，② 而且它的性质和效力的特点与戴雪的假定法律之间没有位阶相矛盾，这是对英国宪法体制的间接挑战。第三，1998 年《英国人权法》建立了议会与法院之间的宪法对话模式，③ 以此保证现存的和将来的法律与公约权利相一致，这种模式又被称为"二元主权"，即主权并没有赋予议会，而是由议会和法院共享。④

（二）支持《英国人权法》与议会主权相容的观点

另有学者从戴雪议会主权理论出发，试图从戴雪的理论中找到与公约权利保护机制相融的内容。例如，Young 教授认为戴雪的议会主权原则并不真正是不受限制的：第一，戴雪所说的议会，并不是威斯敏斯特体制下的议会模式或单独的下议院模式，而是由下院（the Commons）、上院（the Lords）和君主（the Monarch）共同参与立法的体制；第二，尽管戴雪声称议会通过的立法没有法律上的限制，他并没有说议会立法权完全不受任何限制，事实上它还有内在和外在两个方面的制约。从内在的限制看，是道德的制约；从外在的限制看，是来自议会政府对不道德立法的反抗或拒绝适用；第三，戴雪认为议会立法权受到主权自身的制约，即议会不能制定法律约束其继任者（下届议会）。⑤ 1998 年《英国人权法》调和了议会主权与公约权利保护机制的紧张关系，主要是第 3 条和第 4 条的规定。《英国人权法》第 3 条第 2 款（b）规定，法院依照公约对法律所做的任何解释和第 4 条第 2 款

---

① Lord Ivine of Lairg, The Impact of the Human Rights Act: Parliament, the Courts and the Executive, Public Law: 2003, pp. 308 – 309.

② TRS Allan, Constitutional Justice: A Liberal Theory of the Rule of Law, Oxford University Press, 2001, p. 205.

③ R Clayton, Judicial Deference and "Democratic Dialogue": the Legitimacy of Judicial Intervention under the Human Rights Act 1998, Public Law: 2004, p. 33. and T Hickman, Constitutional Dialogue, Constitutional Theories and the Human Rights Act 1998, Public Law: 2005, p. 306.

④ Alison L Young, Parliamentary Sovereignty and the Human Rights Act, Hart Publishing, 2009, p. 3.

⑤ Alison L Young, Parliamentary Sovereignty and the Human Rights Act, Hart Publishing, 2009, p. 4.

对违反公约的法律作出的抵触宣告都不会影响与公约权利冲突的法律的效力，就同一事项该法律仍可以继续适用，而且根据第 6 条第 3 款（b）议会并没有必须与公约保持一致进行立法的法律责任。这符合戴雪理论中议会具有对任何事项进行立法的自由，它甚至可以制定与公约权利相冲突的法律。相较第 3 条和第 4 条，对《英国人权法》第 19 条和第 10 条的质疑和批评似乎更有力，比如，第 19 条第 1 款（a）和（b）规定，在向议会提交法律提案时，一名内阁大臣可以发表对该法案条款是否与公约权利一致的声明或者发表一份希望议会考虑该法案与公约权利是否一致的声明，被一些学者解释为设定了有效立法的条件，认为法院不应质疑或推翻议会的任何法律。[1] Young 教授认为这仅是对戴雪理论的潜在的挑战，只有在议会立法程序中不按照《英国人权法》第 19 条规定的情况下，法院才可能宣布废除该法律，这种情况也是为了议会制定出更加符合公约权利的法律。另外，《英国人权法》第 10 章第 1 条（a）赋予一名内阁大臣广泛的权力能够修改与公约权利不符的法律，或者作出一个与公约权利不相符的决定，其内容通常认为是一个"预期 Henry Ⅷ"条款，即赋予行政机关使用"授权令"推翻或修改所有与公约权利抵触的议会法律，有学者认为这与议会主权下的默示废止原则相矛盾。[2] 但 Young 教授不同意这一看法，因为 1998 年《英国人权法》中第 10 章的"预期 Henry Ⅷ"条款行政机关享有的权力是议会赋予的，该权力也可能通过明示或默示撤销"Henry Ⅷ"条款的方式被议会剥夺而失去效力，从这个意义上说第 10 章的内容并没有破坏议会主权原则。

对于《英国人权法》性质是宪法性法律违反了戴雪所主张的法律之间没有位阶的理论，反对的学者试图通过法律解释阐明宪法性法律的定位并没有挑战议会主权概念。区分宪法性法律与普通法律不在于两者的位阶高低，而仅依赖于事实，取决于法院对假定议会无意制定与前法抵触的解释程度。不

---

[1]　Feldman, The Human Rights Act 1998 and Constitutional Principles, Legal Studies：165，1999，p. 184. N Bamforth, Parliamentary Sovereignty and the Human Rights Act 1998：572，1998.

[2]　NW Barber and AL Young, The Rise of Prospective Henry Ⅷ Clause and their Implications for Sovereignty, Public Law：112，2003.

考虑与议会主权相冲突的因素，宪法性法律的定位恰好回应了戴雪理论中主权与法治之间的协调统一关系，戴雪在《宪法研究导论》中称，法院应该解释才便于保持普通法的原则，即使法院的解释不被立法机关接受，由于宪法性法律本身更有可能包括那些法院努力维护的普通法原则，因而它们不是挑战而是支持了戴雪的理论。①

此外，法律解释的广泛性也阐明了二元主权论没有挑战戴雪的议会主权概念。法院解释法律用以保护普通法原则的权力是有界限的，即法院不能为了保持普通法与公约相符而修改立法，不能质疑法律的效力。如果法院能够推翻与普通法原则相矛盾的立法，或尽管与后法冲突法院仍旧适用前法，那么二元主权论的主张就挑战了议会主权，但这种情形只有在解释和废止的界限模糊，或者赋予法院能够脱离文义及不考虑立法者意图的条件下才能发生，因此，《英国人权法》条件下也并没有形成所谓的二元主权。②

### 三、我国条约适用的宪法体制困境

我国宪法体制对条约适用实践的影响，主要是对国际人权公约适用实践的影响。

（一）自然法意义上的人权观与"人权"概念的有限继受

国际人权公约秉承了西方自近代以来的"人人生而平等"的自然法观念。美国《独立宣言》中"人人有追求生命、自由和幸福的权利"；法国《人权宣言》阐明"人权是神圣的、自然的、不可剥夺的"。生命权、自由权和财产权成为最基本的人的权利。人权先于国家、先于主权，国家存在的正当性在于尊重、保障、促进和实现人权，这一直是自然法的基本认识，正如康德所言，"人永远是目的，而不是手段"。国际人权公约中的"人权"，其权利正是基于个人权利之中的公民权利和政治权利，强调个人自由的优先性，

---

① Alison L Young, Parliamentary Sovereignty and the Human Rights Act, (Oxford: Hart Publishing, 2009), p. 12.

② Alison L Young, Parliamentary Sovereignty and the Human Rights Act, (Oxford: Hart Publishing, 2009), p. 13.

主要优于国家权力，因而人权具有终极价值。① "二战"对人权的践踏，唤起和加速了国际社会保护人权的决心。1945 年《联合国宪章》重申"基本人权、人类尊严和价值……"，联合国的宗旨就是"促成国际合作……增进并鼓励对于全人类的人权与基本自由的尊重"。《联合国宪章》确认的人权国际保护理想经由联合国大会通过的多个国际人权文书确认和具体化，包括《世界人权宣言》、ICCPR 公约、ICESC 公约在内战后四十多年里联合国制定和通过了七十多项宣言、公约和议定书，由此国际人权保障的法律体系建立起来。②《国际人权公约》的自然法表征突出地体现在 ICCPR 公约的规定之中。该公约第三段郑重宣布："按照世界人权宣言，只有在创造了使人人能够享有公民和政治权利，正像享有经济、社会和文化权利一样的条件的情况下，才能实现自由人类享有的公民政治自由、免于恐惧和匮乏的自由的理想"，③公约为贯彻这一理想具体地规定了"每一个人""人人"所享有的各种权利和自由，强调国家尊重和保障人权的义务，而且 ICCPR 公约第 4 条关于在紧急状态下国家得以克减个人权利的程序和条件规定，个人权利遭受侵犯，在穷尽国内救济后仍不能获得保护，可以向人权事务委员会提出申诉。这些规定集中体现了人权优于国家权力、限制国家权力，人权具有的最终的目的价值。④

"人权"概念纳入我国宪法，成为宪法规范的语词的过程是曲折的。与基于自然法而建立的国际人权公约体系相比，人权的目的价值、优越地位未有完整建立。首先，从 1954 年《宪法》颁布以来，《宪法》用的都是"公民的基本权利和义务"，"人权"长期被认为具有阶级性，与社会主义制度不相适应，直到 1982 年对《宪法》进行修改时，仍然强调"公民基本权利和义

---

① 吴家清、杜承铭：《比较与调适：我国加入〈公民权利与政治权利国际公约〉的宪法调整问题研究》，法律出版社 2006 年版，第 15 页。

② 李步云、王修经：《人权国际保护与国家主权》，载《法学研究》1995 年第 4 期，第 19 - 20 页。

③ 白桂梅、李红云：《国际法参考资料》，北京大学出版社 2002 年版，第 101 页。

④ ICCPR 公约第 4 条第 2 款还规定了在任何情况下都不能克减的权利，包括第 6 条生命权，第 7 条人道待遇和禁止酷刑，第 8 条第 1 款和第 2 款不得使他人成为奴隶、不得强迫劳动，第 11 条禁止债务监禁，第 15 条罪刑法定和免受重法溯及力，第 16 条的人格权，第 18 条思想、良心和宗教自由。参见吴家清、杜承铭：《比较与调适：我国加入〈公民权利与政治权利国际公约〉的宪法调整问题研究》，法律出版社 2006 年版，第 16 页。

务是人民民主专政国家制度和社会主义制度的原则规定的延伸"。① 20 世纪
90 年代中期以后，学界和官方越来越注意到人权的目的价值和意义，2004 年
《宪法》第 24 条修正案将"国家尊重和保障人权"作为《宪法》第 33 条第
3 款，其成为人权保护的宪法原则。王兆国强调："宪法中作出尊重和保障人
权的宣示，体现了社会主义制度的本质要求，有利于推进我国社会主义人权
事业的发展，有利于我们在国际人权事业中进行交流和合作。"② 但是，宪法
引入"人权"的语词，依旧是从国家的社会主义制度，扩大国际人权交流与
对话的角度，而不是基于人权自身的自然法属性及目的价值考量，延续着我
国传统宪政观念中重视权利、自由的相对性，国家利益、社会整体利益的至
上性，而轻视权利的不可侵犯性、国家权力的从属性。③ 其次，人权与主权
的关系中，更强调人权的国内属性，强调人权的国际保护必须以充分尊重国
家主权为前提。国际社会对于人权是否属于《联合国宪章》第 2 条第 7 款规
定的"本质上属于国内管辖事项"存在着分歧。我国学界认为，人权应属于
内政范畴，符合《联合国宪章》第 2 条第 7 款的"国内管辖事项"。此外，
一方面，我国政府强调人权不具有高于主权的特征，重视人权的主权制约，
特别是在诸如选举权、知情权、言论自由、结社自由等权利的享有方面，认
为它们同政治、意识形态不能分开；另一方面，政府认为只有那些像生命权、
人格权、残疾人权利、妇女儿童权利保护、国际人道主义性质的人权（包括
难民与无国籍人的保护、禁止酷刑、不人道待遇）等权利才不会受党派和政
见的影响。④ 过于强调人权的"内政"属性，体现为以主权为基础分解人权
的自然性，将人权是否带有政治特征进行分类。因此，在国际人权公约的吸
纳方面，只是部分的接受或者认可，对于其他诸如酷刑、种族灭绝、残疾人、
妇女和儿童权利保护、经济、社会和文化权利等不具有政治属性的公约基本
都已生效，对于涉及政治性的公民权利和政治权利的 ICCPR 公约却迟迟不予

① 肖蔚云：《宪法学参考资料》，北京大学出版社 2003 年版，第 95 页。
② 王兆国："中华人民共和国宪法修正案（草案）的说明"，载《全国人民代表大会常务委员会公报》2004 年第 1 期，第 72 - 73 页。
③ 吴家清、杜承铭：《比较与调适：我国加入〈公民权利与政治权利国际公约〉的宪法调整问题研究》，法律出版社 2006 年版，第 20 页。
④ 李步云、王修经："人权国际保护与国家主权"，载《法学研究》1995 年第 4 期，第 21 - 22 页。

批准。我国官方和学界通常的观点：既反对"人权高于主权"，也反对"主权高于人权"，① 实际上显示出对接纳国际人权公约的犹豫和担忧的状态，即在对待人权公约方面，更多地考虑主权和内政，但由于主权本身含义的模糊性，主权可能由国家权力控制和垄断，如果代表主权的国家权力侵害了人权，就违背了"权利是权力的界限"这一基本的宪法立场——人权本质上构成国家权力行使的界限，一味地从政治立场出发鲜有真正的人权与主权关系的逻辑分析。② 自然法的契约理论认为，人权是主权出发点和归宿，国家权力不能恣意侵犯和践踏人权，因为任何国家权力对于基本权利的限制必须有正当、合法的理由，因而主权也就根本不可能高于人权。最后，学界有学者认为，国际人权公约的权利主体与我国宪法权利主体存在逻辑差异。如莫纪宏教授认为我国宪法权利的主体是"公民"，而 ICCPR 公约的权利主体是"所有的人"，这两种主体享有的权利在内容和保护方式上存在不同。③ 此外，ICCPR 公约和 ICESC 公约是两个综合性的国际人权公约，它们规定的权利覆盖甚至超越了我国宪法规定的公民权利的各个方面，而且如果细致比照两公约的规定会发现，我国法律或有关规定与公约规定还存在诸多不一致的情况。④ 此种不同或者不一致虽不影响我国批准 ICCPR 公约，但随着条约的批准及生效，面临的选择只能是要么通过修改宪法将权利主体的构架进行分类以便于履行公约，要么通过立法解释对宪法中公民基本权利作符合公约规定的解释。

　　（二）人权救济的"司法型"途径与我国宪法救济体制的不适

　　国际人权条约体系特别强调给予受到权利侵害的个人给予司法救济方面的保护，这种司法救济保护的愿望通过国际司法程序和国内司法程序两个方面实现。在国际法方面，"二战"以后，随着人权保护成为国际条约的规范内容，享有人权主体的个人获得了类似于国家那样的国际法主体地位，突出

---

① 李步云、王修经："人权国际保护与国家主权"，载《法学研究》1995 年第 4 期，第 22 页。
② 汪习根、涂少彬："人权法治全球化法理分析"，载《现代法学》2006 年第 3 期，第 11 页。
③ 莫纪宏：《国际人权中国》，世界知识出版社 2005 年版，第 280－281 页。
④ 龚刃韧："国际人权公约与中国法"，见夏勇编：《公法（第一卷）》，法律出版社 1999 年版，第 288－294 页。

表现就是个人能够在某一国际机构以司法程序受理由个人提出的权利侵害请求。个人在其能够参加的国际诉讼中，既可以申诉人或者原告的身份出庭，<sup>①</sup>也可以承担国际责任的被告人身份出庭，<sup>②</sup> 在某些情况下还可以第三人的身份参与国际法庭的诉讼。接受个人诉讼的国际司法机构<sup>③</sup>中典型的是欧洲人权法院，1998 年 10 月 31 日生效的《欧洲人权公约》第 11 号议定书具有里程碑的意义，它将欧洲人权委员会和欧洲理事会部长委员会在裁定人权申诉方面的职能取消，并把原来的非常设的欧洲人权法院改为常设的欧洲人权法院。经修订后的《欧洲人权公约》确认了任何自然人、非政府组织或个人团体认为其根据公约所享有的基本人权、自由受到来自国家公权力的侵害时，均有权直接向欧洲人权法院起诉，缔约国不能以任何方式阻止此项权利的有效行使。<sup>④</sup> 但是，当事人在国际人权公约下的人权若遭受侵犯，其救济与保护更重要的仍然是依赖于国内法。一国公民在其权利受到侵犯后，即使是其本国在这项权利上承担了国际公约义务，他也是不能到外国法院或者国际法院寻求救济，唯一的法律救济途径是诉诸本国的法院。因此，在国内法方面建立一套行之有效的人权司法救济方法是十分必要的。而且，从国际人权公约的规范来看，很多国家都非常重视人权国内法救济机制中的司法方法，公约要求各缔约国履行人权承诺时，付诸人权的司法救济措施或者司法救济实践。<sup>⑤</sup> 如《世界人权宣言》第 8 条明确强调个人在权利遭受侵害时享有法院救济的重要性；<sup>⑥</sup> ICCPR 公约第 2 条第 3 款更加全面地规定了个人权利侵犯后享有除司法救济之外，还可以获得行政、立法等其他方面的救

---

① 个人在区域经济一体化法院中多具有起诉权，如欧共体法院体系是此类法院的突出代表。在国际海洋法法庭的海底分庭中，个人所具有的诉讼权利具有特别重要的意义。

② 如个人在前南法庭、卢旺达法庭和国际刑事法院等均作为被告人受到审判。

③ 目前受理个人诉讼的国际私法机构有主要：欧洲人权法院、非洲人权法院；联合国、国际劳工组织和世界银行等国际组织行政法庭；欧共体法院体系、欧洲自由贸易联盟法院、安第斯共同体法院、西欧联盟法院、中美洲法院、东南非共同市场法院；国际海洋法法庭海底分庭等。

④ 赵海峰、吴晓丹："个人在国际司法机构中的地位之比较研究"，载《人民司法》2005 年第 11 期，第 85 页。

⑤ 杨泽伟："论人权国际保护与国家主权"，载《法律科学》2003 年第 6 期，第 100 页。

⑥ 《世界人权宣言》第 8 条规定："人人于其宪法或法律所赋予之基本权利被侵害时，有权享受国家管辖法庭之有效救济。"

济，而且经有效裁决后执行的重要性。[①]

国际人权公约的权利救济及其实现方式，或多或少反映了西方法治社会强调的"权力分立""司法保障"的宪政理念。关于人权的国内宪法救济制度，尽管许多国家宪法规定的权利救济的形式各异，但基本上建立了依赖于普通法院或者宪法法院等的违宪审查机制，它们直接或间接的目的乃是保护个人权利。例如，美国模式的违宪审查制度，必须是公民个人在其合法权利受到实际侵害，提起诉讼并为法院受理后，才能向法院提出作为本案适用依据的法律构成违反或者不当限制了宪法规定权利的质疑，案件性和公民个人的请求是启动违宪审查的条件。德国式的违宪审查中，个人在用尽了法律救济之后，能在法定时效内直接就法律的规定违反宪法权利而向宪法法院提出质疑。[②] 即使是主张"议会至上"的英国，在1998年《欧洲人权条约》实施后，因其不具有美国、德国或法国模式下的对议会法律合宪性审查制度，其对公民的权利保障饱受非议，1998年之后英国国内就宪政体制改革进行了长期而反复地辩论，通过《英国人权法》第三章、第四章赋予法院具有解释国内法律与公约权利相一致的权力，以及赋予法院作出"抵触宣告"之权，事实上确立了法院对议会法律的有限审查制度。此外，又依据2005年《宪制改革法案》第三章的规定，2009年10月1日成立英国最高法院，这在英国宪政史上具有里程碑的意义，它取代上议院成为英国的最高终审司法机构，也使英国从真正意义上回归到《欧洲人权公约》以分权为基础的"司法保障"模式之中。

我国宪法的一项根本制度是人民代表大会制度，宪法的制定、修改、解释、监督，以及法律的制定、修改等立法活动都围绕这一制度展开。[③] 全国人大是最高国家权力机关，全国人大常委会是最高国家权力机构的组成部分，其他所有的国家机关都被置于全国人大和全国人大常委会之下，基于全国人

---

[①]　ICCPR公约第2条第3款规定："本盟约缔约国承允：（a）确保任何人所享本盟约确认之权利或自由如遭受侵害，均获有效之救济，公务员执行职务所犯之侵权行为，亦不例外；（b）确保上项救济申请人之救济权利，由主管司法、行政或立法当局裁定，或由该国法律制度规定之其他主管当局裁定，并推广司法救济之机会；（c）确保上项救济一经核准，主管当局概予执行。"

[②]　胡锦光：《违宪审查论》，海南出版社2007年版，第108页。

[③]　胡锦光：《违宪审查论》，海南出版社2007年版，第115页。

大及其常委会与其他国家机关之间上下监督、决定或者负责的关系，任何其他的国家机关不具备对全国人大及全国人大常委会制定的法律是否违反宪法而进行审查的资格。[①] 目前我国在立法实践中，对于已经批准或者加入的 27 个国际人权公约，立法机关都直接参照国际条约的规定进行了相应立法，立法参照保证了法律、法规符合条约的要求。但这种参照国际条约的行为，不能证明司法实践中条约能够在法院被直接适用或者优先适用。劳特派特曾经指出，实现国际人权法的最有效方式就是通过国内法院的审判活动，而且无论是 1948 年《世界人权宣言》还是 1966 年 ICCPR 公约都突出地强调了司法救济在人权保护方面的重要作用。[②] 法院是最有可能发现是否存在违背宪法权利的情形，法律在司法适用中才能更有效地发现其是否违宪。由于我国建立的不是由司法机关进行违宪审查的体制，虽然宪法中规定了广泛的公民基本权利，但关于侵害宪法权利的法律的判断决定权不归于法院而是属于全国人大及其常委会，这种"自我审查"的宪政体制不允许法院在审理个案过程中，对适用的法律是否违宪作出判断，公民个人若质疑或者挑战违反宪法的法律只能向全国人大常委会提出审查请求。全国人大常委会已经批准了多个国际人权公约，它们基本上经由全国人大常委会的立法转化为国内法的一部分，鉴于法院不能依据宪法规定直接援引和适用，全国人大和全国人大常委会又不能经常审查法律规定，宪法对国际人权公约条款的审查、控制鲜有进展。到目前为止，我国法院一直还未有过直接援引国际人权公约作出判决的案件实践。国际人权公约之下的人权保障不能通过司法的途径来实现，公约的条款规定仅止步于立法层面，它们在国内保护人权的功能和效力大大减弱，这不利于我国推进尊重和保障人权以及履行国际人权公约的义务。

---

[①] 胡锦光：《违宪审查论》，海南出版社 2007 年版，第 114 页。
[②] 龚刃韧："国际人权公约与中国法"，见夏勇编：《公法（第一卷）》，法律出版社 1999 年版，第 288－293 页。

# 第六章　条约国内解释的路径

## 第一节　条约适用的冲突

### 一、条约冲突的发生及解释的意义

条约发生国内法上的效力，就意味着条约能在国内直接适用或者间接适用。有的国家宪法明确规定，条约自动地成为国内法的一部分直接适用；有的国家则坚持二元论，条约须经国内立法机关的立法转化之后才能适用。对于第一种情形，可能会出现针对同一事项，条约和国内法同时作出规定，如果条约的规定和国内法律的规定不同，就产生了条约和国内法律的冲突。针对条约所规定的同一事项，国内法律有不同或是相反的规定，国家以及国家之内的机关就需要决定适用条约还是适用国内法，尤其是国内法院，必须通过案件判决指明它所根据的法律规则。如果国内法律与条约冲突，它需要在条约和国内法律的规定之间作出选择判断，确定案件的适用依据。[①] 按照"谁制定法律谁解释法律"的原则，条约的解释权属于全体缔约国或其授权的机构。在一个有效条约通过纳入或转化方式并入一国法律体系之后，条约的解释则变为缔约国国内的某个机关负责解释条约在国内适用中遇到的问题，而且条约在国内适用中的解释应由国内法规定。关于国内法与条约发生冲突的原因和解决方法，有些国际条约并不规定由国家司法和行政机关直接适用，

---

[①] 王铁崖："条约与国内法律的冲突"，见邓正来：《王铁崖文选》，中国政法大学出版社 1993 年版，第 551 页。

这时国家就必须通过立法机关制定一项由法院和行政机关适用的适当的法律。但有些国际条约也可能规定它能直接由法院和行政机关适用，无须另行立法，如果国家机关被授权直接适用条约，在国内法和条约发生冲突时就面临应适用哪个规范的问题，解决冲突的方法有三种：一是适用国内法；二是适用后法优于前法的原则；三是国际条约优于国内法。在这三种可能性中，究竟采取哪一种方法只能取决于对现实法律秩序的解释。

不管在"一元论"下条约整体纳入国内法，还是"二元论"下条约转化为国内法，条约都最终成为有效的国内法律的一部分，即条约内容或者是宪法的一部分，或者是形成普通法律。这是条约适用的基础，适用条约的关键在于实施那些经纳入或转化的国内法规定。条约的适用前提是立法适用，条约适用的实现是司法适用。我国对于条约适用的实践仅停留在立法适用阶段，条约的司法适用还遥不可及。ICCPR 公约的批准可能会产生条约直接的司法适用与宪法条款不能被法院判决援引和解释之间的冲突。这就是说，我国如何对待条约的司法适用又集中在了宪法的实施问题上。2001 年 8 月 13 日，在我国正式批准 ICESC 公约后不久，最高人民法院作了一项司法解释，它是针对山东省高级人民法院请示"齐玉苓诉陈晓琪"处理意见的批复。这个批复中说："根据本案事实，陈晓琪等以侵犯姓名权的手段，侵犯了齐玉苓依据宪法规定所享有的受教育的基本权利，并造成了具体损害性后果，应承担相应的民事责任。"当时学界一部分学者认为该案是宪法直接的司法适用效力的体现。宪法一方面调整国家、政府与公民之间的关系；另一方面调整公权力机关之间的关系。宪法的人权保障功能主要是限制公权力，限制的表现是建立以公权力机关为被告的宪法诉讼制度，而不是将宪法作为解决公民之间民事纠纷的法律依据。将宪法的直接适用作为普通法民事救济的补充手段，从宪法的法律属性以及保障公民基本权利的需要上看，并不违反法治原则，也是完善我国条约司法适用的主要方向。在"用尽普通法救济"的前提下，宪法的直接适用或宪法诉讼的实质内容是审查国家公权力机关的立法行为和行政行为的合宪性，防止或救济公权力对公民个人权利的侵害。人权条约的权利主体多数情况下是公民个体，义务主体是国家即公权力机关，如果利用公民宪法基本权利条款的直接适用效力来支持或者解释条约条款，有利于条约司法适用的实现。此外，我国宪法与国际人权条约在人权来源、人权主体以及人权保护的目的等方面还存在差异，宪法的规定与公约中个人权利的规定还有一些不一致之处，宪法又未对条约的地位、效力等级作出规定，这就需要借助于宪法解释，在个案中具体适用、解释条约的内容，以便更好地协调宪法与条约的关系。

## 二、条约国内解释的机关

条约在国内适用中，可能会出现就同一事项，国内法的规定与条约的规定不一致，① 按照"谁制定法律谁解释法律"的原则，条约的解释权属于全体缔约国或其授权的机构，在一个有效条约通过纳入或转化方式并入一国法律体系之后，条约的解释则变为缔约国国内的某个机关负责接受条约在国内适用中遇到的问题，对于条约在国内使用中的解释应由国内法规定。缔约国可以通过事前和事后两种方法避免冲突。采用事前的方法避免冲突，包括对条约条款的保留、修改国内法或者不批准条约的手段，这些在之前的章节已做了说明。采用事后的方法，就是在条约对该国生效以后，在适用和执行过程中，通过适用条约的个案就国内法与条约不一致的情形作出解释，至于此种解释是由行政机关作出还是由司法机关作出，甚至由立法机关来解释，都取决于各国国内法的规定。

例如，美国法院对于个案适用条约这样的问题，受"司法谦抑"和"政治问题回避审查"原则的影响，柳约翰教授从形式和功能的立场，认为条约的解释权归于总统。根据《美国宪法》的规定及国家实践，总统有单独解释和重新解释条约的权力，因而总统对于联邦法院应用条约裁判的条件存在合理疑问的，可以质疑联邦法院在条约适用中的角色。② 总统的条约解释权的依据是《美国宪法》第2条，既然缔约权归属于总统，那么条约的解释权当然地由总统来行使。在条约解释问题上，也要达到行政机关和立法机关之间

---

① 如果采取立法转化的方式接纳条约，那么国内法与条约的冲突则变为国内法与国内法之间的冲突。

② John C. Yoo, Politics as Law?: The Anti – Ballistic Missile Treaty, the Separation of Powers, and Treaty, California Law Review, Vol. 89, No. 3, May, 2001, p. 851.

的分工制衡。《美国宪法》第 1 条将立法权赋予国会，而缔约权本质上不是立法权，《美国宪法》之所以规定参议院的缔约权限，是因为参议院履行着行政机关的职能，并不表明缔约权具有立法的功能，因为《美国宪法》第 2 条已经明确了总统具有条约解释的垄断地位。① 而 Van Alstine 教授认为特定的条约，如那些具有私法性质的条约，联邦法院应具有在条约的范围内解释条约的权力。② Van Alstine教授反驳"所有的条约事项在本质上都属于行政机关的权限范围"的观点。他认为条约的适用应根据其内容分为两种情况，如果是那些对主权国家施加限制的条约，如外交、防御、国家核心利益的条约，那么由行政机关解释条约具有明显的优越性。但如果条约直接为个人创设了权利或义务，事实上创设了在法院直接适用的救济权利，不管从形式上还是从功能上看它都具有了《美国宪法》第 1 条规定的"立法"的属性，这些条约相当于立法机关制定的法律。这样，结合《美国宪法》第 6 条的"最高效力"条款和第 3 条司法机关具有法律解释上的最终权威，③ 可以得出私法性质的条约联邦法院具有解释权。

《法国宪法》第 55 条确定了条约高于法律的地位，但这一规定并不能解决审判实践中可能发生的各种问题，法院在个案适用法律的过程中对涉及条约含义时所作的理解和解释是必需的。通常法院是以宪法规定为前提，会考察案件适用的国内法律与条约冲突的情况，权衡运用何种解释方法来理解国内法与条约之间的关系，以便将条约在法国国内的适用规则更加明确化、具体化。法国国内法与条约之间的冲突可分为两种情形：一是新条约与旧的国内法律之间的冲突，二是旧条约与后制定的国内法律之间的冲突。根据《法国宪法》第 53 条，修改国内法的条约必须根据法律予以批准或核准。经过依法批准或核准的程序，新条约与既有法律之间的冲突就演变成了新旧法律之间的冲突，只需依照新法优于旧法的原则处理即可，不需要援用《法国宪

---

① John C. Yoo, Politics as Law?: The Anti‐Ballistic Missile Treaty, the Separation of Powers, and Treaty, California Law Review, Vol. 89, No. 3, May, 2001, p. 869.

② Michael P. Van Alstine, Dynamic Treaty Interpretation, University of Pennsylvania Law Review, Vol. 146, No. 3, Mar., 1998, pp. 687–793.

③ Michael P. Van Alstine, The Judicial Power and Treaty Delegation, California Law Review, Vol. 90, No. 4, Jul., 2002, p. 1267.

法》第 55 条。若刨根问底，还会发生一个疑问：旧法律是因条约之公布而绝对地废止，还是仅因为与条约有抵触而相对地不予适用？最高行政法院（Conseil d'Etat）倾向于后一种意见，认为一旦条约被废止或者中止，与之相抵触的旧法律将自动地恢复适用。旧条约与新法律之间的冲突较为复杂。如依循新法优于旧法原则，结果将是法律优先于条约。还有人认为，《法国宪法》第 55 条强调条约自公布之后才优先于法律，意味着条约的优先性只针对当其公布之时已经有效的法律，并不涉及此后才制定和颁行的法律。条约的解释权是赋予行政机关还是法院，法国最高行政法院政府专员发表的意见从正反两面详尽分析了由法院解释条约的利与弊。他首先将行政机关解释条约的优势归纳为：从实践上讲，条约的谈判是由政府参加的，谈判的各种准备文件、辅助资料也保存在政府手中；从法律上讲，各缔约国对条约的共同解释须由政府参与；而在单边解释的场合，负责外交事务的政府比法院更为适宜，这样做能降低招致缔约他方批评抗议和引起国际责任的风险。同时，法院解释条约的优势在于，法官虽未亲自参与条约谈判，但完全可以获知解释条约所需的背景资料；法院完全具备解释条约的能力和经验。条约和法律的解释规则十分接近，法官在解释法律过程中完全可以掌握解释条约的基本技巧，并且审级制度还为下级法院的错误解释提供了补救机会。20 世纪 90 年代通过一系列的案件，法国最高法院明确指出条约的解释是属于法官的职责，但最高法院的刑事庭的法官不能解释条约；同时，法国最高行政法院与此规则不同，行政法官可以要求政府部门提供意见，法官自行考虑是否予以接受，但不受政府意见的拘束。[①]

在英国，制定法明文规定实施条约的情况下，如果制定法有模糊和含混之处，法院将参照条约，即按照符合英国承担国际义务的方式予以解释。[②]面对缔结的条约，议会通过立法将其转化为国内法，视为议会有履行国际条约的意愿，法院所要解决的问题是：它应该采取什么样的方式发现议会有此意图，这就涉及法院在适用法律时要不要解释条约的问题，法院需要考虑有

---

① 粟烟涛：“法国在司法审判中直接适用条约的问题和经验”，载《欧洲研究》2010 年第 3 期。
② ［英］詹宁斯、瓦茨：《奥本海国际法》，王铁崖、陈公绰等译，中国大百科全书出版社 1995 年版，第 34 - 35 页。

关条约的内容是否能成为解释法律的手段，即借助条约内容解释法律。在"所罗门案"（Salomon）中，迪普洛克法官阐述了借助条约的两个条件：（1）立法条款不明确，但能合理推定出一个以上的含义；（2）存在有力的外部证据，表明颁布法律是为了履行特定条约下的义务。如果制定法旨在实施条约，那么条约构成了解释法律的合理手段，尤其是制定法中的潜在模糊性，而且推定议会或国王没有故意不履行条约的意图，因而可以将条约作为解释制定法的来源或证据。从1974年起，英国法院在解释和适用制定法的过程中，一致地将有关国际人权的条款考虑在内。[①] 1998年《英国人权法》第3条规定的"尽可能地将议会立法解释得与公约一致"，将面临的问题是：法院解释的深度。就是说，法院是否可以不顾议会立法语义和原意作出与公约一致的解释，法院的解释空间有多大，如果在解释中暗含修改或修正议会立法的内容是否允许？英国对此问题的态度是明确的，法院依据条约解释议会立法是法律适用的活动，无论法院是依照议会法律进行解释，还是依照条约进行解释，它可以挖掘条文语义中的新的意思，但不能意图创设新的立法，法院个案解释的程度必然受到限制。

### 三、条约冲突的解释类型

各国对条约适用所采取的不同方式，大致可分为两种情况：一是采取一元论下的整体纳入；二是采取二元论下的转化适用。在这种两种适用模式下，条约在国内的地位又可分为三种情形：第一，与宪法具有相同地位；第二，低于宪法高于法律；第三，与国内法律地位相等。但是在司法适用的实践中，必须考虑条约人权条款与一般国际法不同的特殊性，它构成制宪、修宪的界限，应具有与宪法相同或低于宪法高于法律的地位。因此，条约人权义务条款的国内解释有两种：依据条约解释法律、审查法律；依据宪法解释条约、审查条约。

（一）依据条约解释法律、审查法律：欧洲法院

欧洲法院是欧共体唯一的司法保障机构，其职责在于解释和适用条约方

---

① ［英］伊恩·布朗利：《国际公法原理》，曾令良、余敏友等译，法律出版社2007年版，第39－40页。

面确保法律得到遵守。《欧共体条约》是授权性质的框架协议，它只规定了欧共体的任务和目标，确定了共同决策的范围，至于具体如何完成条约提出的任务，则授权欧共体机构通过制定二次立法来完成。但由于立法程序方面的低效率和局限性，欧共体二次立法远远无法回应迅速发展的一体化进程，整个欧共体法律体系存在大量法律漏洞和模糊区域，这在客观上产生了对司法解释的迫切需要。①《欧共体条约》第 234 条规定，欧洲法院对下列事项享有初步裁决的管辖权：（1）本条约的解释；（2）本共同体各机构和欧洲中央银行之法规的效力和解释；（3）依据理事会法规建立之机构的规约之解释。这一规定使欧洲法院以个案解释条约的方式增强了欧共体法的规范效力，扩大了欧共体法的适用范围。欧共体立法的直接效力原则、最高效力原则、人权原则都是通过判例及其解释形成。例如，根据初步裁决程序，个人可以在国内法院主张其所在的成员国违反了欧共体的某项规定，国内法院可以对有关欧共体规定是否真正具有直接效力寻求欧洲法院的裁决。② 相比欧洲理事会中的欧洲人权法院的人权保护机制，欧共体欠缺人权保护机制使它的正当性受到质疑，欧洲法院在早期曾多次驳回或拒绝成员国公民对欧共体机构侵犯人权的申诉，理由是《欧共体条约》没有关于人权保护的依据。这一立场在 1969 年的斯托德（Stauder）案发生了转变，欧洲法院通过个案判决的方式巧妙地解释出条约有保护人权的规则，弥补了《欧共体条约》无人权保护规定的缺漏，而且为欧共体创设了一套行之有效地保护人权和其他基本权利的机制。③ 这一机制的主要特点就是欧洲法院通过个案参照或解释或援引《欧洲人权公约》形成判例法，通过司法判决对欧洲联盟各机构和成员国在欧共体法所涉及领域采取的尊重人权的行为进行监督，也因此《欧洲人权公约》成为欧洲联盟人权保护机制的法律依据。此后，《欧洲联盟条约》表示欧共体尊重《欧洲人权公约》所保护的、源自各成员国共同的宪法传统的，

---

① 王千华：“论欧洲法院的法律解释方法——一个一体化的视角”，载《中外法学》1985 年第 5 期，第 79 页。

② 曾令良：“论欧洲法院与成员国法院的关系及其发展”，载《广西师范大学学报（哲学社会科学版）》2003 年第 3 期，第 7 页。

③ 赵海峰：《欧洲法问题专论》，中国法制出版社 2007 年版，第 55－56 页。

并作为共同体法一般原则的基本权利,《阿姆斯特丹条约》再次重申了这一原则。[①]

(二) 依据宪法解释条约、审查条约:我国宪法、法律的规定

我国已经于 1997 年正式签署 ICCPR 公约,将来必然地会批准及适用该公约。但 ICCPR 公约与我国宪法在人权来源、人权主体与人权目的等方面的规定还存在差异,因而在人权保护的具体规范上,ICCPR 公约与我国宪法规定的基本权利不可避免地会出现不一致或冲突,尤其是对那些公约有规定而我国宪法未规定的基本权利,就必须找到两者弥合的办法。条约的人权保护条款在我国国内应具有类似宪法的地位,宪法的最高地位决定了不可能将人权公约作为解释宪法的效力依据。由于经我国缔结的条约可能会与国内法律发生冲突,《缔约条约程序法》专门设置了条约批准的审查标准。依据该法第 7 条第 2 款第 (5) 项"同中华人民共和国法律有不同规定的条约、协定"的规定,全国人大常委会审查条约条款是否与我国法律冲突时,是以我国法律的规定为依据作出判断。《缔结条约程序法》设立条约批准的审查标准的意图,就是对条约执行及适用的条件加以限制,使得与法律有不同规定的条约要么不能进入我国法律体系,要么更改或排除与法律有不同规定的条约条款的效力。这样做的结果就是,经全国人大常委会批准的条约能够与国内法律体系保持一致,避免条约在适用中与国内法律发生冲突。由此,我国在条约国内适用上是采取依据宪法解释条约的实践。在具体方法上,有学者认为可以借助于宪法的弹性解释或扩张性解释,即将我国宪法中与公约相似的权利做扩张解释,扩大宪法某一个权利规范内涵。例如,公约中"人道待遇"可以考虑纳入《宪法》第 38 条"禁止侮辱、诽谤和诬告陷害";公约"不被奴役"的规定可以纳入《宪法》第 37 条"人身自由与安全"的规范;公约"被剥夺自由的人格尊严"可部分地纳入《宪法》第 38 条"人格尊严"条款。[②] 通过运用此种扩张解释的手段,将公约人权义务条款进一步以立法、司法的方式加以贯彻和实施,来推动我国条约国内适用的实践。

---

① 朱晓青:《欧洲人权法律保护机制研究》,法律出版社 2003 年版,第 222 页。
② 刘连泰:《〈国际人权宪章〉与我国宪法的比较研究》,法律出版社 2006 年版,第 52-53 页。

# 第二节　司法机关解释

## 一、美国司法机关解释条约

（一）法院行使条约解释权的理由：条约与法律性质相同

《美国联邦宪法》第6条中"最高效力"条款确定了条约的"最高法"的地位，总统缔结的条约具有直接适用的效力，它们潜在地具有法律转换的功能。[①] 因此条约一经批准，它的实质性条款既优于与其冲突的州法，也高于旧的联邦法律。[②] 在"福斯特诉尼尔森案"中，联邦最高法院承认条约的功能不仅是主权之间的契约，"条约从本质上说是两个国家之间的契约，它没有普遍的效力。但美国确立了一个与其他国家不同的规则，宪法宣称条约是美国的法律，如此的结果就是在法院看来条约与法律的地位相同，只是对于自身难以直接适用的条约就需要立法机关的辅助"。[③] 该案的判决表明，条约内容具有多样性，这样就排除了所有条约都具有普遍稳定的同一规则的属性。[④] 有些条约是被直接"吸纳"的，[⑤] 它仅是美国对外国政府的承诺，在此情况下，条约属于政治问题，而不应由司法机关参与。[⑥] 然而，以"主权契约"模式的条约已经衰微，那些具有普遍意义的条约远远超过了双边条约成为主导，一些普遍性的条约中为个人创设了能在法院直接适用的权利。从形式上讲，"最高效力"条款已经确立了这些条约的法律地位，结合《宪法》第3条司法权本身具有的法律解释属性，司法机关同样也可以对条约进行解

---

① Michael P. Van Alstine, The Judicial Power and Treaty Delegation, California Law Review, Vol. 90, No. 4, Jul. , 2002, p. 1265.

② Whitney v. Robertson, 124 U. S. 190, 1888; Breard v. Greene, 523 U. S. 371, 376, 1998.

③ Foster v. Neilson, 27 U. S. 253, 314, 1829.

④ Michael P. Van Alstine, The Judicial Power and Treaty Delegation, California Law Review, Vol. 90, No. 4, Jul. , 2002, p. 1271.

⑤ Foster v. Neilson, 27 U. S. 253, 314, 1829.

⑥ Cherokee Nation v. Georgia, 30 U. S. 1, 30, 1831.

释。正如 Carlos Vázquez 教授所说"《美国联邦宪法》第 3 条和第 6 条改变了条约与国内法效力上的区分，这两个条款使条约成为法院裁判案件的直接依据"。① 除"福斯特诉尼尔森案"外，联邦最高法院曾经一度否认条约是非自动执行的，尤其是涉及政治问题的条约，法院曾就政治性条约的定性及条约的非自动性等问题作出判决。② 司法机关能够行使对条约解释的权力，实际上是《美国联邦宪法》第 3 条含义的扩大和延伸，但该条的规定也不意味着个人在任何时候都可以直接援引条约主张权利，相反，联邦最高法院通过"福斯特诉尼尔森案"就是将非自动执行的条约排除在直接适用的范围以外。例如，有些条约的语言过于模糊不适于司法适用；还有些条约涉及政治问题，法院通常没有管辖权。③ 对于经国会审查确定的自动执行条约，它们的效力应当等同于《美国联邦宪法》第 1 条的联邦法律。④ 而且，与"主权契约"模式相反，自动执行条约在形式上和功能上都与《美国联邦宪法》第 1 条规定的立法相同，这就印证了汉密尔顿所说的"具有立法权的属性"，因为它们直接规定了调整社会的规则，在"福斯特诉尼尔森案"中也直接说明了"自动执行条约等同于国会制定的法律"。

美国联邦最高法院一直的观点是国会制定的法律并不一定符合条约，根据法院的判例规则，在国内法与条约发生冲突的场合，美国法院适用的是国内法。⑤ 美国初级法院也普遍认为国会的立法⑥和行政机关⑦的活动不要求一定与习惯国际法相符。《美国联邦宪法》第 2 条仅表明在缔约程序的范围内

---

① Carlos Manuel Vázquez, Treaty – Based Rights and Remedies of Individuals, Columbia Law Review, Vol. 92, No. 5, Jun. , 1992, p. 1082.

② Japan Whaling Ass'n v. Am. Cetacean Soc'y, 478 U. S. 221, 230, 1986.

③ Carlos Manuel Vázquez, The Four Doctrines of Self – Executing Treaties, The American Journal of International Law, Vol. 89, No. 4, Oct. , 1995, p. 717.

④ Carlos Manuel Vázquez, Treaty – Based Rights and Remedies of Individuals, Columbia Law Review, Vol. 92, No. 5, Jun. , 1992, p. 1125.

⑤ Breard v. Greene, 523 U. S. 371, 376, 1998; Chae Chan Ping v. United States (The Chinese Exclusion Case), 130 U. S. 581, 600, 1889; Whitney v. Robertson, 124 U. S. 190, 194, 1888.

⑥ Galo – Garcia v. INS, 86 F. 3d 916, 918, 9th Cir. 1996; United States v. Yunis, 924F. 2d 1086, 1091, D. C. Cir. 1991; Garcia – Mir v. Meese, 788F. 2d1446, 1453 – 1454, 11th Cir. 1986.

⑦ Barrera – Echavarria v. Rison, 44F. 3d 1441, 1451, 9th Cir. 1995; Gisbert v. U. S. Attorney Gen, 988F. 2d 1437, 1447 – 48, 5th Cir. 1993.

参议院和总统有履行国际法的承诺，而国际法的义务并不能约束缔约范围以外的国会立法行为和行政行为。

《美国联邦宪法》缺乏条约司法适用的明示规定，而且历史上一直将条约问题与政治联系在一起，这就使得美国法院在处理涉及条约的缔结和条约的实施问题上扮演着消极、谦抑的角色。美国法院认为条约是有权机关制定的法律，因此它无权宣告条约中的任何条款无效，除非条约条款违反了《美国联邦宪法》。[①] 美国法院不会对条约的国内效力或国际效力问题进行司法审查，因为《美国联邦宪法》的文本中并没有明示缔约权的范围、程度及例外情况。"Edye案"的判决中提到"条约是独立国家之间的订立的契约，条约的适用与实施取决于国家之间的利益和政府的荣誉"。[②] 据此，美国法院长期坚持的观点是，尽管条约也是适用法律的手段之一，但条约的创制特别是它的执行主要受政治因素的影响。[③] 首先，法院支持行政机关对条约问题作出的决定。法院将条约看作政治分支范围内的事项，并对其决定给予充分地尊重，如认为北美自由贸易区协定的合法判断是一个政治问题，由总统和国会缔结的该行政协定是合乎宪法的;[④] 承认卡特总统单方面终止"美台共同防御条约"的效力。[⑤] 其次，条约的谈判、遵守和条约的地位等问题都属于由行政机关裁量的事项。[⑥] ……最后，法院在审理涉及适用条约的案件时非常重视行政机关对条约所作的解释。[⑦] ……

在条约问题上，美国法院对政府部门保持一种明显的谦抑态度。因此，面对条约的保留，法院的普遍做法是倾向于忽略美国保留条款合法判断问题，法院不可能适用习惯国际法的保留条款而宣告美国对 ICCPR 公约"不满18岁少年不适用死刑"条款的保留无效，因为如果它对保留条款的效力作出裁

---

① Doe v. Braden, 57 U. S.（16 How.）635, 657, 1853.

② Edye v. Robertson（Head Money Cases）, 112 U. S. 580, 598, 1884.

③ Curtis A. Bradley, The Juvenile Death Penalty and International Law, Duke Law Journal, Vol. 52, No. 3, Dec., 2002, pp. 485 – 557.

④ USA Found. V. United States, 242F. 3d 1300, 1311 – 14, 11th Cir. 2001.

⑤ Goldwater v. Carter, 444 U. S. 996, 996, 1999.

⑥ Edwin D. Dickinson, International Political Questions in the National Courts.

⑦ United States v. Stuart, 489U. S. 353, 369, 1989；Sumitomo Shoji Am., Inc. v. Avagliano, 457U. S. 176, 184 – 85, 1982；Kolovrat v. Oregon, 366 U. S. 187, 194, 1961.

决就意味着法院介入缔约程序，① 这明显不符合法院谦抑的特征。

ICCPR 公约国内适用的另一个障碍就是总统和参议院在批准条约时附加的声明称："条约的实质性条款都是非自动执行的。"② "非自动执行"意味着如果国会没有进一步地立法活动将条约转化为国内法，法院就不能以条约作为裁判案件的依据。③ 根据美国法律，如果条约不能自动执行，就必须先由国会制定转化条约的立法后，法院才能适用条约。④ 比如，ICCPR 公约中"少年犯不适用死刑"的条款即使对美国有拘束力，因为它的非自动执行属性，美国法院也不会作出与该条款抵触的美国法无效的判决。

（二）文本主义解释方法的运用

Stuart 案涉及美国和加拿大之间的纳税信息的条约，该条约便于两国分享纳税人税负的信息。在 Stuart 案中，纳税人认为美国法律禁止美国国税局以行政传唤方式收集有关纳税人能力的信息违反了条约规定，并且该问题已经提交到司法部门由其作出犯罪指控，但是美国和加拿大缔结的这个条约并没有关于在犯罪调查期间分享信息的禁止性规定，因而两国的征税部门就有义务提供根据本国财税法所收集的信息。法院要解决的问题是：美国的税务部门需要从加拿大税务机关确认在满足分享信息的请求前，加拿大有没有以刑事指控来对抗纳税人的纳税能力。⑤ 大多数法官不同意美国财税法中对纳税人的解释，但暗示条约的目的只是支持条约必需的信息请求。在分析该案时，联邦最高法院的大多数法官从参议院事前批准的争论、缔约谈判的事项范围、条约签署的实践中获取证据支持。同时，法院从更早的案例中重新确认缔约规则，⑥ "条约通常采用的是目的解释的方法"。但是根据大法官斯卡利亚的观点，法官求助条约文本以外的材料是不适当的，因为不管是法律还

① Curtis A. Bradley, The Juvenile Death Penalty and International Law, Duke Law Journal, Vol. 52, No. 3, Dec., 2002, pp. 485 – 557.

② U. S. Senate Resolution of Advice and Consent to Ratification of the International Covenant on Civil and Political Rights, 138 CONG. REC. 8070, Apr. 2, 1992.

③ United States v. Postal, 589 F. 2d 862, 875 – 76, 5th Cir. 1979; Jama v. INS, 22 F. Supp. 2d 353, 365, D. N. J. 1998.

④ Foster v. Neilson, 27 U. S. （2 Pet.）253, 314, 1829.

⑤ Stuart, 489 U. S. pp. 365 – 368.

⑥ Bacardi Corp. of America v. Domenech, 311 U. S. 150, 1940.

是条约，它们的规定都是足够明确的，比起其他解释方法，立足于文本比求助于背景、谈判材料更具有预见性。① 而且在其他案件中，大法官斯卡利亚仍旧坚持文本主义的解释方法，批评文本以外的事实可能会推翻条约的文本。② 在文本主义者看来，法官不是要预见立法者的意图，而是要注意解释法律中术语的含义，是基于中立的第三方的解释，而不是立法者自己的主观解释。③

文本主义的方法在 Chan 案中获得美国联邦最高法院多数法官的支持。Chan 案涉及航空公司根据《华沙公约》是否丧失了因限制容忍而具有的利益，因为未能提供对乘客票价进行限制的通知义务。无论是最初的条约还是修改以后的协定，都没有阐明航空公司不符合通知程序的制裁，而申请人认为从修改后的协定文本和整个公约的目的来看，这种制裁是适当的。④ 大法官斯卡利亚驳斥了基于条约目的的抗辩的理由。他指出，条约处理货运上课加的制裁只是针对有瑕疵的通知，而在客票的通知方面，公约没有针对有瑕疵的通知明确规定制裁。在这种情况下，斯卡利亚认为法院必须根据文本作出裁决。⑤ 然而，Chan 案中运用的文本主义方法被 Olympic Airways 案代替。该案大多数法官，如大法官托马斯重申依据先例原则，条约不是立法，而是主权国家之间的契约，相应地法院有责任去解释条约中的某些事项是符合缔约各方的预期（利益）。⑥ Olympic Airways 案涉及《华沙公约》的一个由商业飞行事故引起的乘客损害赔偿责任的条款。申请者的丈夫患有气喘疾病，在乘务员拒绝他离开飞机的吸烟区后死亡。⑦ 大法官托马斯认为，对"事故"语义的理解不仅要参照公约的文本和字典中包含的意思，而且还要参考两个缔

---

① Stuart, 489 U. S. at 371 (Scalia, J., concurring in the judgment).

② Discussing Sumitomo Shoji Am., Inc. v. Avagliano, 457 U. S. 176, 1982.

③ Justice Scalia noted in his concurrence in Green v. Bock Laundry Machine Co, 490 U. S. 504, 528, 1989 (Scalia, J., concurring).

④ Chan v. Korean Air Lines, Ltd., 490 U. S. 122, 1989, pp. 125 – 127.

⑤ Chan v. Korean Air Lines, Ltd., 490 U. S. 122, 1989, pp. 130 – 134.

⑥ Olympic Airways v. Husain, 540 U. S. 644, 2004, quoting Air France v. Saks, 470 U. S. 392, 399, 1985.

⑦ Olympic Airways v. Husain, 540 U. S. 644, 2004, pp. 647 – 648.

约国——英国和澳大利亚的看法。[①]

（三）Medellín V. Texas 案

在该案中，美国联邦最高法院以6∶3的多数判定国际法院（International Court of Justice，以下简称 ICJ）对阿韦纳案的判决不能自动地成为美国国内法的一部分，而且在缺乏国会立法的情况下，总统也无权执行对各州不利的 ICJ 判决。在 Medellín 案中，Medellín 认为自己有权申请美国审查州法律定的罪名和刑罚，因为 ICJ 对阿韦纳案的判决优于与之冲突的德克萨斯州法律，而且2005 年布什总统"备忘录"中记载了他发表地意图遵守国际法院关于阿韦纳判决的声明，这个备忘录也对德克萨斯州的法律有拘束力。在 Medellín 案的审理中，联邦最高法院考察了此前的阿韦纳案，并拒绝了 Medellín 的辩称理由，坚持认为阿韦纳的判决和总统的备忘录都不构成能够直接适用的并优于各州法的联邦法律。[②] 美国于 1969 年正式成为《维也纳领事关系公约》和任择议定书的缔约国，议定书规定如果因公约的适用而产生的争议以及涉及公约的解释，国际法院具有强制性管辖权。国际法院的判决认为，鉴于51 名墨西哥籍公民在美国的州判有死刑，美国违反了《维也纳领事关系公约》第36 条[③]的义务——"在外国公民被逮捕或被关押时必须告知该国领事"，认为美国必须审查或重新考虑该51 名墨西哥公民的罪名和刑罚。其实在该案以前也有相类似的案例，即由巴拉圭和德国向国际法院提起的诉讼反对美国个别州对外国国民判处死刑。国际法院对这两个案件的最初判决都是美国败诉。美国政府将国际法院的判决通知了各州，各州也采取了适当措施予以回应。但联邦最高法院仍旧拒绝承认国际法院判决在美国国内的效力。[④]

---

① Olympic Airways v. Husain, 540 U. S. 644, 2004, pp. 656 – 657.

② Margaret E. McGuinness, Medellín V. Texas, The American Journal of International Law, Vol. 102, No. 3, Jul., 2008, p. 622.

③ 1963 年《维也纳领事关系公约》第36 条（2）规定："遇有领馆辖区有派遣国国民受逮捕或羁押候审或受任何其他方式之拘禁之情事，经其本人请求时，接受国主管当局应迅即通知派遣国领馆。受逮捕、监禁、羁押或拘禁之人致领馆之信件亦应由该当局迅予递交。该当局应将本款规定之权利迅即告知当事人。"引自白桂梅、李红云编：《国际法参考资料》，北京大学出版社 2002 年版，第 205 页。

④ Margaret E. McGuinness, Medellín V. Texas, The American Journal of International Law, Vol. 102, No. 3, Jul., 2008, p. 623.

在国际法院作出阿韦纳案的判决之后，Medellín 申请复审令得到联邦最高法院的准许，布什总统于 2005 年 2 月 28 日对司法部长发出了一份备忘录，在备忘录中总统指出，"美国将遵守国际法院对于阿韦纳案的判决"。① 对于总统的这一行为，联邦最高法院并未予以确认，美国也由此退出了《维也纳领事关系公约》的任择议定书。联邦最高法院驳回了 Medellín 的申请，认为这个被准予的复审令的作出是肤浅的，该法院给出的理由是，公约第 36 条允许州对通知义务程序做限制，以及总统备忘录涉嫌干预司法，超出了总统外交权力的范围，因而认为总统备忘录违宪。联邦最高法院还是以阿韦纳案为基础，通过对有拘束力的国际义务来分析 Medellín 案。在解决这个问题之前，联邦最高法院必须确定国际法院判决在美国法院中的效力。《美国联邦宪法》第 6 条的"最高效力"条款，即条约的义务和依照条约制定的法律都优于与之冲突的州法。然而，联邦最高法院指出，某一特定条约是否允许当事人对违反条约的行为寻求司法救济要取决于该条约是否具有自动执行性，只有自动执行条约才创设了司法直接适用的效力，而非自动执行条约在法院适用前必须有国会的转化立法。

联邦最高法院分析了阿韦纳案涉及的三个条约：《维也纳领事关系公约任择议定书》《联合国宪章》和《国际法院规约》，联邦最高法院的判决没有将《维也纳领事关系公约》本身作为适用依据。法院认为这些条约本身具有非自动执行属性，但三个条约都没有被国会立法转化，这样因没有国会的转换立法，它们就不能在法院直接适用及执行。此外，对于《任择议定书》中赋予国际法院的强制管辖权，法院并不认同，因为议定书中并没有明确说明缔约者是否必须要遵守国际法院的判决，而履行国际法院判决的义务要求是在《联合国宪章》第 94 条②的规定之中。美国政府对《联合国宪章》的解释认为，其第 94 条"遵守国际法院判决"的规定不是指该判决对成员国国内

---

① Memorandum of President George W. Bush to the Attorney General （Feb. 28. 2005）, http：// www. white house. gov/news/releases/2005/02/20050228 – 18. html.

② 1945 年《联合国宪章》第 94 条规定：（1）联合国每一会员国为任何案件之当事国者，承诺遵行国际法院之判决。（2）遇有一造成不履行依法院判决应负义务时，他造得向安全理事会申诉。安全理事会之建议就个别情形决定之。

法院的效力，相反，联合国的成员国需要政府采取进一步的措施来履行判决义务。联邦最高法院同意政府对此作的解释，并认为参议院虽批准了《联合国宪章》，但并没有赋予国际法院判决成为国内法院裁判案件的依据。此外，该宪章第 94 条（2）规定了安理会是对于那些不履行国际法院判决义务的唯一救济机关。据此，联邦最高法院反对持有国际法院判决具有自动执行效力的主张。联邦最高法院也找到了其他理由来支持阿纬纳案判决不具有直接适用的效力。《国际法院规约》第 59 条①规定，国际法院的判决仅对争端当事国有拘束力。联邦最高法院考察了《维也纳领事关系公约任择议定书》的 47 个缔约国和《国际法院规约》的 171 个缔约国，没有一个国家承认国际法院判决在国内法院的适用效力。阿韦纳判决也不应被解释为有拘束力的联邦法律。②

对于 2005 年布什总统"备忘录"，联邦最高法院认为总统并没有独立解决国际争端的权力，在宪法范围内也无权建立优于州法的规则。尽管联邦最高法院承认总统在解决外交事务方面有不可匹敌的优势，但总统能做的仅就是服从宪法和联邦法律，因为有些条约的非自动执行性，只有经过国会的立法转化才能成为有效的联邦法律，总统不能推定已经获得国会同意而独自采取行动。根据联邦宪法，条约经国会"建议和同意"的程序被解释为总统将某个缔结的条约及其义务直接变为国内法律的意图的默示禁止。联邦最高法院补充说，在符合美国宪法的前提下，总统可以某种方式采取履行国际条约义务的行动，但总统不能依据非自动执行条约建立起使国际法院判决具有直接的适用效力并优于州法的决定，因此，法院认为总统为解决同外国发生的争端而作的备忘录不符合宪法。

（四）折中的条约解释方法

Medellín 案不同于 Chan 案、Olympic Airways 案中运用文本主义解释方法、目的解释的方法，它最显著的特点就是该案大多数法官坚持的折中的条约解释方法。解释的一般原则就是条约的解释当然地应从条约的语言开始，

---

① 1945 年《国际法院规约》第 59 条规定：法院之裁判除对于当事国及本案外，无拘束力。

② Margaret E. McGuinness, Medellín V. Texas, The American Journal of International Law, Vol. 102, No. 3, Jul., 2008, pp. 624 – 625.

但此种解释方法受到条约的目的、条约的自动执行性和非自动执行性的制约。在此，Medellín 案的解释需要克服的最重要的困难就是司法解释中如何能够突破条约的文本限制，法院能在多大程度上对条约的模糊性予以容忍，以及文本以外的证据来源能否在解释中给予平等对待？如果法院认为条约语句是模糊的，它就必须求助于条约的缔约对方或者自己的实践解释条约。① 这种解释方法使法院考虑条约的各种材料证据，如缔约国之间的外交交往、后来的修订协议、国外法院的判例。此外，司法谦抑原则通常伴随着法院解释，即就是要遵从行政机关的立场。就本案的解释，布什政府采取的立场是要符合《联合国宪章》第 94 条的语义，但不能使 ICJ 判决产生国内法院适用上的效力。尽管 Medellín 案的判决没有完全放弃文本的文义，只是简单地说，宪章第 94 条未提及 ICJ 判决能在签约国法院自动执行。Medellín 案就采用了这种折中的方法，不仅条约文本以外的证据材料，而且司法谦抑的程度都是法院在解释中考虑的因素，这是 Medellín 案最引人注目的条约解释方法的转型，既要从参议院批准条约效力争论到制定立法时的历史背景，也要从条约文本出发来解释条约。Medellín 案中的大多数法官认为文本主义作为条约解释的主要方法是必要的，因为条约的语言是经参议院审查批准的，参议院在建议—同意程序中对条约含义的理解对采用文本以外的证据材料解释有重要意义，它们也是条约解释的辅助手段。例如，在分析《联合国宪章》第 94 条的含义时，大多数法官更多地依赖参议院在 1945 年和 1946 年的听证和争论的材料。但是，法官采用这些材料作为证据是有条件的，只有当条约的文本内容、语义模糊不清时才能援引，说明其是将这些证据材料作为条约解释的补充方法，而 Medellín 案之前的案例则通常是将缔约谈判材料的采用作为联邦最高法院解释条约的固定规则。②

在 Medellín 案中，法院解释案件获取的文本来源和事实材料是非常困难的。法院就此提出了两个问题：首先，法院在何时可以脱离文本而选取文本

---

① Nielsen v. Johnson, 279 U. S. 47, 52, 1929; see also Bederman, David J. Bederman, *Revivalist Canons and Treaty Interpretation*, 41 UCLA L. REV. 1002 – 1006, 1994.

② David J. Bederman, *Medellín's New Paradigm for Treaty Interpretation*, The American Journal of International Law, Vol. 102, No. 3, Jul., 2008, pp. 535 – 536.

之外的资料来源？其次，即使忽略缔约谈判、起草、签署及事后批准时附带的条件，其他的来源和解释方式是否是法院不能接受的？在该案中法院隐晦地回答了第一个问题，就是必须对《联合国宪章》第 94 条的含义进行解释。联邦法院接受了自美国加入《维也纳条约法公约任择议定书》的义务，认为议定书最自然的解释就是议定书自身不能迫使缔约国符合 ICJ 判决。联邦法院强调，文本的客观解释方法不会引发争议，因为它完全符合《条约法公约》关于条约的普通含义，但事实上客观解释方法却引起对首席法官罗伯茨 Medellín 案陈述意见正确与否的争论，[①] 即涉及国际法院管辖权和 ICJ 判决是否有效力的问题。这些对美国法院都是一种逻辑预测，任择议定书和《联合国宪章》都没有对美国施加积极义务，至少在国内法上，它无须执行 ICJ 判决。[②] 从法院对《联合国宪章》第 94 条的解释看，作为客观解释方法的文本解释方法在 Medellín 案中被禁止。首席大法官罗伯茨指出，"宪章条款的语言没有指明美国是'应该'还是'必须'符合 ICJ 判决"。[③] 即使没有足够的文本依据，首席大法官罗伯茨认为《国际法院规约》第 59 条暗含着普通语言，即 ICJ 程序仅拘束争端当事国，并且 ICJ 判决也仅对案件双方有效力。条约的文本解释方法，要受到条约的自动执行性和非自动执行性的影响，单纯以文本为基础解释条约进行判决是非常困难的。

## 二、英国法院依据条约解释法律

自 1973 年加入欧共体以来，英国逐步建立了由法院审查、解释议会立法的机制，但审查、解释的依据不是宪法而是条约——《欧共体条约》和《欧洲人权公约》。特别是《英国人权法》第 3 条和第 4 条赋予了法院审查、解释议会立法的权力，法院甚至还可以作出议会立法与《欧洲人权公约》抵触的宣告——"不一致宣告"。

---

① 在 Medellín 案的陈述中提到，条约的解释类似于法律解释，开始于它的文本。由于美国批准的条约是主权国家之间的契约，因此，也应将条约文本之外的缔约谈判、起草、签署及事后批准附带的条件等作为解释的辅助方法。

② David J. Bederman, Medellín's New Paradigm for Treaty Interpretation, The American Journal of International Law, Vol. 102, No. 3, Jul., 2008, p. 531.

③ Medellin v. Texas, 128 S. Ct. 1358, 2008.

（一）欧洲共同体法的效力规则

Factortame 案之后，依据《欧洲共同体法》的优先效力通过其他的案例得以进一步确立，甚至在所涉及的共同体次级立法的指令（一般不具有直接效力）中，上议院也尽可能地将国内法解释的与共同体法相符。例如，Webb v EMO Air Cargo Ltd 案，[①] Webb 为 EMO 公司新录用的一名员工，因其岗位的获得完全是接替她的前任 Stewart（因怀孕休产假），而在 Webb 工作的三周后其也确认已怀孕（根据法院的材料显示，Webb 被录用时对自己怀孕并不知情），EMO 公司认为在录用她时告知了这个岗位的情况，显然 Webb 刻意隐瞒，因此 EMO 公司将其解雇。1978 年《就业歧视法》（the Employment Protection Act）第 54 条规定禁止"不公平的解雇"，其第 60 条规定"以怀孕为由解雇员工"是一种"不公平的解雇"，但该法第 64 条对这两条规定又作了限定，即第 54 条和第 60 条的规定不适用"工作不满两年的员工"。审理案件的劳资法庭认为因本案不涉及性别歧视，不能适用 1975 年的《性别歧视法》，Webb 的初审诉讼和上诉均被驳回。英国上议院根据共同体法的直接效力原则，认为该案应参照欧盟法的规定，将该案提交为欧洲法院作解释。欧洲法院援引欧盟委员会的 1976 年第 207 号指令[②]，认为解雇一个没有长期劳动合同的已怀孕女性无正当理由，而且任何与欧盟法有相反解释的成员国立法都是无效的。

接着，1995 年的 Equal Opportunities Commission and another v Secretary of State for Employment 案（以下简称 EOC 案），该案焦点是《就业歧视法》是否与欧共体法相符。根据该法，如果员工由于不公平的理由而被解雇，那么他应该获得补偿。但是，员工能否获得该补偿其标准取决于他所从事的工作是全职还是兼职。全职员工工作满 2 年就可以获得这一补偿，而兼职员工必须满 5 年，并且那些每周工作时间不到 8 小时的员工也得不到补偿。由于从事兼职的多是女性，因而，平等就业委员会认为《就业歧视法》构成了间接

---

①　Webb v EMO Air Cargo Ltd 1［1992］CMLR 703；或 Webb v EMO Air Cargo（UK）Ltd（No 2）（1994）C‐32/93，［1994］ECR I‐3567.
②　"76/207/EEC"第 1 条第 1 款规定"公平对待男性和女性享有的就业权利，包括公平的晋升、职业培训和就业条件"；第 2 条第 1 款规定公平对待意味着"不能因性别原因或因特殊的产期及家庭地位直接或间接地歧视女性"；第 5 条第 1 款规定公平对待中的"就业条件"包括因性别而解雇员工的情形。

歧视，违反了共同体法。上诉法院以议会主权原则为由，认为英国法院尽管有义务适用具有直接效力的共同体法，但无权宣布议会立法是否违反了其国际义务。平等就业委员会向上议院提起诉讼，寻求对就业大臣决定的司法审查。上议院支持了平等就业委员会的起诉理由，认为 Factortame 案已经成为处理相似案件的先例，英国法院，包括地区法院在内的所有法院均有权对议会立法进行司法审查，并有权宣布议会立法与共同体法的某些规定不符。议会的回应是：它随后修改了与共同体法不符的相关条款。Factortame 案和 EOC 案是阐释欧共体法与英国国内法之间关系的权威判例，据此，在实践中英国基本上确认了共同体法的最高效力原则。①

（二）抽象的目的解释

《英国人权法》第 3 条规定的"尽可能地将议会立法解释得与公约一致"，将面临法院解释深度的问题。就是说，法院是否可以不顾议会立法语义和原意作出与公约一致的解释，法院的解释空间有多大，如果在解释中暗含有修改或修正议会立法的内容是否允许？英国对此问题的态度是明确的，法院依据条约解释议会立法是法律适用的活动，无论法院是依照议会法律进行解释，还是依照条约进行解释，它可以挖掘条文语义中的新的意思，但不能意图创设新的立法，法院个案解释的程度必然受到限制。2004 年经由上议院作出判决的 Ghaidan v Godin - Mendoza 案是依据《英国人权法》第 3 条进行解释并能作为先例援引的案件，它引发了其国内对《英国人权法》第 3 条解释原则的讨论，有着重要的启发意义。在早先时候，上议院的两个判例中曾提到："第 3 条改变了法官对法律中有确定含义条款的法律解释方法"。②但《英国人权法》第 3 条第 1 款"尽可能地解释"的措辞是非常抽象的，一些学者试图从两个层次来确定"尽可能"的范围③：一是通过运用与公约权

---

① 李靖堃："议会法令至上还是欧共体法至上"，载《欧洲研究》2006 年第 5 期，第 88 页。

② R v A（No 2）［2001］UKHL 25；［2002］1 AC 45 and R v Lambert［2001］UKHL 37；［2002］2 AC 545.

③ G. Marshall, The Lynchpin of Parliamentary Intention: Lost, Stolen or Strained, 2003, PL 236, 245 - 246; R. Ekins, A Critique of Radical Approaches to Rights - consistent Statutory Interpretation, 2003, European Human Rights Law Review 641, 641 - 642; T. R. S. Allan, Legislative Supremacy and Legislative Intention: Interpretation, Meaning, and Authority, 2004, Cambridge Law Journal 685, 704 - 707.

利相一致的解释方法来解决议会立法中含糊不定的概念、语词；二是依据《英国人权法》第3条对议会立法的解释不能减损普通法上的有关基本权利的含义，① 因为这些权利都是能在一般情况下被理解的普通语义。

Fitzpatrick 案和 Ghaidan 案有着类似的法律适用关系，都需依 1977 年的《英国租赁法》的规定，该法第2段（1）赋予"已故承租人配偶有继续租住房屋的权利"。法院需要解决的问题是：什么是该法规定中"已故承租人的配偶"？如果是已故承租人的同性伴侣可否继续享有房屋的居住权？当时在审理 Fitzpatrick 案中法官未适用《英国人权法》，也没有依据《英国租赁法》第2段（1）遵循英国传统的"文义解释"。如果依据《英国租赁法》第2段（1）来解释，其文义表明了承租人和继续租住人必然是一种异性关系。法官却灵活地采取了"适度的目的解释"（moderately purposive interpretation）方法。Nicholls 大法官依据保单第3段进行了解释：该条款中"家庭"一词的用意就是为了保护以"家庭"为单位的那些与承租人共同居住的伴侣的权利，上议院因此作了有利于原告 Fitzpatrick 的判决。

Ghaidan 案涉及同性恋伴侣有无对房屋租住继承权而发生的纠纷。不同于 2001 年 Fitzpatrick 案，《英国人权法》第3条的解释原则得以运用。法官需要"尽可能地"将议会立法解释得与公约相一致，因此在该案中他们必须解决一个棘手的问题就是"法律权利的无歧视原则"的适用，如果否定"已故承租人的同性伴侣"继续租住权将会与公约权利相抵触，因为这样就违反了公约第14条无歧视原则的规定。上议院经两度审查运用了的新的解释方法，该案的法官更强调用深度的目的解释，刻意扩大《英国租赁法》中概念的语义，这就是"抽象目的解释"的方法。Nicholls 大法官认为《英国人权法》第3条的意图是要求法律能容忍对其进行偏离语义的解释，但这种解释带有限制，就是不能脱离法律上下文的语义背景，否则就会陷入"语义的机会主义"。② 随着社会现实的变迁，议会首先于 1988 年借用社会政策对"已故承租人的配偶"作扩大解释，使它的含义包括"有亲密且关系稳定的与其同居

① J. Bell and G. Engle, Cross on Statutory Interpretation, London: Butterworths, 3rd, 1995, p. 165.

② R. Ekins, A Critique of Radical Approaches to Rights – Consistent Statutory Interpretation, European Human Rights Law Review, 2003, pp. 641, 648 – 649.

的同性伴侣"，这就是 Nicholls 大法官在运用《英国人权法》第 3 条解释时所要考虑的议会立法的目的。通过抽象的目的，他提出这种解释方法的两个特征：一是允许法院对议会立法的目的进行抽象解释；二是即使法官将法律的语词解释得较为牵强也是有效的。《英国人权法》第 3 条确立的解释原则显然是为了与公约保持一致，但此种方法的运用不是没有限度，它必须符合两个条件：第一，第 3 条的解释方法必须尊重法律的"基本特征"；第二，法官在解释中必须避免将该问题提交立法机关审查。①

2005 年的 Wilkinson 案也是根据《英国人权法》第 3 条的解释原则，将《所得税和公司税法》中的"寡妇"作抽象的目的解释，来扩充其含义内容，即法院以法律的语词不明确为由挖掘出法律目的中暗含的意思，认为应将"鳏夫"包括在内。② 正如《将权利纳入国内：人权法案》的白皮书所说，《英国人权法》第 3 条的目的已经体现着"可以以公约为标准偏离现有法律来解决国内法中含糊不定的条款"。③ 通过《英国人权法》第 3 条确立的解释方法，英国既是一种对议会立法的审查机制，又技巧性地将《欧洲人权公约》融入国内法体系。在这个意义上，它设置的解释方法已经发展为条约在国内适用中司法解释的成功范例。

3. 不一致宣告

"不一致宣告"就是英国法院依《英国人权法》在通过解释仍不能消除议会立法与公约的冲突的情形下，可以选择性地作出议会立法抵触的宣告。"不一致宣告"的结果不是要取消议会立法，相反，议会立法并不会因为这个宣告而失效，"不一致宣告"仅是法院自身对国内立法机关履行公约义务的否定性评价，这种宣告对议会是没有法律约束力的，至少从表面上看"不一致宣告"没有给议会形成必须修改法律的压力。《英国人权法》第 4 条的此种安排显然迎合了议会主权和二元的条约使用体制，而且为配合《英国人权法》第 4 条，行使"不一致宣告"还受到其他限制：首先，行使这一权力

---

① Jan Van Zyl Smit, The New Purposive Interpretation of Statutes: HRA Section 3 after Ghaidan v Godin-Mecdoza, Mondern Law Review70: 294, 2007.

② Wilkinson v Inland Revenue Commissioners [2005] 1 WLR 1718.

③ Rights Brought Home, Cm 3782, 1997, para 2.7.

必须是特别规定的法院类型。如《英国人权法》第 5 条规定的仅包括最高法院、枢密院的司法委员会、军事法庭上诉庭等；其次，法院一旦考虑宣告议会立法抵触《欧洲人权公约》，应当通知政府主管部长参加诉讼，以便政府陈述意见和知晓结果。但真正被宣布与《欧洲人权公约》抵触的案例并不多。[①] 尽管《英国人权法》第 4 条赋予法院的运用受审级、程序和效力等多方面限制。宣告抵触的实际意义在于敦促议会和政府修正法律。在这方面，《英国人权法》规定了比较灵活的措施。一旦法院宣告议会立法抵触《欧洲人权公约》，政府可以通过枢密院令修正议会立法，以便使议会立法与《欧洲人权公约》保持一致。此外，《英国人权法》也容许议会立法故意违反《欧洲人权公约》的规定，以及在法院宣告抵触后不作修改。

# 第三节　条约在我国解释的机关

## 一、条约国内解释的匮乏及条约解释的主体

在国际条约生效后，无论是采取一元论纳入条约的国家，还是采用二元论转化条约的国家，为了履行国际条约义务，保证国内法与国际条约的协调，都需要在立法方面采取一定的措施。我国是主要采取立法转化条约方式的国家，因而在履行条约义务方面，首先会在立方层面考虑实施条约条款的规定。立法机关应对以下问题进行考虑：（1）签署、加入或者批准的条约在国内法上的地位，特别是条约与宪法两者之间的地位孰高孰低；（2）现行的国内法律的实体和程序规定是否符合国际条约在法律上的要求；（3）如果现行法律的某些规定与条约不符，是否有必要制定新的立法，或者修改、修订现行立法；（4）如果涉及条约规定的个案中发生适用依据的冲突，或者个案中法院能否参考国际条约的条款作为解释依据，按照我国现有体制，法院无权解释宪法，那么法院能否解释条约也是立法机关必须予以确定的问题。立法机关

---

① 何海波："没有宪法的违宪审查"，载《中国社会科学》2005 年第 2 期，第 117 页。

通过立法来履行条约义务是条约国内实施的第一步，但为实施国际条约而采取相应的立法措施十分复杂。有时不仅需要将条约的内容转化为国内法，并对国内立法中的某些条款进行修正，还需要为实施条约通过一些新的立法或者在已有法律中增加新的条款。而在实施国际条约方面，除了采取立法方面的措施外，更重要的还是要采取司法方面的措施，① 例如，像美国、英国及欧洲法院那样在个案中适用条约，并综合运用不同方法解释条约。

我国在条约司法适用领域，《民事诉讼法》第 260 条②规定在处理涉外民事案件时，如发生国内法律与国际条约规定不一致应选择适用国际条约。③在理论上，根据"条约优先适用"的原则我国对待条约的适用，采取的是直接适用方式，或者以直接适用为主。在直接适用的方式下，我国法院可以直接受理以条约为依据的案件，法院成为当然的解释主体。但是，上述观点在学界、实务部门并没有形成共识，法院援引条约、解释条约也未形成普遍的司法实践。主要原因在于：第一，很多学者倾向于条约转化适用。如 WTO 协议不是民事领域的国际条约，不能作为国内法直接予以适用，应通过立法程序把 WTO 规则转化为国内法。④ 也有学者建议，根据条约内容不同区别对待：对属于国际经济贸易性质的多边条约，可以直接适用；对于涉及公法事项的政治性或人权条约，应采取转化适用的方式。⑤ 第二，个案援引条约的条件尚未成熟。根据我国《行政诉讼法》的规定，当事人不能对我国的立法和抽象行政行为的合法性问题提起诉讼，我国法院无权受理这类案件。此外，根据 2002 年《最高人民法院关于审理国际贸易行政案件若干问题的规定》，人民法院审理国际贸易行政案件，应当依据中华人民共和国法律、行政法规以及地方立法机关在法定立法权限范围内制定的有关或者影响国际贸易的地

---

① 谭世贵：《国际人权公约的实施》，武汉大学出版社 2007 年版，第 108 页。

② 《民事诉讼法》第 260 条："根据中华人民共和国缔结或者参加的国际条约同本法有不同规定的，适用该国际条约的规定，但中华人民共和国声明保留的条款除外。"

③ 有此规定的法律包括 1986 年《民法通则》、1989 年《行政诉讼法》、1991 年《民事诉讼法》、1992 年《海商法》、1991 年《进出境植物检疫法》、1995 年《民用航空法》、1999 年《海洋环境保护法》、2001 年《税收征收管理法》、2002 年《水法》、2004 年《野生动物保护法》等。

④ 应松年、何海波："我国行政法的渊源：反思与重述"，载《公法研究》2004 年第 1 期，第 16 页。

⑤ 罗豪才：《经济全球化与法制建设》，载《求是》2000 年第 23 期，第 18 页。

方性法规，参照国务院和地方政府的规章。因此，根据我国国内法的规定，个人尚不能以人权条约义务条款的规定为依据在我国法院起诉，也不能因为相关国内法与条约人权义务条款冲突而主张法律无效。第三，立法机关依据宪法对条约条款作出解释。根据《宪法》第 67 条的规定，有权行使宪法解释、法律解释的主体是全国人大或者全国人大常委会。《立法法》第 99 条第 1 款的规定，国务院、中央军事委员会、最高人民法院、最高人民检察院和各省、自治区、直辖市的人民代表大会常务委员会认为行政法规、地方性法规、自治条例和单行条例同宪法或者法律相抵触的，可以向全国人大常委会书面提出进行审查的要求，由专门委员会进行审查、提出意见。如果法院对案件适用的法律、法规等是否符合宪法有疑问，可以进行必要的判断，但对确有违宪之嫌的法律、法规，只能通过最高人民法院向全国人大常委会提出审查或解释的要求。①

　　我国法律解释体制的基本构架是根据 1981 年 6 月 10 日全国人大常委会就法律解释问题作出的专门决议——《全国人民代表大会常务委员会关于加强法律解释工作的决议》确立的，该决议对于法律解释的对象、主体、内容、权限划分、争议解决等方面作了明确规定。② 与美国、英国等认为法律解释主要指在具体案件的审理过程中如何适用、解释法律的认识不同，我国法律解释充分体现出人民代表大会制度及民主集中制，法律解释以全国人大常委会的立法解释为核心，司法解释和行政解释为辅助。在此前提下，注意区分中央和地方以及区分立法机关、司法机关、行政机关；司法机关中则又区分审判机关和检察机关，各个国家机关依法行使不同的法律解释权。在法律解释内容上，既包括对法律、法令条文本身进一步明确界限或作出补充规定，也包括在审判工作或者检察工作中如何具体应用法律的问题。在解决法律解释争议上，强调和突出立法机关全国人大常委会在法律解释活动中的主

---

　　① 韩大元："以《宪法》第 126 条为基础寻求宪法适用的共识"，载《法学》2009 年第 3 期，第 10 页。

　　② 《全国人民代表大会常务委员会关于加强法律解释工作的决议》规定："一、凡关于法律、法令条文本身需要进一步明确界限或作补充规定的，由全国人民代表大会常务委员会进行解释或用法令加以规定。二、凡属于法院审判工作中具体应用法律、法令的问题，由最高人民法院进行解释。凡属于检察院检察工作中具体应用法律、法令的问题，由最高人民检察院进行解释……"

导地位。① 在司法解释的主体方面，1955 年 6 月通过的《全国人民代表大会常务委员会关于解释法律问题的决议》（已失效）规定只有最高人民法院审判委员会有权就审判过程中具体应用法律、法令的问题进行解释。而 1981 年的《全国人民代表大会常务委员会关于加强法律解释工作的决议》改变了最高人民法院为单一司法解释主体的规定，增加了最高人民检察院在检察工作中具体应用法律、法令的问题有进行解释的权力。② 现行有效的法律解释框架内，包括全国人大常委会作出地授权解释决议中规定仅是对"法律、法令的条文"以及"在审判或者在检察工作对应用法律"进行解释，"法律、法令"应当仅指国内法，不直接地包括条约，因此，我国现行法律解释体制中很难找出对条约解释的机关或者主体。

## 二、我国国内对条约的司法解释

### （一）基本特点及现状

我国条约国内适用和解释上的特点主要有：宪法中未规定条约在宪法中的地位，条约主要不是吸纳适用而是立法转化适用；行政诉讼和其他诉讼中无适用和解释国际人权公约的实践，条约不是行政诉讼案件的适用和参照依据；全国人大常委会解释宪法、审查法律的体制。这些本质上的特殊国情，使得我国与其他国家在国内适用和解释条约有着根本的不同：（1）直接参照条约或者依据条约进行个案解释。在对待非人权条约——民商事条约、WTO协定、司法协助协定，如果是涉外案件，这些条约能够通过法律、法规中的冲突规则而获得司法的选择适用，法院必须要识别国内法律与国际条约的冲突，因而可以在个案的法律冲突选择适用的过程中直接解释条约；（2）在解释法律的过程中间接解释条约。在对待人权条约，国际人权公约的批准机制决定了我国实施人权条约必须经立法机关的立法转化，不可能存在法院在个案中适用和解释尤其是涉及权利内容的条约，依据国际人权条约审查法律、法规的权力是间接的，法院只能在具体应用转化人权公约内容的法律过程中，对该法律的审判适用作出解释，本质上是对法律的司法解释。这样国内解释

---

① 陈春龙："中国司法解释的地位与功能"，载《中国法学》2003 年第 1 期，第 24 页。
② 陈春龙："中国司法解释的地位与功能"，载《中国法学》2003 年第 1 期，第 32 页。

国际人权条约的体制不可能是法院解释或者司法机关解释，而只能由全国人大常委会解释，或者称之为"立法解释"。我国宪法和法律规定的人权种类，同国际人权两公约比较相差无几，但是，特定权利的内涵及范围，理论上称之为子权利或者派生权利范围，公约的规定与我国宪法和法律的规定有一定差别。有学者提出我国在批准了国际人权两公约后，迫切需要解决的问题是建立宪法诉讼制度，这既是两个公约赋予缔约国发展"司法补救的可能性"义务，也是保障我国人权立法贯彻落实的可靠保障。[①] 鉴于我国条约适用和宪法制度的特殊性，只能考虑通过立法机关作有权解释来解决这一问题。从目前情况看，由最高人民法院、最高人民检察院作出的司法解释，已经比较及时和完备，[②] 由全国人大常委会作出的立法解释则相对滞后和欠缺。而且，司法解释仅适用于司法机关具体的办案活动，远没有立法解释的适用范围广泛。[③] 但我国立法机关从未对条约进行过解释，最高人民法院、最高人民检察从未单独发布过关于如何适用条约的司法解释，普通法院也没有遇到过直接援引人权条约起诉应诉的个案，据此分析还不能得出我国国内没有对条约解释的实践，因为我国行政机关之间、行政机关和司法机关曾经联合发布针对涉外案件的处理规则，这些规范文件是对《维也纳领事关系公约》几个条款的具体化和国内适用的解释。

《维也纳领事关系公约》第 36 条第 2 款、第 3 款[④]规定了缔约国关于

---

① 汪进元："论两个人权公约与中国人权立法的冲突与整合"，见中国宪法学研究编：《宪法研究（第一卷）》，法律出版社 2002 年版，第 634 页。

② 自 1981 年 6 月 10 日《全国人大常务委员会关于加强法律解释工作的决议》赋予最高人民法院及最高人民检察院就审判工作和检察工作中具体应用法律、法令的解释权以来，最高人民法院发布了数千个司法解释，司法解释的规模已超越法律的规模。司法解释已突破了诠释的边界，成为立法不可或缺的组成部分；有学者认为，司法解释日益呈现出"泛立法化"的趋势，它成为司法解释的基本模式。参见张榕："司法能动性何以实现"，载《法律科学》2007 年第 5 期，第 43 页；袁明圣："司法解释'立法化'现象探微"，载《法商研究》2003 年第 2 期，第 4 页。

③ 汪进元："论两个人权公约与中国人权立法的冲突与整合"，见中国宪法学研究编：《宪法研究（第一卷）》，法律出版社 2002 年版，第 634 页。

④ 《维也纳领事关系公约》第 36 条规定："……（二）遇有领馆辖区内有派遣国国民受逮捕或监禁或羁押候审或受任何其他方式之拘禁之情事，经其本人请求时，接受国主管当局应迅即通知派遣国领馆。受逮捕、监禁、羁押或拘禁之人致领馆之信件亦应由该当局迅予递交。该当局应将本款规定之权利迅即告知当事人。（三）领事官员有权探访受监禁、羁押或拘禁之派遣国国民，与之交谈或通讯，并代聘其法律代表。领事官员并有权探访其辖区内依判决而受监禁、羁押或拘禁之派遣国国民。但如受监禁、羁押或拘禁之国民明示反对为其采取行动时，领事官员应避免采取此种行动……"

"逮捕、监禁、羁押或其他拘禁"方面必须承担的通知和接受探访等义务；《维也纳领事关系公约》第37条①规定了缔约国必须履行关于"死亡、监护或者托管、船舶毁损、航空事故"的通知义务。1990年由全国人大常委会通过的《中华人民共和国领事特权与豁免条例》仅是对该公约中领事的豁免权予以具体解释，改革开放后随着"涉外案件"的增加，我国也迫切需要在民事、刑事诉讼及其他领域履行《维也纳领事关系公约》的规定。由于领事关系涉及外交关系，按照该公约第36条和第37条的规定，遇有一些派遣国国民被"逮捕、监禁、羁押或其他拘禁"以及"死亡、监护或者托管、船舶毁损、航空事故"，"接受国主管当局"应当具体履行通知派遣国领事的义务。在我国，处理外交关系的"主管当局"多集中在行政机关，同时，考虑到领事关系具有的案件性特征，全国人大常委会并没有对此进行单独立法或者发布立法解释，而是由行政机关和司法机关联合作出对公约国内适用的解释和操作程序。外交部、最高人民法院、最高人民检察院、公安部、安全部、司法部等联合发出两个《关于处理涉外案件若干问题的规定》（1987年和1995年）。自1995年6月20日发布了新的涉外案件处理规则的规范文件后，1987年8月27日发布的《关于处理涉外案件若干问题的规定》已经失效。在涉外殡葬管理和服务方面，面对一些新情况、新问题，民政部、外交部、公安部三个部门于2008年联合下发《关于外国人在华死亡后处理程序有关问题的实施意见》，进一步明确了部门责任，完善了操作程序。

（二）存在的问题

由几个部门联合发布规范文件的解释条约条款的方式，以及由最高人民法院或最高人民检察院单独发布的司法解释（参见附件3），在条约的国内适用和解释方面还存在以下缺陷：第一，以上解释偏重于程序规则。它们主要是针对有关涉外民事诉讼、商事诉讼、刑事诉讼案件的管辖、审理规则、获

---

① 《维也纳领事关系公约》第37条规定："关于死亡、监护或托管及船舶毁损与航空事故之通知。倘接受国主管当局获有有关情报，该当局负有义务：（一）遇有派遣国国民死亡时，迅即通知辖区所及之领馆；（二）遇有为隶籍派遣国之未成年人或其他无充分行为能力人之利益计，似宜指定监护人或托管人时，迅将此项情事通知主管领馆。唯此项通知不得妨碍接受国关于指派此等人员之法律规章之施行。（三）遇具有派遣国国籍之船舶在接受国领海或内国水域毁损或搁浅时，或遇在派遣国登记之航空机在接受国领域内发生意外事故时，迅即通知最接近出事地点之领馆。"

得证据、文书送达等方面进行规范，对众多国际条约的实体问题基本上没有进行解释。最高人民法院发布的司法解释中，不是专门的程序规范的解释，包含对国际条约内容进行解释的只有以下几个：（1）《最高人民法院关于人民法院公开审判非涉外案件是否准许外国人旁听或采访问题的批复》，它对于外国人旁听非涉外案件的公开审判问题作了解释和答复；（2）《最高人民法院关于承认和执行外国仲裁裁决收费及审查期限问题的规定》（法释〔1998〕28号），它具体解释了承认和执行外国仲裁裁决收费及审查期限问题；（3）《最高人民法院关于涉外民事或商事案件司法文书送达问题若干规定》（法释〔2006〕5号），它对涉外民事或商事司法文书送达问题进行解释的依据是《关于向国外送达民事或商事司法文书和司法外文书公约》和《中华人民共和国民事诉讼法》；（4）《人民检察院刑事诉讼规则》（高检发释字〔2012〕2号），规定了我国办理同外国进行司法协助及引渡的主管机关、工作程序等；（5）《最高人民法院关于审理国际贸易行政案件若干问题的规定》（法释〔2002〕27号），规范了国际贸易行政案件适用依据范围，并规定了对可能出现的两种以上的法律解释，法院应选择与国际条约规定相一致的解释。第二，以上解释不具有普遍的法律适用效力。它们是一些以行政权力保障实施的工作规则。① 尤其是几个部门联合以"规定"形式作出的解释，仅针对"处理涉外案件工作的需要"，并且只是适用于"处理涉外案件的工作"，明显具有类似"部门规章"的性质。② 这种性质的"规定"需要下级各部门或有关机关遵照执行，不能也无须对整个社会普遍适用，尤其是对自然人、法人，因此类规定不涉及几个部门或主管机关的外部，基本上也不涉及当事人的权利和义务。因此，以上的解释基本上都是由行政机关和司法机关依法制定的工作规则，由系统内部遵照执行，此类解释不像其他关于适用法律、法令等的司法解释一样具有普遍的"法律效力"③。第三，以上解释具

---

① 曹士兵："最高人民法院裁判、司法解释的法律地位"，载《中国法学》2006年第3期，第176页。

② "规定"形式的解释，尤其司法解释也有用来解释法律的，此处仅指几个部门为处理涉外案件而发布的具有工作规则性质的"规定"。

③ 最高人民法院于1997年发布了法发〔1997〕15号——《最高人民法院关于司法解释工作的若干规定》（已失效），其第4条规定："最高人民法院制定并发布的司法解释，具有法律效力。"

有国际私法规范或者法律适用规范的特征。它们规范和针对的是我国法院审理过程中的"涉外案件"①，最高人民法院作出涉及国际条约的解释的真正目的，是给出拟要解决的法律冲突，即在国内法律没有规定，或者国内法律与国际条约冲突时的法律选择规则。如果说我国司法解释的出台是频繁的，其中也包括了对某些国际条约的适用或者具体条款给予的解释，但比起国内几乎每一部法律出台之后，都会有相关的司法解释与之并行适用相比，② 涉及国际条约的解释既没有关于当事人实体权利和义务的规定，也不可能被法院个案判决所引用，更不可能构成在我国实际发挥重要作用的"法律渊源"。不管是从数量上还是从解释内容上，涉及对国际条约作出具有法律适用效力的实体规则解释缺乏。

### 三、我国国内参照条约进行宪法解释的路径

（一）国内参照条约进行宪法解释的机关

1. 条约解释机关的多元性

条约融入国内法律体系之后，条约的宪法地位将直接影响条约的国内解释，条约的国内解释又受宪法解释体制的制约，具有解释宪法权力的机关同时也具有解释条约国内适用之权。条约国内解释的机关不限于宪法解释机关，包括立法机关、行政机关、司法机关都有权在自己职权范围内行使解释职权。一般情况下，条约在国内的地位都是低于宪法的，宪法解释机关不会将条约作为解释宪法的效力根据，条约不能成为宪法的法源。但根据"条约必须信守"的国际法原则，宪法解释机关不能作出与条约内容、精神、原则抵触的解释；条约的地位高于法律或者等同于法律，法律解释机关当然地会适用条约解释法律、法规，条约成为法律解释、司法解释的适用法源。此外，缔约权及缔约程序与立法权和立法程序不同，条约的适用、解释机关既包括宪法

---

① 《外交部、最高人民法院、最高人民检察院、公安部、国家安全部、司法部关于处理涉外案件若干问题的规定》中规定，"涉外案件"是指在我国境内发生的涉及外国、外国人（自然人及法人）的刑事、民事、经济、行政、治安等案件及死亡事件。

② 蒋科、许中缘："论最高法院司法解释的合理定位"，载《河南师范大学学报（哲学社会科学版)》2012 年 4 期，第 113 页。

解释机关，还包括行政机关、司法机关。在西方国家，宪法解释机关是普通法院或者专门机关①，条约解释机关除此之外，还有行政机关，却不包括立法机关。我国法律解释体制是以立法机关解释为主导的模式，无论解释宪法还是解释法律立法机关都是主要的参与者和践行者。由于《中华人民共和国缔结条约程序法》第 7 条第 2 款第 4 项规定，凡同我国法律有不同规定的条约、协定须全国人大常委会批准，② 立法机关在解释条约中仍应具有主导地位。考虑到行政机关是缔约的主要参与者，最高人民法院、最高人民检察院具有适用法律、法令的解释权，因此，我国条约解释的机关应是多元的，有权适用、解释条约的主体包括立法机关、行政机关和司法机关。

2. 参照条约进行宪法解释机关的单一性

条约解释机关与宪法解释机关有交叉但并不相同，条约的国内解释需要借助宪法解释发挥适用和实施功能，宪法解释机关当然地有权解释条约。但在我国，宪法解释机关和宪法适用机关不是同一概念，宪法解释权只能由全国人大及全国人大常委会行使，宪法适用机关还包括国家主席、国务院和中央军事委员会，包括最高人民法院在内的各级法院都不能对宪法争议作出宪法解释，它不是适用宪法的机关。③ 我国的政治体制中国家权力机关仅指全国人民代表大会和地方各级人民代表大会，因此，我国其他国家行政、司法机关不是国家权力机关。根据人民代表大会制度建立的国家机关体系，相互之间是纵向的、上级监督下级的关系，制度上不同于西方国家，它们将所有国家机关看作国家权力机关，且权力机关之间是平行的、相互制约的关系。④ 我国宪法第 62 条第 1 款第 2 项规定由全国人大行使监督宪法实施的职权，第 67 条第 1 款第 1 项规定全国人大常委会行使解释宪法的职权，由此确认了全国人大和全国人大常委会的最高权力机关地位和解释宪法的职能——全国人大和全国人大常委会都是解释宪法的机关；同时，我国《宪法》《立法法》

---

① 专门机构解释宪法，如德国的宪法法院、法国的宪法委员会，它们具有的合宪性审查权带有司法性质。参见童之伟："宪法适用应依循宪法本身的路径"，载《中国法学》2008 年第 6 期，第 43 页。

② 王丽玉："国际条约在中国国内法中的适用"，见王铁崖：《中国国际法年刊（1993）》，中国对外翻译出版公司 1994 年版，第 299 页。

③ 童之伟："宪法适用应依循宪法本身的路径"，载《中国法学》2008 年第 6 期，第 25 页。

④ 胡锦光：《违宪审查论》，海南出版社 2007 年版，第 39 页。

明确排除了其他机关，特别是法院在个案适用中对宪法争议进行解释作出裁判的问题：《立法法》第 100 条、第 102 条规定了由全国人大常委会来判断行政法规、地方性法规、自治条例和单行条例是否与宪法抵触，这是在适用、解释宪法的基础上进行合宪性审查；此外，《宪法》第 67 条第 1 款第 8 项规定全国人大常委会有权撤销"……地方性法规和决议"，《立法法》第 97 条第 1 款第 2 项规定全国人大常委会有权撤销"……行政法规、地方性法规、自治条例和单行条例"。

（二）司法适用中法院参照条约的个案解释

1981 年《全国人大常务委员会关于加强法律解释工作的决议》规定，法院基于审判工作或检察院检察工作中具体应用法律、法令的问题，分别由最高人民法院和最高人民检察院进行解释。在个案审理中，适用法律时涉及国际条约的规定，特别是适用由条约转化而来的法律，法院可以借助国际条约解释法律。① 鉴于人权条约和非人权条约的分类，在法院适用、解释条约时，包括以下两种情形。

第一种是法院可以直接以非人权条约为适用依据裁判案件。我国《宪法》第 126 条规定"人民法院依照法律规定独立行使审判权……"，其中"法律"作狭义理解，不包括宪法，据此法院行使审判权的依据仅是法律；但从《民事诉讼法》第 6 条"人民法院审理民事案件，依照法律规定……"以及第 260 条"中华人民共和国缔结或者参加的国际条约同本法有不同规定的，适用该国际条约……"的规定来看，在民事案件的审理中，法院适用法律、国际条约作为裁判案件的依据。《行政诉讼法》第 63 条规定"人民法院审理行政案件，以法律、行政法规、地方性法规为依据；参照规章……"行政诉讼案件适用的依据除法律、行政法规、地方性法规外，也包括国际条约，同时《行政诉讼法》第 63 条与《民事诉讼法》第 260 条相同，都规定了涉外诉讼中国际条约优先适用的规则。国际条约成为我国民事、行政案件的适用依据，有两个条件限制：一是法院适用国际条约必须是在涉外案件中实体法律与国际条约有不同规定的场合；二是法院适用国际条约不是一个普遍规

---

① 赵建文：《国际条约在中国法律体系中的地位》，载《法学研究》2010 年第 6 期，第 199 页。

则，仅在辅助和补充我国实体法律的不足的情况下适用，是法院补充适用的依据。国际条约是法院处理涉外案件补充适用的依据，在适用中法院也能够对其进行解释，解释的内容具有如下特征：（1）从形式上看，被引用的国际条约条款可以在裁判文书的说理论证部分，也可以在"根据××条约及××条判决如下"的表达结构中；（2）直接针对案件问题，被援引的国际条约条款的有效性如果构成争议，可以通过上诉、再审等程序来救济；（3）从被援引的国际条约条款的内容来看，其既可以确立某种推理前提，或满足某项条件，或确认某项基本权利的存在，为法院的客观、公正裁决做铺垫，也可以直接作为裁判涉外纠纷适用的准据法。

　　第二种是法院在个案审理中援引人权条约或者参照条约进行论证、说明理由。正如童之伟教授所说："法院以法律为审案依据行使审判权，并不妨碍法院援引各种事实、公理、权威性文献和其他一切能够证明判决合理的材料"，[1] 包括我国已经批准或者加入的条约、协定在内进行论证说理。为了论证和说明理由，法院不仅在必要时可以援引宪法、国际条约，还可以援引诸如国际法院判决、人权事务委员会的一般意见、欧洲人权法院的判决以及外国相关判例。法院援引国际条约将其作为论证和说明理由，或者作为确认事实的证据时，主要指的是国际人权公约。[2] 从国际人权公约的适用理论及其实践来看，一般是由全国人大法律委员会以批准方式加入公约，表明了在对待人权公约领域我国采取的是"二元论"立场，法院在个案审理中只能适用国内法，国际条约不能直接成为裁判案件的依据和来源。人权公约所保护的权利是由立法机关转化实施，还要面临《立法法》第8条关于人身自由、政治权利、财产权利和诉讼权利[3]属于"法律保留"的事项的规定，就是说，

---

　　① 童之伟："宪法适用应依循宪法本身的路径"，载《中国法学》2008年第6期，第25页。

　　② 《民事诉讼法》第260条和《行政诉讼法》第72条都规定了国内法律与国际条约由不同规定的冲突规则，国际条约可以成为法院的适用依据，因此，民事案件、行政案件都有直接适用、解释条约的可能，但国际人权公约与这些涉及民事关系、行政关系的国际条约不同，对我国生效的27个国际人权公约都是经由全国人大常委会批准的，由此判断我国采取二元论方法适用人权公约，法院就不能以人权公约的规定为依据裁判案件。

　　③ 《立法法》第8条规定："……（四）犯罪和刑罚；（五）对公民政治权利的剥夺、限制人身自由的强制措施和处罚……（七）对非国有财产的征收、征用……（十）诉讼和仲裁制度……"

国际人权公约中的一些权利在我国必须由"法律"规范，有些权利无须借助"法律"，可以借助诸如法规或者其他行政措施加以实施。这样，法院遇到解释国际人权公约的情况，可能是如下两种：（1）对于我国已经批准并转化为法律的人权公约条款，或者国务院或者国务院其他部门为实施公约而制定的行政法规、行政措施或规定，法院适用了该法律法规等就是适用了国际人权公约的内容，在适用这些规范时不能将人权公约条款作为与其并列的裁判依据，法官可以在论证理由部分援引、解释人权公约条款，为确认案件事实找到更充分的证据材料。法院引用公约条款的目的，最终是为适用法律处理案件增强说服力，这是一种事实论证，而不能以所援引的公约条款为裁判争议的直接依据。（2）未经由法律转化的人权公约内容，如果宪法无规定，法律也无规定，或者宪法有规定，法律无规定，就会出现法院无法可依的"立法漏洞"。例如，国际人权公约中的一些权利与我国宪法规定的基本权利内容之间还有不协调之处，[1] 诸如思想自由、良心自由、隐私权、迁徙自由等，我国宪法未有规定，法律也无规定；即使有些权利宪法已有原则性规定，如言论自由、结社自由，法律未将其具体化。如果权利保护的诉求属于《立法法》第 8 条的"法律保留"事项，法院包括最高人民法院无权对立法漏洞进行补救，[2] 也不能援引人权公约条款论证、确证权利的存在，因为该法若是属于全国人大专属立法的范围，只能由全国人大自己"补缺"，除此之外的法律由全国人大常委会制定；如果需要补足宪法的缺漏，也必须通过全国人大或者全国人大常委会结合"人权条款"与具体的宪法权利条款予以解释，法院不能越权行使涉及法律保留、法律缺漏及宪法"人权条款"内容的"造法"性适用和解释权力。

（三）立法机关参照条约的宪法解释

基于人权条约与非人权条约的划分，人权条约在我国具有相当于宪法的

---

① 韩大元："中国宪法学上的基本权利体系"，载《江汉大学学报（社会科学版）》2008 年第 1 期，第 60 页。

② 最高人民法院根据《中华人民共和国人民法院组织法》第 32 条、1981 年全国人大常委会通过的《全国人民代表大会常务委员会关于加强法律解释工作的决议》规定的范围，有权"对于在审判过程中如何具体应用法律、法令的问题，进行解释"。

位阶，非人权条约具有低于宪法高于法律的地位，如果参照条约进行宪法解释，那么必须确信宪法与条约规定之间不会发生冲突，即两者的权利保护规定是一致的。人权条约不具有涉外因素，[①] 不能像非人权条约那样适用冲突规则后而优先适用条约规定，而且国际人权公约都不是经国务院核准或者经签署即生效，而由全国人大常委会作出批准决定，公约中的权利条款跟宪法规定的基本权利都必须通过法律予以具体化，再经行政机关或者司法机关适用在具体化的法律的过程中保护公民的个人权利。在立法上，基本权利的法律具体化不可能做到每一项宪法权利都由"法律"规范，例如，对公民表达自由（第35条）、人格尊严（第38条）还没有专门立法，一般都是适用民法通则、最高法院相关司法解释，对公民的这一权利进行了司法保护。[②] 宪法中规定的一些基本权利虽经由全国人大或者全国人大常委会制定的法律具体化，但具体化的程度不高，法律的保护仍然涵盖不了基本权利的内容，例如，关于公民的社会经济文化权利：劳动权（第42条）、休息权（第43条）、社会经济保障权（第44~45条）、受教育权（第46条）、科学研究及文艺创作的自由（第47条）。[③] 在适用法律领域，私权利之间发生冲突，由于法律规定的不确定或者模糊，法院需要借助宪法或者条约条款的解释产生间接拘束力，如在公民的言论自由与名誉权之间出现冲突很容易牵涉宪法权利应该如何保护的问题，这都需要有权机关对宪法作出解释。在对宪法进行解释时，参考或者参照我国签署、批准的国际人权公约的规定是非常必要的，因为此种做法不仅扩充了宪法权利的内涵，而且实践了履行国际义务的承诺，使条约真正纳入以宪法为核心的法律体系。将国际人权公约作为宪法解释的参考的做法在国外屡见不鲜，但在我国宪法解释极其匮乏的情势下，[④] 参照国际人权公约条款解释宪法会出现对"条约替代、修改宪法"的疑虑，有些人认为如此参照解释是变相地动摇我国宪法制度的根基。因此，厘清参照国

① 龚刃韧："关于国际人权条约在中国的适用问题"，见夏勇编：《公法（第一卷）》，法律出版社1999年版，第292页。
② 蔡定剑："中国宪法实施的私法化之路"，载《中国社会科学》2004年第2期，第62页。
③ 蔡定剑："中国宪法实施的私法化之路"，载《中国社会科学》2004年第2期，第62页。
④ 苗连营："宪法解释的功能、原则及其中国图景"，载《法律科学》2004年第6期，第34页。

际人权公约的条件、参照的程度、参照的效力，是消除疑虑，完善条约国内解释的重要径路。

第一，参照条约进行宪法解释的场合。主要是：（1）宪法中的基本权利未有法律的具体化，发生了公权力侵害或者限制公民的基本权利的情形，该公权力行为与宪法抵触。典型的案件是"孙志刚案"，没有绝对的不受限制的权利，法治要求限制基本权利的规范必须由"法律"作出，行政机关的立法如行政法规、规章都不是形式意义上的"法律"，即孙志刚案依据的《城市流浪乞讨人员收容遣送办法》（2003 年 8 月 1 日已废止），就是限制公民人身自由的规范性文件，违反《宪法》第 37 条和《立法法》第 8 条的法律保留原则，不具有合宪的基础。（2）宪法中的基本权利条款已经由法律具体化，但公权力限制公民基本权利行为的依据——具体化的法律本身与宪法抵触。在我国公民人身自由保护领域，有时可能发生公权力机关运用"刑讯"侵害犯罪嫌疑人人身自由的权利，造成个别冤假错案，如佘祥林案、赵作海案，这可能是因为《刑事诉讼法》第 118 条规定——犯罪嫌疑人对侦查人员的提问有如实回答的义务，在一定程度上扩大了公安机关的侦查权，使其未能得到有效约束，[1] 行政机关只有相互合作，没有相互制约，[2]《刑事诉讼法》的这一条款实质上不符合《宪法》第 37 条"人身自由不受侵犯"和第 135 条法院、检察院、公安机关之间"相互制约"的原则。针对上述两种发生了基本权利侵害的案件，全国人大或者全国人大常委会可以考虑借助、参照 ICCPR 公约第 9 条、第 14 条进行宪法解释，以加强对立法行为及行使公权力的行政机关的约束。

第二，参照条约解释的力度和解释的效力——以立法修改的方法替代参照条约的宪法解释。前述第一类型的权利侵害，法院不具有审查行政机关制定法规、规章等抽象行政行为的合宪、合法审查权力，即无权审查《城市流浪乞讨人员收容遣送办法》（2003 年 8 月 1 日已废止）的合宪性及合法性；第二个类型的权利侵害是违宪审查意义上的宪法救济，是通过主张权利无法

---

① 韩大元、于文豪："法院、检察院和公安机关的宪法关系"，载《法学研究》2011 年第 3 期，第 19 页。

② 童之伟："从若干起冤案看人身自由的宪法保护"，载《现代法学》2004 年第 5 期，第 166 页。

通过法律层面的救济而提起宪法讼诉，我国法院不具有审理宪法诉讼案件的权限，在我国当前法院不能审查违宪法律的宪法体制下，"真正的宪法案件"却无法实现，① 法院不能审查《刑事诉讼法》是否与宪法的条款、原则及价值不相符。上述两个类型的权利侵害排除了在司法诉讼中通过宪法解释的方式寻求救济，参照条约进行宪法解释的途径只可能是由全国人大或者全国人大常委会行使监督法律、法规、地方性法规、自治条例、单行条例合宪、合法的权力，监督的结果是通过立法修改诠释、实施宪法、条约具体条款，立法修改取代了宪法解释，亦堵塞了参照条约进行宪法解释的径路。在《刑事诉讼法》的修改过程中，直接汲取的条约条款如 ICCPR 公约第 14 条 "不强迫自证其罪"、CAT 公约第 15 条 "排除非法获得的口供"，直接依据宪法所做的修改是确立了刑事诉讼的基本任务是 "……尊重和保障人权"。这种替代宪法解释的法律修改活动，也属于国家的立法行为，具有如下特点：（1）在解释的力度上具有弹性的选择性。从《刑事诉讼法》用 5 个条款规范 "非法证据排除" 原则，落实 "不得强迫自证其罪" 的联合国刑事司法准则来看，相比国际公约的 "排除口供" 标准，此次修改条文规定的内容更加严格；在落实国际人权公约中的 "沉默权" 制度方面作了相当的努力，但没有完全同国际标准对接。（2）参照条约解释的效力是间接的。与非人权条约不同，人权条约既可以由立法机关参照条约作出法律解释，也可以由法院通过适用条约作出司法解释，人权条约的宪法解释主体具有单一性，即只能由全国人大或者全国人大常委会通过修改法律的方式进行，其参照条约以及依据宪法的同时，必然地会对条约和宪法进行解释，但鉴于此种立法行为的 "国家行为" 属性，以及国际人权公约立法转化方式，使得参照条约的解释效力只能是间接的。

综上，我国加强国际人权公约的实施，提高公约条款的适用程度和效力，寻求宪法解释的径路，不但需要通过间接立法修改来解释公约，如果可能和必要，可以考虑制定国际人权公约施行法或者人权法案，从内容直接吸纳公

---

① 张翔："两种宪法案件：从合宪性解释看宪法对司法的可能影响"，载《中国法学》2008 年第 3 期，第 111 页。

约，确立在适用、解释法律、法规的过程中，不能与公约相抵触，确立公约具有参照的效力。如此为之，是考虑无法建立宪法诉讼制度的情况下，避开由于宪法的司法适用、解释的阻却而不可能参照国际人权公约的困难。通过单独的吸纳国际人权公约的法案，该法案具有了除宪法外能对国内法律、法规的制定、修改、解释的直接效力，实际上获得了类似宪法的地位，不仅协调了宪法的体制障碍，而且使国际人权公约获得了国内实施的保障。

# 结　语

　　本书从宪法规范的角度、立足于宪法对条约控制的两个面向展开研究，分析和论证了缔约权、条约批准和条约的宪法地位、适用、解释的理论与实践问题，找出了各国宪法规范、控制条约的核心命题：宪法规范缔约权，同时按照宪法规定的条约批准程序事前审查一些重要的条约；宪法通过条约的国内法地位条款，使得许多国家的宪法法院审查条约的合宪性，或者依据条约的规定审查法律。宪法与条约关系的研究，对于我国未来 ICCPR 公约的批准、条约纳入国内法之后的解释，以及以对宪法解释、对条约解释来促进我国法治发展由"法的制定"向"法的适用""法的解释"的方向转变均有益处。

　　第一，ICCPR 公约的批准。未来我国批准 ICCPR 公约是必然的，在批准公约时，面临的问题有两个：一是 ICCPR 公约中的权利与宪法保护的基本权利不一致，或者 ICCPR 公约中的权利在宪法中没有规定；二是 ICCPR 公约在国内法体系中的位阶。对于第一个问题，批准时可以考虑以下方案予以解决：（1）对于 ICCPR 公约中的权利与宪法保护的基本权利不一致，可以通过启动宪法解释，或者批准时提出保留；（2）ICCPR 公约中的权利在宪法中没有规定，批准时可以提出保留，也可以重新制定单独的法律，如制定结社自由法，或者修改已有的法律，例如，《刑事诉讼法》中关于沉默权的规定；（3）关于批准 ICCPR 公约之后，公约的位阶应该区分公约中权利的不同类型，那些已经被宪法规范的权利应具有与宪法相同的位阶，那些通过法律规范但没有被宪法吸纳的权利应具有法律的位阶。

　　第二，多元的条约解释体制。宪法与条约的关系中，不管宪法是如何规范缔约权、条约批准，确立条约的地位和效力，它的目的都是使条约能够融入以宪法为核心的国内法体系，以便于国内适用和解释条约。在国外，条约的国内解释通过个案由法院进行解释，解释体制是"单一"的解释模式。但在我国，条约的解释不同于宪法解释，条约纳入国内法律体系之后，根据《立法法》，我国必然地是"多元化"的解释模式——条约国内解释的机关不限于宪法解释机关，包括立法机关、行政机关、司法机关都应有权在自己职权范围内行使解释职权：（1）参照条约进行宪法解释时，解释机关的单一性——立法机关，即由全国人大常委会行使解释权；（2）在审判过程中，法院可以参照条约进行个案解释；（3）国务院参与缔结条约、核准条约，对于执行经核准的条约过程中也应具有解释权。

在我国已经建立完成社会主义法制体系的今天，ICCPR公约的批准和多元化的条约国内解释体制的建立，一方面有利于我国立法中参照、考量国际条约的规定，促进国际条约在国内的实施和适用，另一方面可促进我国法治朝向"法的解释"方面发展。

# 参考文献

（一）中文部分

**著作**

[1] 周鲠生. 国际法（上册）[M]. 武汉：武汉大学出版社，2007

[2] 李浩培. 条约法概论 [M]. 北京：法律出版社，1987

[3] 王铁崖. 国际法引论 [M]. 北京：北京大学出版社，1998

[4] 王铁崖. 国际法 [M]. 北京：法律出版社，1981

[5] 朱文奇. 国际条约法 [M]. 北京：中国人民大学出版社，2008

[6] 白桂梅，李红云. 国际法参考资料 [M]. 北京：北京大学出版社，2002

[7] 王铁崖. 条约与国内法律的冲突 [A] //邓正来. 王铁崖文选 [M]. 中国政法大学出版社，1993

[8] 万鄂湘，王磊，杨成铭，邓洪武. 国际条约法 [M]. 武汉：武汉大学出版社，1998

[9] 万鄂湘，等. 国际人权法 [M]. 武汉：武汉大学出版社，1993

[10] 朱晓青，黄列. 国际条约与国内法的关系 [M]. 北京：世界知识出版社，2000

[11] 余民才，马呈元. 国际法专论 [M]. 北京：中信出版社，2003

[12] 王虎华. 国际公法 [M]. 杭州：浙江大学出版社，2007

[13] 万鄂湘. 欧洲人权法院判例评述 [M]. 武汉：湖北人民出版社，1999

[14] 杨宇冠. 联合国人权公约机构与经典要义 [M]. 北京：中国人民公安大学出版社，2005

[15] 朱晓青. 欧洲人权法律保护机制研究 [M]. 北京：法律出版社，2003

［16］王世洲．欧洲共同体法律的制定与执行［M］．北京：法律出版社，2000

［17］刘杰．美国与国际人权法［M］．上海：上海社会科学院出版社，1996

［18］赵海峰．欧洲法问题专论［M］．北京：中国法制出版社，2007

［19］谷春德，吕世伦．西方政治法律思想史（增订本）［M］．沈阳：辽宁人民出版社，1986

［20］王勇．条约在中国适用之基本理论问题研究［D］．北京：华东政法大学博士学位论文，2006

［21］张潇剑．国际强行法论［M］．北京：北京大学出版社，1995

［22］刘连泰．《国际人权宪章》与我国宪法的比较研究［M］．北京：法律出版社，2006

［23］吴家清，杜承铭．比较与调适：我国加入《公民权利和政治权利国际公约》的宪法调整问题研究［M］．北京：法律出版社，2006

［24］邓成明，杨松才．《公民权利和政治权利国际公约》若干问题研究［M］．长沙：湖南人民出版社，2007

［25］杨成铭．人权保护区域化的尝试——欧洲人权机构的视角［M］．北京：中国法制出版社，2000

［26］王世杰，钱端升．比较宪法［M］．北京：中国政法大学出版社，2004

［27］徐秀义，韩大元．现代宪法学基本原理［M］．北京：中国人民公安大学出版社，2003

［28］韩大元，林来梵，郑贤君．宪法学专题研究［M］．北京：中国人民大学出版社，2004

［29］许崇德．许崇德全集（第六卷）［M］．北京：中国民主法制出版社，2009

［30］蔡定剑．宪法精解［M］．北京：法律出版社，2004

［31］韩大元．宪法学基础理论［M］．北京：中国政法大学出版社，2008

［32］林来梵．从宪法规范到规范宪法［M］．北京：法律出版社，2001

［33］夏勇．人权概念起源——权利的历史哲学［M］．北京：中国政法大学出版社，2001

［34］莫纪宏．国际人权公约与中国［M］．北京：世界知识出版社，2005

［35］李鸿禧．宪法与人权［M］．台北：元照出版公司，1999

［36］萧文生．国家法（国家组成篇）［M］．台北：元照出版公司，2008

［37］汤德宗，廖福特．宪法解释之理论与实务（第五辑）［M］．北京："中央"研究院法律学研究所，2007

［38］［英］詹宁斯，瓦茨．奥本海国际法［M］．王铁崖，陈公绰等，译．北京：中国大百科全书出版社，1995

［39］［美］汉斯·凯尔森．法与国家的一般理论［M］．沈宗灵，译．北京：中国大百科全书出版社，1996

［40］［德］沃尔夫刚·格拉夫·魏智通．国际法（第二版）［M］．吴越，毛晓飞，译．北京：法律出版社，2002

［41］［英］伊恩·布朗利．国际公法原理［M］．曾令良，余敏友等，译．北京：法律出版社，2007

［42］［美］路易斯·亨金．宪政·民主·对外事务［M］．邓正来，译．上海：三联书店，1996

［43］［日］芦部信喜．宪法（第三版）［M］．林来梵，译．北京：北京大学出版社，2006

［44］［德］马蒂亚斯·赫蒂根．欧洲法［M］．张恩民，译．北京：法律出版社，2003

［45］［法］德尼·西蒙．欧盟法律体系［M］．王玉芳，李滨，译．北京：北京大学出版社，2007

［46］［英］戴雪．英宪精义［M］．雷宾南，译．北京：中国法制出版社，2001

［47］陈序经．现代主权论［M］．张世保，译．北京：清华大学出版社，2010

［48］［美］潘恩．潘恩选集［M］．马清槐，译．北京：商务印书馆，1981

［49］［美］汉密尔顿，杰伊，麦迪逊．联邦党人文集［M］．程逢如，在汉，舒逊，译．北京：商务印书馆，1980

［50］［英］安托尼·奥斯特．现代条约法与实践［M］．江国青，译．北京：中国人民大学出版社，2005

［51］［美］汉斯·凯尔森．国际法原理［M］．王铁崖，译．北京：华夏出版社，1989

［52］［英］克莱尔·奥维，罗宾·怀特．欧洲人权法——原则与判例：第三版［M］．何志鹏，孙璐，译．北京：北京大学出版社，2006

［53］［奥］曼弗雷德·诺瓦克．国际人权制度导论［M］．柳华文，译．北京：
北京大学出版社，2010

［54］［日］三浦隆．实践宪法学［M］．李力，白去海，译．北京：中国人民公
安大学出版社，2002

［55］［美］杰罗姆·巴伦，托马斯·迪恩斯．美国宪法概论［M］．刘瑞祥，
等，译．北京：中国社会科学出版社，1995

［56］［德］克劳斯·施莱希，斯特凡·克里奥特．德国联邦宪法法院：地位、
程序与判例［M］．刘飞，译．北京：法律出版社，2007

［57］［法］亨利·巴蒂福尔，保罗·拉加德．国际私法总论［M］．陈洪武，
等，译．北京：中国对外翻译出版公司，1989

［58］［英］约翰·霍夫曼．主权［M］．陆彬，译．北京：吉林人民出版
社，2005

［59］［奥］曼弗雷德·诺瓦克．民权公约评注［M］．毕小青，孙世彦，译．上
海：三联书店，2003

［60］［美］基斯·E．惠廷顿．宪法解释：文本含义、原初意图与司法审查
［M］．杜强强，刘国，柳建龙，译．北京：中国人民大学出版社，2009

［61］［美］汉密尔顿，杰伊，麦迪逊．联邦党人文集［M］．程逢如，在汉，舒
逊，译．北京：商务印书馆，1980

**期刊**

［1］朱晓青．《公民权利和政治权利国际公约》的实施机制［J］．法学研究，
2000（2）

［2］粟烟涛．法国在司法审判中直接适用条约的问题和经验［J］．欧洲研究，
2010（3）

［3］黄金荣．实现经济和社会权利可诉性：一种中国的视角［A］//孙世彦，毕
小青．中国人权年刊：第四卷［M］．北京：中国社会科学出版社，2006

［4］黄炳坤．我国宪法与国际事务［J］．法学评论，1983（1）

［5］黄金祺．条约与协议的含义与形式［J］．世界知识，1989（20）

［6］王铁崖．条约在中国法律制度中的地位［A］//中国国际法年刊［M］．北
京：法律出版社，1994

［7］ 江国青．国际法与国际条约的几个问题［J］．外交学院学报，2000（3）

［8］ 张乃根．重视国际法与国内法关系的研究［J］．政治与法律，1999（3）

［9］ 车丕照．论条约在我国的适用［J］．法学杂志，2005（3）

［10］ 魏敏，罗祥文．我国新宪法典与国际法原则［J］．法学杂志，1983（5）

［11］ 薛国安．我国宪法应当恢复国家主席的制度［J］．现代法学，1981（2）

［12］ 李龙，朱开化．谈谈我国的元首制度——学习《宪法修改草案》札记
［J］．黄石师院学报，1982（3）

［13］ 彭真．关于中华人民共和国宪法修改草案的说明［J］．全国人民代表大会
常务委员会公报，1982（9）

［14］ 王丽玉．国际条约在中国国内法中的适用［A］//王铁崖．中国国际法年
刊［M］．北京：法律出版社，1993

［15］ 赵建文．国际条约在中国法律体系中的地位［J］．法学研究，2010（6）

［16］ 李玫．论国际条约的域内效力［J］．西北政法学院学报，1988（1）

［17］ 李兆杰．条约在我国国内法效力若干问题之探讨［A］//王铁崖．中国国
际法年刊［M］．北京：法律出版社，1993

［18］ 李适时．中国的立法、条约与国际法［A］//王铁崖．中国国际法年刊
［M］．北京：法律出版社，1993

［19］ 田军，陶蕾．宪法与《经济、社会和文化权权利国际公约》的实施机制
［A］//中国法学会宪法学研究会．宪法研究［M］．北京：法律出版
社，2002

［20］ 刘爱文．国际法的适用与我国宪法的完善［J］．政治与法律，1996（6）

［21］ 龚瑜．国际法与国内法关系的中国实践［J］．贵州警官职业学院学报，
1997（3）

［22］ 朱奇武．国际法与国内法的关系［J］．政法论坛，1980（2）

［23］ 孙昂，王丽玉．试论条约的国内法效力［J］．法学评论，1986（5）

［24］ 杨成铭．国家人权机构对国家行政机关关系研究［J］．政法论坛，2011（6）

［25］ 刘永伟．国际条约在中国适用新论［J］．法学家，2007（2）

［26］ 黄瑶．国际人权法与国内法的关系［J］．外国法译评，1999（3）

［27］ 李振华．论国际条约在国内的适用问题［J］．武汉大学学报：社会科学
版，1993（5）

[28] 张晓东. 也论国际条约在我国的适用 [J]. 法学评论, 2001 (6)

[29] 刘玮. 论国际条约的国内执行 [J]. 汕头大学学报: 人文科学版, 1989 (2)

[30] 徐泉. 美国行政协定的合宪性分析 [J]. 现代法学, 2010 (5)

[31] 韩大元. 国家人权保护义务与国家人权机构的功能 [J]. 法学论坛, 2005 (5)

[32] 韩大元. 宪法文本中"人权条款"的规范分析 [J]. 法学家, 2004 (4)

[33] 莫纪宏. 人权法制的确立与缺憾 [J]. 人民论坛, 2010 (6)

[34] 莫纪宏. 批准《公民权利和政治权利国际公约》的两种思考进路: 关于法治与人权价值次序的选择标准 [J]. 首都师范大学学报: 社会科学版, 2007 (6)

[35] 杨宇冠.《公民权利和政治权利国际公约》保留问题研究: 刑事司法角度 [J]. 人权, 2009 (3)

[36] 杨宇冠. 批准《公民权利和政治权利国际公约》相关问题研究 [J]. 甘肃社会科学, 2008 (4)

[37] 杨宇冠. 谈《禁止酷刑公约》的几个问题 [J]. 刑事司法论坛, 2008 (10)

[38] 杨宇冠. 联合国人权公约与我国关系浅说 [J]. 人权, 2008 (3)

[39] 杨宇冠. 国际人权法在英国的实施和欧洲人权法院 [J]. 人权, 2006 (6)

[40] 杨成铭. 国家人权机构对国家司法机关的关系研究 [J]. 政法论坛, 2010 (5)

[41] 何海波. 没有宪法的违宪审查 [J]. 中国社会科学, 2005 (2)

[42] 李靖堃. 议会法令至上还是欧共体法至上 [J]. 欧洲研究, 2006 (5)

[43] 尤雪云. 英国《1998 年人权法》[J]. 人权, 2002 (3)

(二) 外文部分

著作

[1] Laurence H. Tribe. American Constitutional Law [M]. New York Foundation Press, 2000

[2] ID Leigh. Judicial Review and the Human Rights Act [M]. Gavendish Publishing, 2000

[3] Alison Young. Parliamentary Sovereignty and the Human Rights Act [M]. Hart Publishing, 2009

〔4〕 Aileen Kavanagh. Constitutional Review Under the UK Human Rights Act 〔M〕. Cambridge University Press, 2009

〔5〕 Jack Beatson. The Constitutional Reform in the United Kingdom: Practice and Principles 〔M〕. Hart Publishing, 1998

〔6〕 Patrick Birkinshaw. European Public Law 〔M〕. William Clowes Limited, 2003

〔7〕 Paul Craig. EU Law: Text, Cases and Materials 〔M〕. Oxford University Press, 2003

〔8〕 Curtis A. Bradley & Jack L. Goldsmith. Foreign Relations Law 〔M〕. Aspen Publishing, 2003

〔9〕 Louis Henkin. Foreign Affairs and the United States Constitution 〔M〕. Clarendon Press, 1996

## 期刊

〔1〕 NW Barber and AL Young. The Rise of Prospective Henry Ⅷ Clause and Their Implications for Sovereignty 〔J〕. Public Law, 2003: 112

〔2〕 R Clayton. Judicial Deference and "Democratic Dialouge": the Legitimacy of Judicial Intervention under the Human Rights Act 1998 〔J〕. Public Law, 2004: 33

〔3〕 T Hickman. Constitutional Dialogue, Constitutional Theories and the Human Rights Act 1998 〔J〕. Public Law, 2005, 51 (4): 306

〔4〕 Feldman D. The Human Rights Act 1998 and Constitutional Principles 〔J〕. Legal Studies, 1999, 19 (2): 165

〔5〕 N Bamforth 〔J〕. Parliamentary Sovereignty and the Human Rights Act 1998: 572

〔6〕 Lairg L I O. The Impact of the Human Rights Act: Parliament, the Courts and the Executive 〔J〕. Public Law, 2003: 308 – 325

〔7〕 James M. Hendry. Constitutionalism and the Treaty 〔J〕. the University of Toronto Law Journal, 1954, 10 (2)

〔8〕 James Madison. Statement to the Federal Convention of 1787 (June 19, 1787), in Records of the Federal Convention of 1787, 1937: 314 – 316

〔9〕 Thomas Healy. "Missouri v. Holland" Still Good Law? Federalism and the Treaty Power 〔J〕. Columbia Law Review, 1998, 98 (7)

[10] Restructuring the Modern Treaty Power [J]. Harvard Law Review, 2001, 114 (8)

[11] Charles K. Burdick. The Treaty-making Power [J]. Foreign Affairs, 1932, 10 (2)

[12] Louis Klarevas. "The Law": The Constitutionality of Congressional – Executive Agreements [J]. Presidential Studies Quarterly, 2003, 33 (2)

[13] Arthur E. Sutherland. Restricting the Treaty Power [J]. Harvard Law Review, 1952, 65 (8)

[14] Setear J. K. The President's Rational Choice of a Treaty's Preratification Pathway: Aritcle Ⅱ, Congressional – Executive Agreement, or Executive Agreement? [J]. The Journal of Legal Studies, 2002, 31 (51)

[15] Frederic L. Kirgis, Jr. Federal Statute, Executive Orders and "Self-Executing Costom" [J]. The American Journal Law, 1987, 81 (2)

[16] Executive Agreements and the Treaty Power [J]. Columbia Law Review, 1942, 42 (5)

[17] John C. Yoo. Treaty and Public Lawmaking: A Textual and Structural Defense of Non – Self – Execution [J]. Columbia Law Review, 1999, 99 (8)

[18] Thomas Healy. "Missouri v. Holland" Still Good Law? Federalism and the Treaty Power [J]. Columbia Law Review, 1998, 98 (7)

[19] Louis Henkin. U. S. Ratification of Human Rights Conventions: The Ghost of Senator Bricker, 1995

[20] Ekins R. A Critique of Radical Approaches to Rights-consistent Statutory Interpretation (2003) [J]. European Human Rights Law Review 641, 648 – 649

[21] Nanda Ved P. Conclusion and Implementation of Treaties and Other International Agreements in the United States [J]. The American Journal of Comparative Law, Vol. 38, Supplement. U. S. Law in an Eraof Democratization (1990): 369 – 387

[22] Edward T. Swaine. Taking Care of Treaties [J]. Columbia Law Review, 2008, 108 (2): 331 – 403

[23] Rix C. B. Human Rights and International Law: Effect of the Covenant Under Our Constitution [J]. American Bar Associaation Journal, 1949, 35 (7): 551 – 621

[24] Michael P. Van Alstine. The Judicial Power and Treaty Delegation [J] . California Law Review, 2002, 90 (4): 1263 - 1303

[25] Curtis A. Bradley, Jack L. Goldsmith. Treaties, Human Rights, and Conditional Consent [J] . University of Pennsylvania Law Review, 2000, 149 (2): 399 - 468

[26] Richard B. Lillich. U. S. Ratification of the Human Rights Covenants: Now or Ever? [J] . Proceedings of the Annual Meeting ( American Society of International Law), 1986, 80: 419 - 421

[27] Rita E. Hauser. U. S. Ratification of the Human Rights Treaties. With or Without Reservations? by RichardB. Lillich [J] . The American Journal of International Law, 1982, 76 (3): 666 - 667

[28] John C. Yoo. Laws as Treaties?: The Constitutionality of Congressional - Executive Agreements [J] . Michigan Law Review, 2001, 99 (4): 757 - 852

[29] Sephen I. Vladeck. Non - Self - Executing Treaties and the Suspension Clause after St. Cyr [J] . The Yale Law Journal, 2004, 113 (8): 2007 - 2014

[30] David Sloss. Self - Executing Treaties and Domestic Judicial Remedies, Proceedings of the Annual Meeting (American Society of International Law), 98 ( MARCH 31 - APRIL 3): 346 - 348

[31] Curtis A. Bradley. Intent, Presumptions, and Non - Self - Executing Treaties [J]'. The American Journal of International Law, 2008, 102 (3): 540 - 551

[32] Nicholas Quinn Rosenkranz. Executing the Treaty Power [J] . Harvard Law Review, 2005, 118 (6): 1867 - 1938

[33] Carlos Manuel Vazquezm. The Four Doctrines of Self - Executing Treaties [J] . The American Journal of International Law, 1995, 89 (4): 695 - 723

[34] Stefan A. Riesenfeld. The Doctrine of Self - Executing Treaties and U. S. v. Postal: Win at Any Price? [J] . The American Journal of International Law, 1980, 74 (4): 892 - 904

[35] James M. Hendry. Constitutionalism and the Treaty [J] . The University of Toronto Law Journal, 1954, 10 (2): 176 - 189

[36] Covey T. Oliver. Executive Agreements and Emanations from the Fifth Amendment [J] . The American Journal of International Law, 1955, 49 (3): 362 - 366

［37］ JR Crook, President Submits Colombia Trade Agreement for Fast – Track Approval, Congress Changes the Rules: Prospects Uncertain ［J］. The American Journal of International Law, 2008, 102 (3): 647 – 648

［38］ Restructuring the Modern Treaty Power ［J］. Harvard Law Review, 2001, 114 (8): 2478 – 2501

［39］ Bernard H. Oxman. The 1994 Agreement and the Convention ［J］. The American Journal of International Law, 1994, 88 (4): 687 – 696

［40］ Beth A. Simmons, Daniel J. Hopkins. The Constraining Power of International Treaties: Theory and Methods ［J］. The American Political Science Review, 2005, 99 (4): 623 – 631

［41］ Kevin C. Kennedy. Treaty Interpretation by the Executive Branch: the ABM Treaty and "Star Wars" Testing and Development ［J］. The American Journal of International Law, 1986, 80 (4): 854 – 877

［42］ JR Crook, U. S. Practice Regarding Acceptance of Amendments to the WTO Agreement ［J］. The American Journal of International Law, 2007, 101 (3): 655 – 657

［43］ Michael J. Glennon. The Senate Role in Treaty Ratification ［J］. The American Journal of International Law, 1983, 77 (2): 257 – 280

［44］ HL Review, Congress, the President, and the Power to Commit Forces to Combat ［J］. Harvard Law Review, 1968, 81 (8): 1771 – 1805

［45］ Constitutional Law. Treaty Clause. District Court Holds That NAFTA Is a Valid Exercise of the Foreign Commerce Power. Made in the USA Foundation v. United States, 56 F. Supp. 2d 1226 (N. D. Ala. 1999) ［J］. Harvard Law Review, Vol. 113, No. 5 (Mar. , 2000), pp. 1234 – 1239

［46］ Curtis A. Bradley, Jack L. Goldsmith. Federal Courts and the Incorporation of International Law ［J］. Harvard Law Review, 1998, 111 (8): 2260 – 2275

［47］ International Law. Treaty Remedies. Seventh Circuit Finds Implied Right of Action in Vienna Convention on Consular Relations. Jogi v. Voges, 425 F. 3d 367 (7th Cir. 2005) ［J］. Harvard Law Review, 2006, 119 (8): 2644 – 2651

［48］ CG Buys, Interpretation of U. S. Constitution by Reference to International Law ［J］. The American Journal of International Law, 2003, 97 (3): 683 – 685

［49］ Kalshouon F. Judicial Enforcement of International Law against the Federal and State Governments Source ［J］. Harvard Law Review, 1991, 104 (6): 1269 – 1288

［50］ Frederick Schauer. Judicial Supremacy and the Modest Constitution ［J］. California Law Review, 2004, 92 (4): 1045 – 1067

［51］ Roger P. Alford. Misusing International Sources to Interpret the Constitution ［J］. The American Journal of International Law, 2004, 98 (1): 57 – 69

［52］ Gerald L. Neuman. The Uses of International Law in Constitutional Interpretation ［J］. The American Journal of International Law, 2004, 98 (1): 82 – 90

［53］ JR Crook, Supreme Court Overturns Presidential Directive Seeking to Implement ICJ Decision ［J］. The American Journal of International Law, 2008, 102 (3): 635 – 638

# 附件　世界各国宪法文本
# "条约条款"的规范分析
## ——以 193 个国家的宪法文本为例

　　本部分笔者根据 2013 年编译完成的《世界各国宪法》，以 193 个国家宪法文本关于"条约"的规定为基础，从缔约权配置、条约批准、条约的宪法地位和人权条约的宪法地位四个方面，展开对宪法与条约关系的文本梳理和分析。

　　在 193 个国家中，有 41 个国家（21%）宪法对条约问题未规定，① 其他 152 个国家（近 80%）宪法对"条约"进行了规范。在这 152 个国家中，有 111 个国家（73%）宪法规定了缔约权行使的机关、行使的方式；有 131 个国家（86%）宪法规定了条约批准权的行使和运作方式；有 44 个国家（近 29%）宪法通过对条约国内法位阶的规定和宪法法院或宪法委员会的违宪审查，使条约纳入国内法并形成了条约的国内解释；有 21 个国家（近 14%）虽没有规定专门机关对条约的违宪审查，但确立了条约具有低于宪法高于法律的位阶。

---

　　①　宪法未有规定条约问题的国家有 41 个：马耳他、巴基斯坦、孟加拉、尼泊尔、文莱达萨兰国、博茨瓦纳、肯尼亚、莱索托、科比里亚、利比亚、马拉维、毛里求斯、摩洛哥、尼日利亚、塞舌尔、突尼斯、安提瓜和巴布达、巴巴多斯、巴哈马国、伯利兹、多米尼克、格林纳达、加拿大、圣基茨和尼维斯、圣卢西亚、圣文森特和格林纳丁斯、特立尼达和多巴哥、牙买加、澳大利亚、巴布亚新几内亚、斐济群岛、基里巴斯、马绍尔群岛、密克罗尼西亚、瑙鲁、帕劳、萨摩亚、所罗门群岛、汤加、图瓦卢、新西兰。

## 一、缔约权的配置

152 个国家中，除 41 个国家未规定缔约权的行使外，[①] 其他 111 个国家宪法关于缔约权的规定，都是将缔结条约或协定的权力纳入行政权的范围，即行使缔约权的是行政机关——总统和政府（内阁），[②] 鲜有立法机关——议会参与缔约的规定，因此，111 个国家宪法的明文规定表明，缔约权由行政机关行使为一般原则，立法机关、国王参与缔约是例外。总统、政府、议会、国王在参与缔约事务方面，各国宪法对于缔约权的分工的规定各有不同，大致细分为五种类型。

### （一）总统单独行使缔约权

在总统为国家元首的国家，这些国家的宪法通常会规定，“总统谈判并签署国际条约”，如俄罗斯、法国、白俄罗斯、韩国、乌克兰，明确规定由总统缔结条约的国家有 50 个（45%）。此外，还有 5 个国家（近 5%）宪法虽没有直接规定缔约权属于总统，但可以间接地推导出总统单独行使缔约权，如瑞士是集体国家元首，因而宪法将缔约权赋予联邦委员会；阿曼苏丹宪法确定“苏丹”为国家元首。有的国家宪法只是模糊地规定“总统在国际关系中代表国家，执行议会批准的条约”，如拉脱维亚宪法；另有国家将总统作为国际关系的代表，涉及宣告、解释条约，如希腊宪法、土库曼斯坦宪法。

---

① 这 41 个国家包括：保加利亚、荷兰、塞尔维亚、匈牙利、意大利、阿富汗、阿拉伯联合酋长国、朝鲜、柬埔寨、卡塔尔、斯里兰卡、土耳其宪、亚美尼亚、也门、毛里塔尼亚、南苏丹、苏丹、坦桑尼亚、阿根廷、巴拉圭、萨尔瓦多宪法规定了条约必须经由议会或者由总统批准；波斯尼亚宪法规定了国际人权条约的有效性和宪法法院对这些条约的合宪性审查，而菲律宾宪法只规定由最高法院审查条约和协定的合宪性；斯洛文尼亚宪法审查国内法律包括宪法与国际条约的一致性，沙特阿拉伯王国宪法规定执行宪法不能与国际条约抵触；拉脱维亚宪法仅规定“总统在国际关系中代表国家……”葡萄牙宪法明文确定总统、政府、议会都有一定范围的条约批准权，但对缔结条约的具体机关未有规定；圣马力诺宪法未规定缔约权，仅宣誓有关保护人权和自由的国际协定具有优先性，或者如马来西亚联邦宪法仅规定独立日前后签署的条约都是该国家条约的组成部分，或者如新加坡宪法仅规定缔结那些对国家有利的条约；埃及宪法规定军队最高委员会对外代表国家，签订国际条约和协定；加纳、纳米比亚、塞拉利昂、斯威士兰王国、索马里、乌干达、圭亚那宪法仅规定了条约在国内的执行或遵守的问题；加蓬、科摩罗宪法宣告国际人权公约的有效性，强调自主独立地缔结国际条约。

② 在奥地利、德国、瑞士、美国联邦制国家，宪法通常规定有各州在一定范围和一定条件下具有缔约能力和资格，本书不将此规定进行列举和解释。

（二）总统和政府共同参与缔约权

这类型的宪法规定共有 21 个国家（近 19%），其中又有三种不同规定：第一类宪法规定，总统主导缔约权，政府被授权参与，具体说就是总统主导缔约程序，政府参与缔约是经总统的授权。如奥地利宪法、捷克宪法规定，"总统在国际上代表国家，接受及派遣使节……签订条约，并授权政府或主管成员签订……条约"。第二类宪法规定，政府主要掌握缔约权、总统间接参与缔约，此时总统的缔约权是隐形的、间接的，而政府具有直接的、明确的缔结条约或协定的资格。如爱沙尼亚宪法规定，"总统在国际关系中代表国家……政府与外国签署条约"。该类宪法作如此规定表明，总统的缔约权规定非常模糊、笼统，只有经过有效的宪法解释，才能推导出总统具有实际的缔约资格。第三类宪法只是模糊地规定了"国家的外交政策由总统和内阁共同制定"，如芬兰宪法未有明确指明是总统还是政府（内阁）缔结国际条约或协定，笼统地措辞"外交政策"，应认为总统和内阁共享缔约权。

（三）政府单独行使缔约权

这种类型的国家共有 18 个（近 17.4%），如我国《宪法》第 89 条规定，"国务院行使下列职权：……（九）管理对外事务，同外国缔结条约和协定……"还包括波兰、克罗利亚、玻利维亚等。这些国家的宪法规定，国家机关既有总统的职权，也有政府（部长委员会）的职权，由政府缔结国际条约，如安道尔宪法，但埃塞俄比亚宪法仅规定"行政机关缔结条约"，在总统职权中未有缔结条约时，"行政机关"应指政府；或者宪法中未有规定总统这类国家机关，政府（部长委员会）单独行使缔结国际条约或协定，如波兰宪法；或者宪法未规定总统，但从政府实施对外政策及对外代表国家的规定中，解释出政府单独行使缔约权，如克罗地亚宪法、不丹王国宪法。

（四）总统和议会共享缔约权

在一些联邦制国家、单一制国家（除列支敦士登公国外）中，共有 11 个国家（近 10%）宪法对于缔约权不是单独集中赋予总统，也不是将议会排除在缔约程序之外，恰恰相反，宪法是将主要的缔约权力赋予总统，如谈判、签署权，而议会仅享有缔约程序中的同意或建议权，《美国宪法》第 2 条规定"总统有权缔结条约，但须争取参议院的意见和同意，并须出席的议员中

2/3 的人赞成",还包括奥地利、德国、日本、巴西等。有些国家宪法还规定了特殊情形:蒙古国宪法规定缔约权由总统、大呼拉尔和政府共同参与;印度尼西亚宪法则规定政府缔结条约必须经由国会批准;赤道几内亚宪法规定议会缔结条约,对于影响国家利益的条约由总统批准。

(五)国王行使缔约权

在君主立宪制国家的宪法中,共有 8 个国家(近 7.3%)明文将缔约权赋予国王,由国王行使缔结国际条约或协定的权力。如比利时宪法规定"国王管理国际关系……缔结条约",丹麦宪法规定,"国王行使缔约权须经议会的同意",西班牙宪法规定"国王有责任代表国家……同意……条约义务",可以解释为国王有权缔结国际条约。

## 二、条约批准

条约批准是国家对已签署条约使其发生国内效力的同意程序。152 个国家宪法中除 21 个国家(近 11%)① 外,其他 131 个国家(86.2%)宪法都对条约批准作出规定,而且有的国家宪法明确条约批准是条约国内生效的程序,如乌拉圭东岸、卡塔尔、科威特;有的国家将条约批准作为条约生效的事前审查程序,如哈萨克斯坦、亚美尼亚、安哥拉、布隆迪、南非、哥伦比亚、苏里南。与缔约权运作的不同之处是:条约批准由立法机关(议会)行使为一般原则、由行政机关(总统)行使为例外;相似之处是条约批准也遵循权力的分工。立法机关、行政机关参与行使的条约批准大致分为五种情形。

(一)议会(国会)批准条约

131 个国家的宪法中规定了由议会批准条约,又分为两种情形:一种是宪法直接规定议会通过议员会议投票方式作出同意或不同意批准的决定,共

---

① 宪法对缔结条约进行了规范,但未规定条约批准的国家有 21 个,包括白俄罗斯、圣马力诺、斯洛文尼亚、西班牙、阿曼苏丹、不丹王国、菲律宾、马来西亚、沙特阿拉伯、新加坡、印度、埃及、加蓬、津巴布韦、科摩罗、纳米比亚、塞拉利昂、赞比亚、巴拿马、玻利维亚、圭亚那。

有70个国家（近53%），如《德国基本法》第59条规定"调整联邦政治关系或涉及联邦立法事项的条约，需要以联邦法律的形式以及负责联邦立法的主管机关的同意或参与。有关联邦行政的规定适用于行政协定"，还包括奥地利、比利时、波兰、荷兰、瑞典、瑞士、日本、南非等；另一种是宪法规定由法律作出批准承诺，共有17个国家（近13%），如《俄罗斯宪法》第106条规定"国家杜马通过的联邦法律，联邦委员会必须予以审议：……（4）批准和废除俄罗斯联邦国际条约的问题"，还包括芬兰、卢森堡、希腊、哈萨克斯坦等；其中中非国宪法规定对特定事项的条约批准要举行全国公投。不管是议会直接作出批准条约的决定，还是由法律批准条约，各国宪法也都是规定仅对特定范围内的条约行使批准权，而且一些国家如保加利亚、芬兰、捷克、格鲁吉亚、斯里兰卡、斯威士兰、哥斯达黎加、萨尔瓦多宪法对于批准特定事项的条约有投票过半数、2/3或3/4多数的限制。对于国际协定，多数国家宪法规定无须议会批准，但也有的国家宪法规定必须经过议会批准，否则不能在国内生效，如爱尔兰宪法；有的国家宪法规定，国际协定须由总统建议交议会批准，或者由政府批准，如克罗地亚宪法。有的国家宪法还规定缔结条约、条约生效会修改宪法的问题，共有26个国家（近20%），以法国宪法为代表，该宪法第54条规定"基于……提请，宪法委员会如宣告国际条约含有与宪法相抵触的条款，则该条约只有在对宪法进行修改后才得批准或认可"，还包括非洲法语系的十几个国家，如布隆迪、多哥、科特迪瓦。

（二）议会和总统有分工地行使条约批准权

从131个国家宪法看，共有41个国家（31.1%）宪法规定议会和总统有分工地行使条约批准权，如《法国宪法》第53条规定"媾和条约，商务条约，有关国际组织的条约或协定，涉及国家财政的条约或协定，有关修改法律性条款的条约或协定，有关个人身份的条约或协定，以及有关领土的割让、交换、合并的条约或协定，须以法律的方式进行批准或认可"，还包括中国、美国、意大利、越南、朝鲜等。但这些国家中不是所有的国家宪法规定议会行使和垄断条约批准权，有的国家宪法既规定总统缔结国际条约，也规定由总统批准条约，同时又规定特定事项的条约必须由议会通过的法律批准，如法国、约旦（国家元首是国王不是总统）；摩纳哥公国宪法规定由亲王、议会批准条约；葡萄牙宪法规定，宪法法院可以对总统批准的条约、协定进行事前的合宪性审查（第278条）。

（三）议会和政府（内阁）有分工地行使条约批准权

有3个国家（2.3%）宪法规定内阁和议会共同行使对条约的批准，如《塞浦路斯宪法》第169条规定"（1）与他国或国际组织签订的与商业事务、经济合作（包括借款和付款）和缔结临时的国际协议应根据内阁的决定行使；（2）其他条约、公约或国际协议根据内阁会议的决定进行协商并签署，并经议会以法律批准，方对共和国生效并产生约束力"，还包括东帝汶、佛得角。

（四）议会、总统（国家元首）、内阁（政府）有分工地行使条约批准权

有1个国家（0.7%）宪法规定由议会、总统、内阁有分工地行使条约批准权，如《黎巴嫩宪法》第52条规定"共和国总统与总理达成一致后，负责对国际条约的谈判和批准。没有内阁的同意，对于条约的批准无效。当涉及国家利益和安全时，内阁应向议会通报。至于涉及国家财政的条约、经贸条约和其他不能按年废除的条约时，非经国民议会同意不得批准"。

（五）总统批准条约

宪法规定由总统单独行使批准条约权的国家共有5个（近4%），如《卡塔尔宪法》第68条规定"埃米尔（国家元首）用法令批准条约和协议"；《以色列宪法》第11条规定"总统应：……（5）与外国政府签署经国会批准的国际公约"；《委内瑞拉宪法》第236条规定"共和国总统享有：……（4）签署和批准国际条约、协议或公约"，还包括阿尔及利亚宪法和厄瓜多尔宪法。

### 三、条约的宪法地位

条约的宪法地位，具体说是指条约在国内生效后，各国宪法一般都指明条约成为该国法律体系的一部分而被适用，以及条约、协定具有优于国内法

律的效力。在 152 个国家中，有 65 个国家①（近 43%）仅规定经批准的国际协定是国内法的一部分，但未规定条约在国内的具体位阶，也没有规定宪法法院的合宪性审查；剩余的 87 个国家（57%）宪法规定了条约的具体位阶，在条约与宪法之间孰高孰低的关系上，大致分为三种情形。

（一）条约低于宪法高于法律

在 87 个国家的宪法规定中，共有 65 个国家（近 75%）宪法规定条约具有低于宪法高于法律的地位，各国宪法的规定通常有两种。

第一种宪法规定"不得签署与宪法相抵触的条约""国内法律文件与条约相冲突适用条约"的国家共有 21 个（24%），如爱沙尼亚；白俄罗斯的宪法除上述两个规定外，还借助宪法法院的合宪性审查机制进一步确认了宪法至上地位；克罗地亚、阿根廷宪法规定"条约优于一般法律""一般法律"应理解为不包括宪法；马其顿、巴拉圭、秘鲁、玻利维亚宪法仅规定了"条约是国内法的一部分"的条款；塞浦路斯宪法规定"条约自公布之日具有高于本国法的效力"；西班牙宪法以"批准违宪条约必须修改宪法"的方式确认宪法优于条约；希腊宪法规定"条约优于与之抵触的法律"；阿曼苏丹宪法规定"不能颁布与条约相违背的制度、规章、决议"；韩国宪法规定"除违反宪法的外，条约继续有效"；叙利亚宪法规定"依据宪法缔结条约"；埃塞俄比亚宪法将条约纳入法律的一部分，同时任何法律不能与宪法抵触，确立了宪法的至上地位，安哥拉也有类似的规定；吉布提宪法规定"批准违宪条约必须修改宪法"；马里宪法、尼日尔宪法规定"条约具有优先于法律的效力"；南非宪法规定"条约是国家的法律，除非它与宪法不符"。

第二种宪法的规范通过确立条约、协定优于国内法律地位的国家共有 44

---

① 这些国家包括比利时、冰岛、丹麦、芬兰、拉脱维亚、摩纳哥、挪威王国、瑞典、瑞士（该国宪法第 189 条规定了联邦法院审理案件的适用依据包括"国际法"，表明国际条约能在该国直接适用）、阿富汗、阿拉伯联合酋长国、不丹、朝鲜、菲律宾、吉尔吉斯斯坦（该国宪法规定条约和协定是国内法律体系的组成部分）、卡塔尔、科威特、哥斯达黎加（该国宪法规定条约经批准公布在国内产生法律效力）、老挝、马尔代夫、马来西亚、缅甸、斯里兰卡、泰国、新加坡、伊拉克、伊朗、以色列、印度、印度尼西亚、约旦、越南、中国、阿尔及利亚、埃及、布隆迪、赤道几内亚、厄立特里亚、冈比亚、几内亚比绍、加纳、加蓬、津巴布韦、科摩罗、莫桑比克、纳米比亚、南苏丹、塞拉利昂、圣多美和普林西比、斯威士兰、苏丹、坦桑尼亚、乌干达、赞比亚、巴拿马、巴西、多米尼加、厄瓜多尔、古巴、海地、墨西哥、尼加拉瓜、苏里南、乌拉圭东岸、智利。

个（近51%），如列支敦士登宪法、摩尔多瓦宪法仅规定宪法法院审查条约的合宪性，从而得出条约具有低于宪法高于法律的结论。有一些国家规定比较特殊，比如保加利亚宪法规定了"宪法法院审查条约与宪法的相容性、法律与条约的相容性"，也表明条约低于宪法高于法律；波兰宪法将条约纳入具有普遍拘束力的法律渊源，并通过宪法法院对条约的合宪性、法律与条约的一致性审查，确立了条约低于宪法高于法律的位阶；德国宪法规定宪法法院对"国际法的某一规定是否属于国内法以及个人是否直接适用国际条约作出裁决"；葡萄牙宪法从事前的合宪性审查和积极违宪两个方面确认了条约低于宪法的地位；匈牙利宪法规定"国际条约应与国内法保持一致""宪法法院审查立法与条约是否相符"，前一个"国内法"应指宪法，后一个"立法"应指法律；还有一些国家通过条约批准条约生效涉及宪法修改，能够清楚地判断出条约具有低于宪法的位阶。

（二）条约高于宪法

在87个国家的宪法规定中，有11个国家（近13%）宪法规定条约一经公布具有国内法上的效力，并且所有法律包括宪法都不得与条约相抵触，如荷兰。黑山宪法规定法律应保持与宪法、条约的一致；斯洛文尼亚宪法规定"宪法法院裁决宪法和法律是否与条约一致"；意大利宪法规定"国内法律体系应符合国际法的一般原则"；巴林宪法规定"宪法实施不得影响合约和协议"；东帝汶宪法规定"所有与条约不一致的国内法律体系条款无效"；日本宪法承诺"遵守国际条约"；沙特阿拉伯宪法规定"执行宪法不得与条约抵触"；土耳其宪法规定"国际协定不得以违宪为理由提起申诉"；土库曼斯坦宪法规定"以公认的国际法原则为优先"；也门宪法规定"国家遵守普遍的国际法"。

（三）条约具有与宪法相同的位阶

在87个国家的宪法规定中，有4个国家（近5%）宪法通过排除"批准条约的法律"合宪性审查的规定，确立了"批准条约的法律"与宪法具有相同位阶——都高于法律，如《美国宪法》第6条规定"本宪法及依照本宪法所制定之合众国法律以及根据合众国权力所缔结或将缔结的一切条约，均为全国的最高法律"；卢森堡宪法第95条规定"宪法法院按照法律规定的方式以先决身份裁决法律的合宪性，但有关条约批准的法律除外"；黑山宪法规定"宪法法院审查法律与宪法、条约的一致性"；洪都拉斯宪法规定"条约批准与宪法修改的程序相同"；美国宪法确认了"条约是最高法律"。

## 四、人权条约的宪法地位

在152个国家宪法规定中，有25个国家（16.4%）将国际人权条约纳入宪法，确立了人权条约具有宪法或者类似宪法或者高于宪法的位阶。如《斯洛伐克宪法》第7条和125条规定"人权与基本自由的国际条约，不要求由一部法律实施的国际条约，直接赋予自然人或法人权利与义务的国际条约，以及以法律规定的方式批准并公布的国际条约，具有优先于法律的效力""宪法法院有权裁决：法律是否符合宪法典、宪法性法律以及国民议会赞成且以法定方式批准颁布的国际条约"；波斯尼亚和黑塞哥维那宪法序言确认国际人权条约的国内法地位，而且宪法法院能够审查国内法律与欧洲人权公约的一致性；圣马力诺宪法规定"人权的国际协定具有优先于国内法的效力"斯洛伐克将人权条约纳入宪法，又一般地规定了宪法法院审查法律与宪法、条约是否相符，从而说明人权条约具有宪法的位阶；英国依据《英国人权法》审查国内立法与欧洲人权公约的权利是否相符；柬埔寨、吉布提将《联合国宪章》《世界人权宣言》规范的人权纳入该国宪法，黎巴嫩将《世界人权宣言》纳入宪法，也门宪法规定"国家遵守人类权利的国际宣言"，布隆迪、几内亚、加蓬、喀麦隆、科特迪瓦、马达加斯加、苏丹、中非、圭亚那几乎将所有联合国通过的国际人权公约纳入宪法；阿根廷宪法将国际人权公约视为宪法的补充部分；巴拉圭宪法规定"国际人权条约除与宪法修改程序相同外不得终止"；玻利维亚宪法规定"人权条约优于宪法"；厄瓜多尔宪法规定"宪法法院能够解释宪法和国际人权条约"。